आधुनिक भारत
का
आर्थिक इतिहास
1850-1947

अनुवाद : डॉ. माहेश्वर

ISBN : 978-81-267-0080-6

मूल्य : ₹695

पहला हिंदी संस्करण : 1990
दसवाँ संस्करण : 2017
पहली आवृत्ति : 2022

प्रकाशक : राजकमल प्रकाशन प्रा. लि.
1-बी, नेताजी सुभाष मार्ग, दरियागंज
नई दिल्ली-110 002

शाखाएँ : अशोक राजपथ, साइंस कॉलेज के सामने, पटना-800 006
पहली मंजिल, दरबारी बिल्डिंग, महात्मा गांधी मार्ग, प्रयागराज-211 001
1, अनमोल सोराबजी संतुक लेन, धोबी तलाव, मरीन लाइंस, मुम्बई-400 002
वेबसाइट : www.rajkamalprakashan.com
ई-मेल : info@rajkamalprakashan.com

मुद्रक : राजकमल प्रेस
नई दिल्ली-110 002

AADHUNIK BHARAT KA AARTHIK ITIHAS
by Prof. Sabya Sachi Bhattacharya

प्रकाशकीय

समाज, संस्कृति, इतिहास, दर्शन और राजनीतिशास्त्र के प्रख्यात विद्वानों की कलम से लिखी गई पुस्तकों से हिंदी जगत को समृद्ध करने और एक ऐतिहासिक आवश्यकता की पूर्ति करने के लिए **राजकमल** ने जो विस्तृत योजना बनाई है, यह पुस्तक उसी की एक महत्वपूर्ण कड़ी है।

यह एक तथ्य है कि हिंदी में सामाजिक विज्ञान विषयक स्तरीय पाठ्य-पुस्तकों तथा संदर्भग्रंथों का अभाव है। यों इस अभाव को दूर करने के प्रयास भी हुए हैं, पर बहुत आगे वे नहीं बढ़ पाए। लेकिन अब, जबकि प्रायः सभी हिंदीभाषी राज्यों में हिंदी को उच्च शिक्षा का माध्यम स्वीकार कर लिया गया है, यह और जरूरी है कि हिंदी में ऐसी पुस्तकें उपलब्ध कराई जाएँ। इससे हिंदी की उपयोगी भूमिका में तो व्यापकता आएगी ही, उच्चाध्ययन और शोध के क्षेत्र में आनेवाली व्यावहारिक कठिनाइयाँ भी दूर होंगी।

उल्लेखनीय है कि इस योजना के अंतर्गत प्रकाशित की जा रही प्रायः सभी पुस्तकें अनूदित हैं, लेकिन ये अनुवाद मूल कृति के विषय और संबंधित भाषाओं पर गहरी पकड़ रखनेवाले विद्वान लेखकों द्वारा ही किए गए हैं। इसलिए विषयगत गंभीरता के बावजूद प्रत्येक अनुवाद सहज ग्राह्य है और प्रेरक भी, क्योंकि स्तरीय पुस्तकों के अच्छे अनुवाद संबद्ध विषय में अक्सर ही मूल लेखन की जमीन तैयार करते हैं।

राजकमल की यह प्रकाशन-योजना भारतीय इतिहास के विविध कालखंडों और पक्षों से जुड़ी पुस्तकों से आरंभ हुई है। योजना के पहले चरण में प्रो. राधाकुमुद मुखर्जी, प्रो. दामोदर धर्मानंद कोसंबी, प्रो. रोमिला थापर, प्रो. रामशरण शर्मा सरीखे इतिहासकारों के इतिहास-ग्रंथ और प्रो. इरफान हबीब द्वारा संपादित वार्षिकी *मध्यकालीन भारत* के तीन अंक एक साथ प्रकाशित किए जा रहे हैं। इनमें कुछ ग्रंथ एकदम नए हैं, और जो नए नहीं हैं उन्हें भी पूर्णतया संशोधित-परिवर्धित किया गया है।

प्रस्तुत पुस्तक आधुनिक भारत के आर्थिक विकास की व्यापक रूपरेखा प्रस्तुत करते हुए उपनिवेशवादी शोषण के चरित्र और विकास के विद्रूप को गहराई से रेखांकित करती है। प्रो. भट्टाचार्य की यह पुस्तक इस विषय पर रजनीपाम दत्त और रमेशचंद्र दत्त की पूर्व प्रकाशित पुस्तकों से इस अर्थ में भिन्न है कि इसमें अद्यतन शोधों तथा अभिलेखागार में उपलब्ध सामग्री का भरपूर उपयोग हुआ है, जो कि उन पुस्तकों के लेखन के समय उपलब्ध नहीं थी। पुस्तक का यह अनुवाद मूल बांग्ला से किया गया है।

हिंदी संस्करण की भूमिका

यह पुस्तक उन्नीसवीं शताब्दी के मध्य से स्वतंत्रता-प्राप्ति तक औपनिवेशिक भारत के आर्थिक इतिहास की परिचायक है, और इसे बृहत्तर पाठक समुदाय के हाथों में देते हुए मुझे बड़ी प्रसन्नता हो रही है। इस पुस्तक की रचना मैंने मूलतः बांग्ला भाषा में की थी और इसके पीछे उद्देश्य यह था कि भारतीय इतिहासकारों ने जिन शोध-उपलब्धियों को अंग्रेजी भाषा में प्रस्तुत किया है, उन्हें भारतीय भाषाओं के पाठकों के सामने प्रस्तुत किया जाए। साथ ही, सरल बोलचाल की भाषा में सर्वसाधारण को यह भी बताया जाए कि इतिहास ने उनके जीवन को किस तरह प्रभावित किया है। कालिजों तथा विश्वविद्यालयों के छात्रों को इस पुस्तक में कुछ कठिन तकनीकी संज्ञाएँ अवश्य दिखाई देंगी, किंतु मैंने यथास्थान उनकी सरल व्याख्या करने का भरपूर प्रयास किया है। इस पुस्तक को हिंदी में प्रकाशित करने के लिए मैं राजकमल प्रकाशन का आभारी हूँ।

जवाहरलाल नेहरू विश्वविद्यालय,
नई दिल्ली

सब्यसाची भट्टाचार्य

बांग्ला संस्करण की भूमिका

इस पुस्तक को आधुनिक भारत के आर्थिक इतिहास की भूमिका कहा जा सकता है। बांग्ला भाषा में देश के बारे में, रोजी-रोटी के बारे में, मजदूर-किसान के बारे में कुछ लिखना कोई नई चीज नहीं है। अखबारों में पत्रकार लोग रोज ही इन विषयों पर लिख रहे हैं। निश्चय ही वे वर्तमान परिस्थितियों पर ही लिख रहे हैं। ऐतिहासिक काल-खंडों के बारे में इस तरह का लेखन इसकी तुलना में कम है। पहले ऐसा न था। एक समय ऐसा भी था जब बांग्ला भाषा में आर्थिक इतिहास विषयक रचनाओं से राष्ट्रीयता की भावना को काफी बल मिला था। इस तरह की रचनाओं में एक गैर-बंगाली द्वारा बांग्ला भाषा में एक यादगार रचना लिखी गई थी, और वह थी सखाराम गणेश देवस्कर कृत 'देसेर कथा' (देश की बात)। पर पिछले दशकों में इस तरह की रचनाएँ लिखने का चलन धीरे-धीरे कम होता गया। उधर पेशेवर इतिहास-लेखकों ने विशेषज्ञता के रोब में अंग्रेजी भाषा पर इतना जोर देना शुरू कर दिया कि कुछ कामचलाऊ अनुवादों के अलावा, बांग्ला में लिखी कोई अच्छी रचना ढूँढ पाना मुश्किल है।

मैंने साधारण बांग्ला में यह किताब लिखी है। लिखते समय कई तरह की समस्याएँ आईं। कहीं-कहीं ऐसे शब्दों का इस्तेमाल करने को मजबूर हुआ हूँ, जो आम बोलचाल के नहीं हैं। मसलन एक समय बांग्ला में ढेर सारे फारसी भाषा के शब्द चलते थे। ये शब्द प्रशासनिक कार्यों या जमींदारी तथा बाजार के लेन-देन से संबंधित थे। हालाँकि उनके बदले में अब अंग्रेजी के शब्द प्रचलित हो गए हैं पर मैंने, थोड़ा पुरानेपन का हामी होकर, ज्यादातर फारसी शब्दों का ही प्रयोग किया है, जो हिंदी भाषा में भी प्रचलित हैं। सिर्फ 'अदालत', 'उम्मीदवार', और 'आबाद' जैसे शब्द ही नहीं, 'पिटीशन' की जगह 'अर्जी', 'सबमिट' की जगह 'दाखिल', 'कमीशन' की जगह 'दस्तूरी' आदि चलाने में हर्ज ही क्या है।

दूसरी ओर जो शब्द हमारे 'शब्द भंडार' में नहीं थे और न ही अब हैं, उनकी जगह हम कोई-कोई शब्द बनाकर लिखते हैं। इसी तरह की कुछ परिभाषाएँ और बनाए हुए शब्द, जो मेरे अपने या दूसरों के हैं, मैंने इस्तेमाल किए हैं। हालाँकि जहाँ तक संभव हुआ है, ऐसा न करने की ही कोशिश रही है। इसके बावजूद कई बार, शायद सही शब्दों के चुनाव में कोताही बरतने के कारण, संस्कृत के पड़ौसी शब्द आ गए हैं। 'पारंपरिकता' या 'अवशिल्पीकरण' या 'निहित स्वार्थ' जैसे शब्द आम-फहम बांग्ला के नहीं हैं पर इनके बिना काम नहीं चलता। ऐसा करना हमारी मजबूरी थी, क्योंकि कदम-कदम पर इनके बदले इनसे कहीं लंबे समानार्थी शब्दों का व्यवहार करने की उबाऊ प्रक्रिया से बचने का और कोई रास्ता न था।

सभी जानते हैं कि इतिहास लिखने का एक पेशेवर तरीका है। यह तरीका पेशे के भीतर तो स्वीकृत है, पर बाहरी आदमी के साथ सवाल-जवाब करने के लिए शायद यह तरीका ठीक नहीं है। कम से कम इस किताब के लिए तो यह तरीका एकदम उपयुक्त नहीं है, इस बारे में मुझे कोई शक नहीं है। घरेलू औरत जैसे अपने रसोईघर की सँड़सी, चिमटा, हँड़िया आदि बैठकघर में मेहमानों की पत्तलों के पास नहीं ले जाती, उसी तरह ऐतिहासिक तथ्यों की खोज करनेवाले औजारों को इस किताब में पाठकों के सामने पेश करने की जरूरत नहीं समझी गई है। कहीं-कहीं खोज करनेवालों के बीच कैसे-कैसे खेल चलते हैं—इस तमाशे को दिखाने के लिए मैंने ऐसा जरूर किया है या फिर जहाँ तर्क-पद्धति इसकी माँग करती है, वहाँ। सारणियों में थोड़े-से अंक जरूर दिए गए हैं, पर उन्हें दिए बिना काम नहीं चलता था। बहुत-से लेखकों के नाम देकर किताब का वजन बढ़ाना बेहद आसान है, पर यहाँ उसकी एकदम जरूरत नहीं समझी गई है। पाद-टिप्पणियाँ न देकर याद रखने लायक या याद न रखने लायक किताबों की सूची इस किताब के आखिर में दे दी गई है।

और अंत में एक बात और बता देना जरूरी समझता हूँ। 1972 से मैं जवाहरलाल नेहरू विश्वविद्यालय के एम. ए. के पाठ्यक्रम में 'उपनिवेशकालीन भारत का आर्थिक इतिहास' पढ़ाता आ रहा हूँ। इस किताब के मूल उपादान उसी में से आए हैं। बांग्ला भाषा में इस किताब को लिखने के लिए अध्यापक अशीन दास गुप्त और रुद्रांशु मुखोपाध्याय ने मुझे प्रेरित किया है। इसके पीछे कहीं और गहराई में, निश्चय ही मेरे बचपन का कलकत्ता और बंगला लिखने-पढ़ने के प्रति मेरे माता-पिता का शौक भी है।

कई महीनों की अपनी व्यस्तता को न्यायोचित ठहराने के लिए यह किताब माला और अलि को समर्पित करता हूँ।

नई दिल्ली 1987

सब्यसाची भट्टाचार्य

अनुक्रम

अध्याय : एक

प्रारंभिक बातें : औपनिवेशिक इतिहास के विभिन्न घराने

हम सभी इतिहास से बँधे हैं, पर इतिहास पढ़ने को बाध्य नहीं हैं, फिर भी जो लोग बाध्य होकर या बिना बाध्य हुए इतिहास पढ़ते हैं उनके सामने यह सवाल उठता है कि इतिहास क्यों पढ़ा जाए, औपनिवेशिक भारत का इतिहास क्यों पढ़ा जाए ? इस अध्याय में मैं इस सवाल का जवाब देने की कोशिश करूँगा । पर इसमें कोई शक नहीं कि हममें से हरेक अपने आप में एक इतिहासकार होता है । यानी ऐसा आदमी शायद ही आपको मिलेगा जिसका समय के बारे में अपना कोई बोध न हो, ऐतिहासिक कार्य-कारण-धारा की अपनी कोई धारणा न हो । पर यह प्रथम बोध कि किस घटना के बाद क्या घटा, हमारी जानकारी में प्रायः जैविक होता है, इसमें किसी सोच-विचार के लिए जगह नहीं है । दूसरा—ऐतिहासिक कार्य-कारण-धारणा सोच-विचार का फल है; जिसके मूल में होती है जानकारी—सुनी-सुनाई या पढ़ी-पढ़ाई बातें । आधुनिक इतिहास में इस दूसरे स्थान पर ही विशेषज्ञों को गवाही देने के लिए बुलाया जाता है; हमारी हाल की जानकारी के बाहर, घटनाक्रम की जानकारी के बावजूद, निश्चय ही इनकी गवाही की जरूरत पड़ सकती है । अपनी निजी धारणाओं को पकड़े रखने की प्रवृत्ति हमारे भीतर बहुत प्रबल होती है, जैसे वे वेदवाक्य हों । रवींद्रनाथ का एक कथन याद आ रहा है : ''विशेषज्ञ जो कहते हैं वह वेदवाक्य है—ऐसा मैं नहीं कहता, पर सुविधा यह है कि वे अपनी बात को वेदवाक्य के सुर में नहीं कहते, बल्कि खुलेआम हमारी बुद्धि का आह्वान करते हैं ।'' हमारी धारणाओं के साथ विशेषज्ञों के मत मिलते हैं कि नहीं ? पर विशेषज्ञ लोग भी क्या एकमत होते हैं ? अगर नहीं होते तो क्यों ? इन सवालों का जवाब हम सभी को चाहिए, क्योंकि अनजाने ही हममें से हरेक एक इतिहासकार है ।

इतिहास की इस जरूरत का एक और कारण है, हमारे देश पर अंग्रेजों का शासन । ''जिस जाति के पास अपने पूर्व-गौरव की ऐतिहासिक स्मृति होती है वह अपने गौरव की रक्षा की कोशिश करती है'', पर इस देश में वह 'ऐतिहासिक स्मृति' कहाँ है ? बंकिमचंद्र को भी यही दुःख है; ''साहब लोग अगर चिड़िया मारने

जाते हैं तो उसका भी इतिहास लिखा जाता है'' पर इस देश का इतिहास नहीं है, यही क्षोभ 19वीं शताब्दी की राष्ट्रीयता के मूल में है। बाद में रवींद्रनाथ और गंभीर विश्लेषण की दिशा में आगे बढ़े थे। उनका वक्तव्य है कि एक खास तरह के इतिहास द्वारा सांस्कृतिक औपनिवेशिकता इस देश के इतिहास का लोप कर देना चाहती है। ''हम पेट की रोटी के बदले, सुशासन, सुविचार और सुशिक्षा—सब कुछ एक बड़ी ··· दूकान से खरीद रहे हैं—बाकी बाजार बंद है ··· जो देश भाग्यशाली हैं वे सदा स्वदेश को देश के इतिहास में ही खोजते और पाते हैं ··· हमारे मामले में इसका उलटा है। देश के इतिहास ने ही हमारे स्वदेश को ढक रखा है।''

मैं पहले ही इन दिनों विस्मृत गणेश देवस्कर के 'आर्थिक इतिहास' की चर्चा कर आया हूँ। इस किताब की समीक्षा करते हुए दिनेशचंद्र सेन ने लिखा था कि आर्थिक दुर्गति की तरफ ब्रिटिश सरकार की दृष्टि आकर्षित करना जरूरी है। रवींद्रनाथ का मंतव्य है : ''अगर हमसे पूछा जाए कि इस इतिहास को पढ़ने से आपने कौन-सा लाभ उठाया? हम कहेंगे कि लाभ तो हमें दिखा है, पर इसका मतलब यह नहीं है कि हम अपनी दशा सुधारने के लिए उन्हें दरख्वास्त देते फिरें। हमारा लाभ यह है कि अंग्रेजों के आदर्श ने हमारा हृदय जीत लिया है। —सभी ओर से हमारा हृदय स्वदेश से विमुख हो गया है! मुँह से हम चाहे जितनी लंबी-चौड़ी हाँकें, हमारी नकल चलती रही है। विलायती सभ्यता जैसी सभ्यता कोई दूसरी है ही नहीं!'' लाभ यह है कि इतिहास उस सभ्यता के शोषणकारी शासन के स्वरूप को दिखाकर स्वदेश को जनमानस में प्रतिष्ठित करे। केवल रवींद्रनाथ की ही नहीं, यह हमारे सभी बौद्धिक नेताओं की आशा थी। इसके फलस्वरूप जिस आर्थिक राष्ट्रवाद और इतिहास-बोध का जन्म हुआ, उसकी चर्चा हम बाद में करेंगे।

इस किताब में हम 1850 से आज तक के आर्थिक इतिहास की प्रगति और प्रकृति को समझने की कोशिश करेंगे। मान लीजिए एक आदमी हमारे देश में 1850 में पैदा हुआ, उसकी उम्र जब तीन साल की थी तब बंबई से थाना (थाणे)और इसके कुछ महीने बाद कलकत्ता से हुगली तक की पहली रेल लाइन बिछाई गई। और उसी साल कलकत्ता से आगरा के लिए टेलीग्राफ लाइन भी बिछाई गई। उसकी उम्र जब चार साल की थी तब बंबई में एक पारसी सज्जन के उद्यम से पहली सूती कपड़ा मिल तैयार हुई। इसके दो साल बाद रिसड़ा में अंग्रेजों द्वारा पहली जूट मिल खोली गई। हमारे इस प्रतिनिधि नागरिक की उम्र जब सात साल की थी तभी सिपाही विद्रोह का धमाका हुआ और इसके बाद इंग्लैंड की महारानी का राज्य यहाँ शुरू हुआ। ''ईस्ट इंडिया कंपनी बीते साल की तरह बिदा हुई। 'क्वीन' ने स्वराज्य खास 'प्रोक्लेम' किया; घोड़ा, तोप और रोशनी के साथ आई मायाविनी आशा कि क्वीन के खास राज्य में किसी प्रकार का दुःख न होगा।'' गर्भस्थ शिशु जब तक इस दुनिया में न आ जाए तब तक लोगों के मन में

आशंका बनी रहती है कि पता नहीं लड़का होगा या लड़की। 'क्वीन' के 'प्रोक्लेमेशन' से दुनिया की वही हालत हुई।'' यही है काली प्रसन्न सिंह के 'हुतोम प्यांचा' की कहानी।* हमारे काल्पनिक भारतीय नागरिक की उम्र जब 10 साल की थी तब भारत के प्रथम वित्तमंत्री ने (तब उनको वाइसराय की कौंसिल के वित्त-सदस्य की पदवी दी गई थी) भारत का पहला बजट बनाया। हमारे इस काल्पनिक नागरिक का बाप अगर पैसे वाला हुआ तो उसे पता चल गया होगा कि इस देश में पहली बार उसी साल आयकर लागू किया गया था। और बारह वर्ष की उम्र में वह शायद महारानी द्वारा चलाया गया पहला 'कागज का रुपया' देखेगा। अगर वह आदमी व्यापारी होता तो प्रायः उन्हीं दिनों वह देखता कि विदेशी वाणिज्य, खासकर रुई का निर्यात काफी तेजी से बढ़ रहा है। भले ही उसे इसका असली कारण मालूम न हो कि संयुक्त राज्य अमेरिका में उन्हीं दिनों अश्वेत लोगों को दास प्रथा से मुक्त करने के सवाल को लेकर गृहयुद्ध छिड़ा हुआ था, जिस कारण अमेरिका से रुई का निर्यात बंद हो गया था। फलस्वरूप इंग्लैंड में रुई के दाम बढ़ गए थे और भारत से रुई का निर्यात बढ़ा था। इसका एक लाभ यह था कि बंबई बंदरगाह और बंबई के व्यापारियों की खूब उन्नति हुई। हमारे इस काल्पनिक आदमी की उम्र जब उन्नीस की हुई तब बाहरी देशों के साथ वाणिज्य ने एक नया मोड़ लिया, क्योंकि उसी साल स्वेज नहर खुली। वास्कोडिगामा के समय से चालू सुदूर अफ्रीका के केप अंतरीप को पार करके यूरोप जाने का रास्ता प्रायः बंद हो गया। इधर इस देश में रेल लाइनों की लंबाई बढ़ कर 1832 मील लंबी हो गई। क्या यह सब देश की समृद्धि का परिणाम है ? 'बंग दर्शन' में बंकिमचंद्र चट्टोपाध्याय व्यंग्य करते हुए कहते हैं : ''आजकल बड़ी शोर-गुल सुनी जा रही है कि देश बड़ा समृद्ध हो रहा है। अभी तक हमारा देश बरबादी की तरफ जा रहा था, अब अंग्रेजों के शासन-कौशल से हम सभ्य हो रहे हैं। हमारे देश का बड़ा कल्याण हो रहा है। क्या तुम इस कल्याण को नहीं देख पा रहे हो ? ये देखो लौह-कवच, लौह-तुरग, करोड़ों उच्चैःश्रवाओं (इंद्र के घोड़े का नाम) की ताकत से भी ज्यादा तेजी से एक महीने का रास्ता एक दिन में पार कर रहा है। ये देखो, अग्निमयी नौकाएँ हंसों की तरह क्रीड़ा करती हुई··· वाणिज्य का माल बहा चला आ रहा है। ···गैस के प्रभाव से करोड़ों चंद्रमाओं जितनी रोशनी हो रही है··· कारपेट, कोट, झाड़-फानूस, मारवेल, अलावास्टर, क्या-क्या कहूँ ? देश का बड़ा कल्याण हो रहा है। तुम लोग इस कल्याण के लिए एक बार जय बोलो।'' यह जय-जयकार 1877 के दिल्ली दरबार में बहुत ऊँची आवाज में सुनी गई। उसी समय मलिका विक्टोरिया ने खुद को भारत-सम्राज्ञी घोषित किया। हमारे इस काल्पनिक भारतीय नागरिक की उम्र उस समय 27 साल थी।

---

* 19वीं शताब्दी के आरंभ में लिखी एक अपूर्व पुस्तक, जिसमें बंगाली समाज का व्यंग्यात्मक चित्रण किया गया है।

पर अगर यह औसत भारतीय हो तो इसे इतने दिनों तक जिंदा रहने देना ठीक नहीं होगा, क्योंकि 1881 की जनगणना के अनुसार शिशु-मृत्यु, भुखमरी और महामारी की बदौलत भारत में जन्म लेने वालों की औसत उम्र पच्चीस साल थी। कहना न होगा कि ब्रिटिशकालीन भारत के लिए यह औसत उम्र अस्वाभाविक नहीं है : यहाँ 1931 में औसत आयु 26 वर्ष और 1941 में 31 वर्ष थी। [देखें, अध्याय : 2]

हमारे इस औसत काल्पनिक भारतीय की उम्र जब 3 से 5 साल की थी तब वर्तमान राजस्थान, महाराष्ट्र, तमिलनाडु क्षेत्र में अकाल पड़ा था। इसकी दस वर्ष की उम्र में उत्तर प्रदेश से कच्छ तक उत्तरी भारत अकाल से पीड़ित था। उसकी बारह वर्ष की उम्र में महाराष्ट्र और मध्य प्रदेश में भयंकर खाद्याभाव हुआ। 16-17 की उम्र में उड़ीसा और दक्षिण भारत में भयंकर अकाल पड़ा और महामारी फैली। 18 से 20 की उम्र में उत्तर प्रदेश, राजस्थान, मध्य प्रदेश में अकाल पड़ा। 22 से 24 की उम्र तक बिहार और मध्य प्रदेश अकाल-पीड़ित हुए। 26-27 की उम्र में पहले तमिलनाडु, आंध्र प्रदेश, कर्नाटक और महाराष्ट्र; फिर उत्तर प्रदेश में अकाल पड़ा और महामारी फैली। सरकारी आँकड़ों के अनुसार 1850 से अब (1877) तक अकाल से मरने वालों की संख्या 42 लाख थी और उससे प्रभावित होने वालों की संख्या 9 करोड़ 32 लाख थी। [देखें, अध्याय : 5]

इसी परिप्रेक्ष्य में इस विख्यात बंकिमचंद्रीय वक्तव्य को समझा जा सकता है : "आजकल बड़ी शोरगुल है कि हमारे देश की बड़ी उन्नति हो रही है... उन्नति की इस बरसात के बीच मेरा एक सवाल है—यह उन्नति किन लोगों की हो रही है ?" प्रायः इन्हीं दिनों (1880) बंकिमचन्द्र चट्टोपाध्याय की तरह भारतेंदु हरिश्चन्द्र भी लिख रहे थे कि ब्रिटिश शासन की सबसे बड़ी बुराई भारत से धन का विदेश चला जाना है (भारत दुर्दशा)[1]।

इसी काल में इतिहास हमारी आँखों में उँगली डालकर हमें अंग्रेजों की उन्नति दिखाता है। इस काल में हमारी राष्ट्रीय आय का ठीक-ठीक हिसाब नहीं मिलता, पर इंग्लैंड में आँकड़े ही आँकड़े हैं। 1855 में इंग्लैंड में प्रति व्यक्ति राष्ट्रीय आय 18.3 पौंड स्टर्लिंग थी, जो 1870 में बढ़कर 28.4 पौंड स्टर्लिंग हो गई। अध्यापक मिचेल और डीन के अनुसार यह प्रति व्यक्ति राष्ट्रीय आय बढ़ती ही जा रही थी। 1890 में 37.8 पौंड स्टर्लिंग और 1910 में 41.9 पौंड स्टर्लिंग। इसे 19वीं शताब्दी में होनेवाली औद्योगिक क्रांति का फल माना जाता है और उलटी दिशा में हिसाब किया जाय तो हम देखेंगे कि 1750 में राष्ट्रीय आय का 40 से 45 प्रतिशत कृषि

1. अंगरेज राज सुख साज सजै सब भारी।
पै धन बिदेस चलि जात यहै अति ख्वारी।।

उत्पादों से आता था। यह अनुपात 1851 में 20 प्रतिशत पर पहुँच गया था और 1881 में औद्योगिक आय में वृद्धि के कारण 10 प्रतिशत पर जा पहुँचा था। उन्नीसवीं शताब्दी के शुरू के वर्षों में 40 प्रतिशत लोग इंग्लैंड में कृषि उत्पादन में लगे हुए थे। औद्योगिक क्रांति के फलस्वरूप 1901 में सिर्फ 8.5 प्रतिशत लोग कृषि-उत्पादन में लगे रह गए। औद्योगिक वस्तुओं में निर्यात के कारण, साथ ही साथ, विदेशों के साथ वाणिज्य में वृद्धि हुई। 1790 में इस स्रोत से राष्ट्रीय आय का सिर्फ 14 प्रतिशत आया था; जबकि 1880 में 36 प्रतिशत। कुल मिलाकर इससे समझा जा सकता है कि इंग्लैंड की औद्योगिक क्रांति ने वहाँ की अर्थव्यवस्था को दौड़ा दिया था और औद्योगिक उत्पादन की तुलना में खेती वहाँ एकदम गौण हो गई थी। औद्योगिक वस्तुओं के निर्यात से आमदनी बढ़ी और सबसे बड़ी बात यह कि उनकी प्रति व्यक्ति राष्ट्रीय आय अभूतपूर्व दर से बढ़ने लगी।

इंग्लैंड की अमीरी और हमारी दरिद्रता निश्चय ही बिना किसी आँकड़ा बनाने वाले की मदद के भी समझी जा सकती है। सवाल है—यह फर्क क्यों? भारत के दृष्टिकोण से इस सवाल को अलग-अलग तरीकों से मैं समझने की कोशिश करूँगा।

इसके पहले इस महाद्वीप में ब्रिटिश भारत जिस विश्वव्यापी तंत्र का अंग है उसकी ओर भी नजर रखनी होगी। ''संप्रति इस दुनिया में पूँजीवादी युग शुरू हो गया है। अब वाणिज्य खाली वाणिज्य नहीं रह गया है। उसका साम्राज्यवाद के साथ गंधर्व-विवाह हो गया है... इससे इस दुनिया के इतिहास में एकदम नया अध्याय जुड़ गया है और वह है किसी देश पर किसी और देश का राज... पहले कभी इस दुनिया में ऐसा स्वामित्व नहीं रहा। यूरोप के ऐसे ही स्वामित्व के क्षेत्र हैं एशिया और अफ्रीका।'' रवींद्रनाथ ने ऊपर जिस गंधर्व-विवाह का उल्लेख किया है वह आमतौर पर आर्थिक उपनिवेशवाद के नाम से जाना जाता है।

आजकल उपनिवेशवाद शब्द खूब सुनाई पड़ रहा है। प्रधानमंत्री के भाषण से लेकर मोहल्ले की चुनाव-सभा तक इस शब्द का धड़ल्ले से प्रयोग किया जाता है, पर शायद इसका अर्थ स्पष्ट नहीं होता।

इसका एक कारण तो यह है कि जो उपनिवेश और साम्राज्यवाद समूचे इतिहास से जुड़े हुए हैं, उनका अर्थ बदल गया है। ग्रीस के नगर-राष्ट्र या भारतीयों ने दक्षिण-पूर्व एशिया में जिन उपनिवेशों की स्थापना की थी वे अपने मूल अर्थ में उपनिवेश अर्थात् 'स्वदेश से विदेश में जाकर बस जाना' थे। बंकिमचंद्र ने इसी अर्थ में 'औपनिवेशिकता' शब्द का प्रयोग किया था। ['बांगालीर इतिहास', बंगदर्शन, 1281 बंगाब्द] यह 'औपनिवेशिकता' शब्द तब से चला आ रहा है, पर इसका अर्थ बदल गया है। आधुनिक युग में इस मूल अर्थ में उपनिवेशों का निर्माण यूरोप ने अमेरिका से शुरू करके आस्ट्रेलिया तक अनेक स्थानों पर 19वीं शताब्दी

में किया। एक पूरी तरह से भिन्न प्रकार की औपनिवेशिकता एशिया और अफ्रीका के महाद्वीपों में देखी गई, जो इस दुनिया पर यूरोप के वाणिज्य के प्रभाव और बाद में पश्चिमी यूरोप की औद्योगिक क्रांति की परिणति है, विदेशों में यूरोप के लोगों के आगमन का फल नहीं है। 'तीसरी दुनिया' के देश 20वीं शताब्दी के प्रथम भाग तक ज्यादातर पुराने उपनिवेश या अर्द्ध-उपनिवेश थे, या फिर आज भी हैं राजनीतिक अर्थ में न होने पर भी आर्थिक रूप से, पर इनके औपनिवेशिक अनुभव भिन्न-भिन्न हैं। अतएव इनके बारे में 'औपनिवेशिकता' शब्द का एक ही अर्थ नहीं है। एक और बात यह है कि औपनिवेशिक भारत में दादाभाई नौरोजी से लेकर प्रायः 100 से अधिक वर्षों तक राष्ट्रवादी विचारकों ने साम्राज्यवाद का इतिहास जिस विचारधारा के अधीन लिखा है उसमें राजनैतिक पराधीनता, देशी व्यापारियों के लिए सुविधाओं का अभाव, इस देश के आर्थिक विकास के प्रति ब्रिटिश सरकार का विरोध आदि की ही प्रधानता है। दूसरी ओर मानवेंद्र नाथ राय या रजनी पामदत्त के समय से मार्क्सवादी विश्लेषण में 'औपनिवेशिकता' शब्द ने एक और ही व्यंजना या 'भावार्थ' प्राप्त किया है; जहाँ उसे विश्वव्यापी पूँजीवादी विकास के अंग के रूप में देखते हुए, साम्राज्यवादी देशों के विकास के अलग-अलग स्तरों पर पूँजी की प्रकृति, औपनिवेशिक समाजों में वर्ग-वैषम्य और शोषण, साम्राज्यवादी युद्धों के साथ वर्ग-संघर्ष के अंतर्विरोधों आदि को प्रधानता दी गई है। इन दो विचारधाराओं ने औपनिवेशिकता की इतिहास-चर्चा में पूरी तौर से भिन्न प्रकार के घरानों की सृष्टि की है।

इसलिए हम देखते हैं कि 'औपनिवेशिकता' शब्द के अनेक अर्थ हैं। भारतीय उपमहाद्वीप में 1947 के पूर्व औपनिवेशिकता को किस अर्थ में लिया जाता था—यह जानने के लिए जब हम आगे बढ़ते हैं तो इतिहासकार हमें क्या जवाब देते हैं, यह जान लेना जरूरी है। इस किताब के कुछ आगामी पन्नों में उनके उत्तरों के सार को पकड़ने की कोशिश की गई है।

II

समाजवादी तथा राष्ट्रीयतावादी विचारधारा

औपनिवेशिक भारत के आर्थिक इतिहासकारों के कई घराने हैं। इनमें जो सबसे पुराना घराना है वह अंग्रेज प्रशासकों और—प्रत्यक्ष या परोक्ष रूप से—साम्राज्य के समर्थकों द्वारा तैयार किया गया है। यह इतिहास-दृष्टि हाल की कुछ खोजों में भी दीख पड़ती है, पर जो प्रतिष्ठा एक समय इसे सर रिचर्ड स्ट्रेची, सर थियोडोर मॉरिसन, जार्ज चेशनी, वेरा एनस्टिंग इत्यादि के काल में प्राप्त थी, वह अब प्राप्त नहीं है। एक दूसरा घराना यूरोप में तैयार हुआ, जिसने वहाँ पूँजीवाद की जमीन पर

साम्राज्यवाद की आर्थिक जंजीरों को एक झटका दिया था। जॉन हाब्सन, रूडोल्फ हिलफरडिंग, रोज़ा लक्ज़ेमबुर्ग, लेनिन आदि इस इतिहास-दृष्टि के प्रतिस्थापक थे। तीसरी तरह की विचारधारा 19वीं शताब्दी के अंतिम वर्षों से इस देश के राष्ट्रीयतावादी अर्थशास्त्रियों और इतिहासकारों की रचनाओं में सामने आई, जिनमें दादा भाई नौरोजी, महादेव गोविंद राणाडे, रमेश चंद्र दत्त प्रमुख हैं। भारत में सबसे नई और सबसे भिन्न विचारधारा का रूप मार्क्स से प्रभावित आर्थिक इतिहास-चर्चा में देखा जाता है, जिसमें मानवेंद्र नाथ राय, रजनीपाम दत्त, दामोदर धर्मानंद कोसंबी आदि आते हैं। ऐतिहासिक शोध की इन तीन-चार परंपराओं या घरानों के बारे में एक-दो बातें कहना जरूरी है। बाद में अनेक स्थानों पर हम देखेंगे कि आधुनिक इतिहासकार इन विभिन्न घरानों के 'युक्ति, तर्क और गल्प' में बार-बार समाधान ढूँढते हैं।

चूँकि हाल में किए गए शोधों की प्रवृत्तियों के बारे में एक धारणा विकसित करना हमारा उद्देश्य है, सिद्धांतों की वंशावली तैयार करना नहीं; इसलिए हम मुख्य रूप से इस शताब्दी की सीमाओं में विभिन्न ऐतिहासिक विचारधाराओं के घरानों के विकास और वैशिष्ट्य का मूल्यांकन करने की कोशिश करेंगे। इस शताब्दी के आरंभ में जॉन हाब्सन की रचना 'साम्राज्यवाद' (1902) ने तहलका मचाया था। हाब्सन जरा भी मार्क्सभक्त नहीं थे। वे इंग्लैंड के लेबर पार्टी के बुद्धिजीवी थे। साम्राज्य क्यों? इस बारे में उनका प्रतिपाद्य मत यह था कि भारत, मिस्र, चीन आदि देशों में जो साम्राज्यवाद दिखाई दिया था उसका पश्चिम के पूँजीवादी और धनिक तंत्र वाले देशों की अर्थनीति के साथ कार्य-कारण का संबंध है। पूँजीवादी अर्थव्यवस्था में आमदनी की असमानता के कारण मजदूर वर्ग का वेतन और उसकी क्रय-क्षमता कम है, यद्यपि उनकी संख्या बहुत ज्यादा है। इसका मतलब यह है कि पूँजीवादी अर्थव्यवस्था का एक मूल लक्षण है—राष्ट्रीय आय के असमान वितरण के कारण जनसंख्या के एक विशाल भाग का आवश्यकता के अनुसार उपभोक्ता न हो पाना। इसे हाब्सन ने 'अल्प उपभोग' (Under-Consumption) की समस्या का नाम दिया है। ऐसी स्थिति में औद्योगिक पूँजीपतियों का समूचा उत्पादन देश में नहीं बिकता, विदेशों में उसकी बिक्री करने की जरूरत होती है। फलस्वरूप यूरोप के औद्योगिक रूप से उन्नत देश आपसी होड़ और अंतरराष्ट्रीय संघर्ष की दिशा में चलते हैं और/अथवा पिछड़े हुए देशों को बाजार के रूप में दखल करने के लिए, उन्हें उपनिवेशित करने के लिए मजबूर होते हैं। उसका एक पक्ष यह है कि अल्प उपभोग समस्या अगर देश के बाजार को इस प्रकार सीमित कर दे तो उद्योग में पूँजी के विनियोग के अवसर भी सीमित होने को बाध्य हैं। एक तरफ पूँजीवादी असमानता के कारण पूँजीपतियों का मुनाफा बढ़ रहा है (अतिसंचय या Oversaving) और विनियोग का रास्ता ढूँढ़ रहा है; दूसरी

और विनियोग के अवसर कम हो रहे हैं। इसलिए उक्त पूँजी को विदेशों में विनियोजित करना ज़रूरी हो जाता है : नतीजा एक ही है और वह है विकसित देशों द्वारा अविकसित देशों को उपनिवेश बनाकर—विनियोग का क्षेत्र तैयार करने की कोशिश।

इस तरह हाब्सन 'अल्प-उपभोग' और 'अतिसंचय' के सिद्धांत द्वारा साम्राज्यवाद को पूँजीवादी अर्थनीतिक ढाँचे के सुनिश्चित परिणाम के रूप में देखते हैं। बाद के दशक में इसी धारा की तीन प्रभावशाली पुस्तकें 1910, 1913 और 1916 में प्रकाशित हुईं; जिनके लेखक थे हिलफरडिंग, लक्जेमबुर्ग, और लेनिन। रूडोल्फ़ हिलफरडिंग वियना के एक प्रतिष्ठित अर्थशास्त्री और जर्मनी के (सोशल डेमोक्रेटिक पार्टी) नेताओं में से एक थे और दो बार वे अर्थमंत्री भी नियुक्त हुए थे। नाज़ीवाद और हिटलर का विरोध करके जिन्हें पराजित होकर जर्मनी छोड़ना पड़ा था, यह उनमें से एक थे। पेरिस शहर पर हिटलर के कब्जे के बाद उन्हें मार दिया गया या उन्होंने आत्महत्या की, इसका ठीक-ठीक पता नहीं है। 'वित्त-पूँजी' (Finance Capital) नामक पुस्तक में उन्होंने यूरोपीय पूँजी के ढाँचे और विदेशी विनियोग के साथ साम्राज्यवाद के संबंध का निदर्शन किया था। इन्हीं के साथ एक और व्यक्ति का नामोल्लेख किया जा सकता है और वह हैं रोज़ा लक्ज़ेमबुर्ग, जिनका जन्म पोलैंड में हुआ था और कर्मक्षेत्र था जर्मनी का साम्यवादी आंदोलन। इनकी मौत नाजियों के हाथों हुई थी। इनकी 'पूँजी-संचय' (Accumulation of Capital) नामक पुस्तक में औद्योगिक क्रांति के पहले की साम्राज्यवाद की स्थिति पर ध्यान दिया गया है, जो हिलफ़रडिंग और लेनिन में नहीं मिलता। लेनिन की पुस्तक इनमें सर्वाधिक प्रसिद्ध है—'साम्राज्यवाद : पूँजीवाद का अंतिम चरण'। उनकी कुछ रचनाओं (जैसे साइबेरिया में निर्वासन के समय की रूस में पूँजीवाद के विकास से संबंधित गवेषणा) की तुलना में यह पुस्तक उतनी शोधपूर्ण नहीं है। इसे 1916 की सामयिक परिस्थिति के परिप्रेक्ष्य में देखना होगा। लेनिन का उद्देश्य था—प्रथम महायुद्ध के वास्तविक स्वरूप और पूँजीवादी साम्राज्यवाद के अंतर्विरोधों के स्वरूप को उद्घाटित करके यह दिखाना कि जनता के संघर्षों और पूँजीवादी हितों के संघर्षों में अंतर है। जो भी हो, इस धारा के विश्लेषण में इतिहासकारों की दृष्टि 19वीं शताब्दी के अंतिम भाग और प्रथम विश्व युद्ध के पहले अफ्रीका और एशिया में साम्राज्यवादी विस्तार के पीछे की अर्थशास्त्रीय प्रक्रियाओं पर पड़ती है, विशेषकर यूरोप में उद्योगों पर बैंकों तथा अन्य विनियोगकारी संस्थाओं की पूँजी के प्रभाव, कारटेल (Kartel) की तरह के एकाधिकारी व्यापार की स्थापना और क्रमशः बढ़ते हुए प्रभुत्व, यूरोप की अतिरिक्त पूँजी को उपनिवेशों में विनियोजित करने की ओर झुकाव, साम्राज्यवादी देशों में पूँजीपतियों के स्वार्थों की टकराहट से उत्पन्न युद्ध की तैयारी, और प्रथम

विश्वयुद्ध की पृष्ठिभूमि की ओर थी।

कहना न होगा कि इस विचारधारा के अनुसार यूरोप रंगमंच है और 'नेपथ्य' में उपनिवेशीकृत एशिया और अफ्रीका के निवासियों का 'आर्तनाद' है। स्वाभाविक है कि भारत के राष्ट्रीयतावादी अर्थशास्त्रियों का दृष्टिकोण इससे भिन्न है। वहाँ उपनिवेशीकृत जनता की समस्याएँ ही प्रमुख हैं। नौरोजी, राणाडे, रमेशचंद्र दत्त आदि ने ब्रिटिश साम्राज्य के आर्थिक स्वरूप को जिस परिप्रेक्ष्य में देखा था, वह सुपरिचित है। इसके कुछ मूल तत्वों को मैं संक्षेप में बताना चाहूँगा: 1. निरुद्योगीकरण का सिद्धांत अर्थात देशी उद्योगों का विनाश, सरकारी समर्थन के अभाव में इंग्लैंड के कारखानों के साथ उनकी असमान प्रतिस्पर्धा। 2. मुक्त व्यापार नीति (Free Trade) से प्रभावित ब्रिटिश भारत की शुल्क नीति (Tariff-Policy) का दुष्परिणाम, विदेशी औद्योगिक वस्तुओं की बाढ़, कच्चे माल की सस्ती दर में प्राप्ति, यहाँ तक कि अन्नहीन देश के खाद्यान्न का विदेश को निर्यात। 3. अतिरिक्त ऊँची दर पर भू-राजस्व का शोषण करके कृषि व्यवस्था का सर्वनाश, फलस्वरूप बार-बार पड़ने वाले अकाल। 4. राजस्व को देश की उन्नति (जैसे सिंचाई व्यवस्था) के लिए खर्च न करके अंग्रेजों के हित में (जैसे रेल कंपनियाँ) खर्च करने की सरकारी नीति। 5. धन का बहिर्गमन सिद्धांत (Drain of Wealth Theory) अर्थात देश से रुपए या पण्य के रूप में धन को विदेश भेजना, अंशतः गैर-सरकारी व्यवसाय के बहिर्गमन पथ से, अंशतः भारत सरकार के इंग्लैंड में वर्ज़ खर्च के खाते में। उपरोक्त सिद्धांत के साथ पर्याप्त तथ्य एकत्रित करके राष्ट्रीयतावादी अर्थशास्त्रियों ने औपनिवेशिक भारत की शोषित अवस्था को उघाड़ कर जनमानस पर जो छाप छोड़ी है उसका राजनीतिक फल सर्वविदित है। इसके अलावा हम परवर्ती अनेक अध्यायों में देखेंगे कि अर्थनैतिक राष्ट्रीयतावाद के समर्थन अथवा समालोचना से संबंधित खोजों ने आधुनिक इतिहास की चर्चा को आगे बढ़ाया है।

इस समालोचना की मूल धारा लक्ष्य करने लायक है। 19वीं शताब्दी के राष्ट्रीयतावादी दृष्टिकोण से जो लोग आज भी इतिहास-चर्चा करते हैं, उनमें विदेशी शासन के स्वार्थ के साथ अपने देश के हितों के विरोध के अतिरिक्त, देश के अंदर विभिन्न वर्गों और श्रेणियों के बीच जो असमानता और विरोध था इसकी ओर ध्यान न देने की प्रवृत्ति देखी जाती है। दूसरे, देश के आर्थिक विकास तथा देशी पूँजीपति वर्ग के विकास को समानार्थक मान लेने की ओर भी उनका झुकाव देखा जाता है। तीसरे, राजनीति के इतिहास और अर्थनीति के इतिहास के अलगाव द्वारा निहित स्वार्थों और राजनैतिक दलों के बीच परस्पर-क्रिया को अनदेखा करने की प्रवृत्ति भी उनमें देखी जाती है। चौथे, साम्राज्यवाद विरोधी आंदोलन में शामिल, अथवा उससे भिन्न, साधारण मनुष्य के आंदोलन, उसके

प्रतिवाद, रोजमर्रा के संघर्ष, चेतना इत्यादि की अवहेलना करके पूर्वग्रहपूर्ण इतिहास-चर्चा की प्रवृत्ति भी देखी जाती है।

ये प्रवृत्तियाँ 19वीं शताब्दी की हैं। [यद्यपि आज भी कुछ इतिहासकारों के लेखन में ये प्रवृत्तियाँ पाई जाती हैं।] इसे आधुनिक समय के मध्यवित्त शहरी बुद्धिजीवी वर्ग की राजनैतिक रणनीति के परिप्रेक्ष्य में समझा जा सकता है और संभवतः तत्कालीन परिस्थिति में इसका समर्थन भी किया जा सकता है। देश में राष्ट्रीयतावादी रणनीति ज्यादा महत्त्वपूर्ण थी, वर्गीय विषमता नहीं। राजा और प्रजा के बीच की जातिगत विषमता को दरकिनार करके और संपूर्ण देश बनाम विदेशी शासकों के बीच के विभेद को सामने रखकर वर्ग-निर्विशेष पददलित जाति को एकत्रित करना, राष्ट्रीय चेतना को प्राथमिकता देकर जनसाधारण में प्रचारित करना ही यह रणनीति थी। इस रणनीति की यथार्थपरकता के बारे में बहुत कुछ कहा जा सकता है और कहा भी गया है, फिर भी तत्कालीन परिवेश की यथार्थपरकता एक चीज है और ऐतिहासिक विश्लेषण में इस दृष्टिकोण को आज भी बनाए रखना दूसरी चीज है। सबसे आखिर में यह बात याद रखनी चाहिए कि राष्ट्रीयतावाद में जिन सब कारणों से इस प्रकार की प्रवृत्तियों ने जन्म लिया था उसका एक कारण यह है कि राष्ट्रीयतावादी नेताओं के मनोभाव और साधारण मनुष्य के देशप्रेम में एक दूरी थी। यहाँ पर राष्ट्रीयतावाद और देशप्रेम के बीच के फर्क को समझना जरूरी है। अंग्रेजी शिक्षित शहरी बुद्धिजीवियों द्वारा देशप्रेम की सृष्टि नहीं हुई है। वह पहले भी था। यद्यपि 'देश' की धारणा विभिन्न मातृभाषाओं के गर्भ में भिन्न-भिन्न रूप में प्रस्फुटित हुई थी—आर्यावर्त, पितृभूमि, हिंदुस्तान, वतन, कौम इत्यादि रूपों में। 1857 के विद्रोह के संबंध में सुरेंद्र नाथ सेन, ताराचंद्र, रमेशचंद्र मजूमदार, शशिभूषण चौधरी आदि इतिहासकारों के तर्क-वितर्क से, अनेक असहमतियों के बावजूद लगता है, इतना समझा जा सकता है कि 'देशप्रेमी' और 'राष्ट्रीयतावादी' एक नहीं है। जो भी हो, पारंपरिक देशप्रेम जो जनमानस में अनेक बिंबों और भाषाओं में लिपिबद्ध है, जो खेतों और खलिहानों में बसने वालों का देशप्रेम है उसमें और बुद्धिजीवी नेताओं के सम्मेलनों और समितियों के राष्ट्रीयतावाद में एक दूरी है और एक सहयोग भी है। देशप्रेम बीच-बीच में टोपी पहनकर राष्ट्रीयतावादी नेताओं के हित साधन में लग जाता है। पर शायद इनको एक मानना गलती होगी। राष्ट्रीयतावादी नेताओं की राजनीति से साधारण मनुष्य की दूरी को रवींद्रनाथ ने थोड़े-से शब्दों में 'व्यक्ति और प्रतिकार' शीर्षक निबंध (1314 बंगाब्द) में इस प्रकार व्यक्त किया है—'आज हमारे अंग्रेजी पढ़े-लिखे शहरी लोग जब गाँव के निरक्षर मनुष्य के पास जाकर कहते हैं कि हम दोनों भाई-भाई हैं तब वह बेचारा ग्रामीण इस 'भाई' शब्द का अर्थ समझ नहीं पाता। जिन लोगों को हम 'हलजोत्ता' कहकर पुकारते हैं,

जिनके सुख-दुख का मूल्य हमारे सामने अत्यंत सामान्य है, जिनकी हालत जानने के लिए हमें गवर्नमेंट द्वारा प्रकाशित तथ्यों की तालिका पढ़नी होती है, उन्हें अचानक भाई-भाई के संबंध का परिचय देकर महँगे दामों पर चीजें (अर्थात स्वदेशी सामान) खरीदने अथवा गोरखे चौकीदार के जूते खाने के लिए उनको बुलाने पर हमारे इरादों के प्रति उनके संदेह उठने की बात तो है ही।'' इस दूरी को, 19वीं शताब्दी के राष्ट्रीयतावाद की इस सीमा को यहाँ बहुत आसान शब्दों में प्रकट किया गया है। हम बाद में देखेंगे कि इतिहास में इस समस्या की समीक्षा आजकल के शोधों में, आधुनिक इतिहास-चर्चाओं में काफी जगह घेरे हुए है।

III

इतिहास के प्रति नव-साम्राज्यवादी अभिगम

यूरोप की मार्क्सवादी धारा में साम्राज्यवाद का विश्लेषण और भारत में राष्ट्रीयतावादी समालोचना के विरोध में मत प्रगट करके एक अत्यंत प्रभावशाली विचारकों का दल तैयार हुआ है। सन् 1900 में लार्ड कर्जन के 'रमेशदत्त के साथ वाद-विवाद' से शुरू करके थियोडोर मॉरिशन, वेरा एन्स्टी, परसीवाल ग्रिफिथ्स और उनसे भी पहले जार्ज चेशनी, रिचर्ड स्ट्रेची आदि इस परंपरा के प्रवर्तक हैं और इसका प्रभाव आज भी अनेक विश्वविद्यालयों में होने वाले शोधों मे देखा जा सकता है। हालाँकि हम इन सबको एक साथ रखकर एक विचारक दल की बात कर रहे हैं, किंतु वास्तव में इन सभी के विचार और तर्क एक नहीं हैं। जिसका कारण है कि इसका जन्म विभिन्न मतों के फलस्वरूप, ब्रिटिश राज की समालोचना के खंडन की कोशिश में हुआ था। अतएव झट से जिस-तिस के ऊपर 'साम्राज्यवादी' लेबुल लगा देना उचित नहीं होगा। फिर भी सभी के लिए न सही, जिनके नाम ऊपर दिए गए हैं उनके लिए यह लेबल बहुत उपयुक्त है। हाल के शोधों में इनके मत का आंशिक समर्थन जिनके लेखन में देखा जाता है उनका वक्तव्य मोटामोटी इस प्रकार है : 1. साम्राज्य के स्वामी देशों ने उपनिवेशों में ज्यादा पूँजी का विनियोग एकदम नहीं किया, वरन् उनके समकक्ष स्वाधीन यूरोपीय कुलोद्भूत देशों में ही यूरोपीय पूँजी का अधिकांश भाग लगा था, अर्थात् हिलफर्डिंग आदि का सिद्धांत गलत है। 2. उपनिवेशित देशों में आधुनिकीकरण पश्चिमी देशों के नेतृत्व के कारण संभव हुआ था : रेल पथ, सड़क, बंदरगाह, बिजली, आदि में आर्थिक आधार (infra-structure) को तैयार करने के लिए पूँजी, कारीगरी और कौशल एकमात्र पश्चिम से ही आ सकता था, अन्यथा उपनिवेशित एशिया और अफ्रीका पहले की तरह पिछड़े पड़ जाते।

3. उपनिवेशीकरण की प्रक्रिया में यूरोप के देशों के पूँजीपतिवर्ग का हाथ नहीं था, अतएव साम्राज्यवाद-विस्तार के साथ यूरोप की पूँजी के हितों का कोई संबंध ऐतिहासिक तर्क द्वारा प्रमाणित नहीं होता।

पिछले तीन दशकों में अनेक प्रभावशाली शोधकर्ताओं ने इसी तरह की युक्ति द्वारा अर्थनैतिक साम्राज्यवाद के सिद्धांत का खंडन करने की कोशिश की है। अतएव इन तीनों प्रतिपादनों की परीक्षा करना जरूरी है।

(1) प्रथम युक्ति के पक्ष में अलबर्ट इमलाह, केयार्नक्रस, मैथ्यू सायमन आदि के शोध जाते हैं। 1865-1914 के बीच इंग्लैंड के शेयर बाजार में बाहर की दुनिया में विनियोग के लिए इकट्ठी की गई पूँजी के बारे में हजारों तथ्यों का उन्होंने कंप्यूटर में विश्लेषण किया है। उसके अनुसार इस पूँजी का केवल 40% इंग्लैंड के साम्राज्य के भीतर लगा हुआ था, 59% अन्य स्वाधीन देशों में और एक प्रतिशत दूसरे देशों के उपनिवेशों में। इसके अलावा इस पूँजी का 14% एशिया में और 11% अफ्रीका में लगा हुआ था। इसकी तुलना में कहीं ज्यादा उत्तरी अमेरिका में (34%) और दक्षिणी अमेरिका में (17%) लगा हुआ था। कुल ब्रिटिश पूँजी का 68% यूरोपीय वंश के बाशिंदों वाले देशों में लगा हुआ था—जैसे संयुक्त राज्य अमेरिका, कनाडा, आस्ट्रेलिया, न्यूजीलैंड इत्यादि। संक्षेप में, यूरोप द्वारा पददलित काले आदमियों के देशों को, उपनिवेशित होने के बावजूद, जहाँ तक इंग्लैंड की पूँजी के विनियोग का प्रश्न है, महत्त्व नहीं दिया गया था।

पहले इस तर्क की कमजोरियों को देखना आवश्यक है : 1—शेयर बाजार के तथ्य इसके आधार हैं किंतु इसके अलावा भी उपनिवेशों में पर्याप्त अंग्रेजी पूँजी थी, जिसे इसमें शामिल नहीं किया गया है। जैसे कि 19वीं शताब्दी में अंग्रेजी पूँजी का अधिकांश मैनेजिंग एजेंसियों के हाथों में था। यह पैसा इंग्लैंड से नहीं आया था। इसे अंग्रेजों ने भारत में लूटपाट, लाभ या वेतन से होने वाले संचय को फिर से व्यापार में लगाकर प्राप्त किया था। इस तरह के सीधे विनियोग के अलावा जो अंग्रेजी पूँजी बैंकों की मार्फत उपनिवेश में गई थी अथवा विदेशी शेयर बाजारों में विनियोजित हुई थी वह सब भी सायमन की गणना में नहीं थी। अतएव इस हिसाब से तथ्यों की असंपूर्णता के कारण उपनिवेशों में अंग्रेजी पूँजी के परिमाण को छोटा करके देखा गया था। 2—सिर्फ 1865 के बाद से ही यह गणना की गई है, जबकि अधिकांश पूँजी इसके पहले ही इंग्लैंड से उपनिवेश में चली गई थी। जैसे लेलैंड जिक्स के हिसाब के अनुसार 1857-1858 तक कुछ ही वर्षों में कम से कम 15 करोड़ पौंड अंग्रेजी पूँजी रेल कंपनियों, सरकारी ऋणों, चाय बागानों, जहाज कंपनियों इत्यादि में भारत को निर्यात की गई थी। अतएव यहाँ भी तथ्य पूरे नहीं हैं। जो भी हो, इस तरह की गणनाओं को रद्द करना बेवकूफी होगी। यहाँ इस बात में संदेह नहीं कि (तथ्यों की असंपूर्णता के बावजूद) सायमन वगैरह की

गणनाओं ने यह दिखा दिया है कि पूर्व के वित्त साम्राज्यवाद के सिद्धांत के अनुसार उपनिवेश को यूरोपीय पूँजी के निर्यात तथा विनियोग के संबंध में जो महत्त्व दिया गया था, उसमें अतिशयोक्ति थी। वस्तुतः विश्व परिप्रेक्ष्य में देखा जाय तो उस पूँजी का कोई बहुत बड़ा भाग काले आदमियों के देश में नहीं आया था। क्यों? क्योंकि विदेशी पूँजी बहुत बड़े परिमाण में उपनिवेश में संचित हुई थी, विदेश से आयात नहीं हुई थी। इसके अलावा गरीब देशों में क्रय-क्षमता कम होने के कारण विनियोग का अवसर भी कम है। 3–अबाध वाणिज्य नीति ने भारत-जैसे उपनिवेश में विदेशी पूँजी के विनियोग को उत्साहित नहीं किया था। इसके विपरीत स्वाधीन देशों में आयात शुल्क द्वारा उद्योग संरक्षण (Protective Tariff) की नीति विनियोग को उत्साहित करती है। अतएव अधिकांश पूँजी उसी दिशा में प्रवाहित हुई थी।

(2) साम्राज्यवाद-समर्थक इतिहासकारों के दल का एक और प्रतिपादन यह है कि साम्राज्य के विस्तार के फलस्वरूप आधुनिकीकरण हुआ था। आधुनिक सड़कें, बंदरगाह, रेलपथ, मशीनें, जहाज इत्यादि ब्रिटिश साम्राज्य की देन हैं। इसके लिए कृतज्ञता का अभाव साहब लोगों को पीड़ा देता है। चलो ठीक है। पर पहली बात तो यह है कि ये चीजें मुफ्त में नहीं आई थीं। करदाता अथवा उपभोक्ता भारतीयों के पैसों के बदले ही आई थीं। व्यवस्थापक रूप में अंग्रेज प्रशासकों को मोटे वेतन और व्यापारियों को लाभ मिला था। दूसरे, जिस उद्देश्य से यह सब किया गया था वह था इस देश के आर्थिक ढाँचे (Infra-Structure) को इस तरह तैयार करना जिससे कच्चे माल का निर्यात और औद्योगिक माल का आयात, देश के अंदर के बाजारों में प्रवेश, बाहरी वाणिज्य के लिए जरूरी बैंक, बीमा, जहाज-कंपनी आदि सुविधाएँ मिल सकें। देश के आर्थिक विकास के बिना आधुनिकीकरण आर्थिक पिछड़ेपन को और गहरा करता है (Development of under development)। आंद्र गुंडर फ्रैंक के इस मत के समर्थन में बहुत से इतिहासकारों ने यह भी दिखाया है कि आधुनिकीकरण एक विशेष क्षेत्र में सीमित था; देश के भीतर द्वीप जैसे विदेशी अंतःक्षेत्र की तरह (foreign enclave)—यथा विदेशी व्यापार की व्यवस्था, विदेशी पूँजी के अधीन कुछ उद्योग, कुछ औपनिवेशिक शहर इत्यादि। इस 'आधुनिक' क्षेत्र के बाहर, परंपरागत तकनीक, व्यवसाय और परिवहन थे।

इस प्रसंग में एक शक्तिशाली विश्लेषण-धारा बैके आदि इंडोनेशिया के आर्थिक इतिहासकारों की खोजों से प्राप्त हुई है। बैके के अनुसार उपनिवेश में एक दोहरी अर्थव्यवस्था की सृष्टि होती है। ऊपर के तल्ले में होता है 'व्यवस्थित क्षेत्र' (organised sector) जहाँ पर आधुनिक इंजीनियरी कौशल, ज्वाइंट स्टाक

कंपनी, बैंक, आयात-निर्यात व्यवस्था इत्यादि होते हैं और नीचे के तल्ले में औद्योगिक क्रांति से पहले के कुटीर उद्योग का कौशल, कंपनी के स्थान पर अत्यंत छोटे-छोटे व्यक्तिगत धंधे, बैंक के बदले परंपरागत महाजनी व्यवस्था, देश के अंदर माल बेचने के लिए खुदरा विक्रेता, दलाल, सेठ और महाजन की पुरानी व्यवस्था। दोहरी अर्थव्यवस्था में ऊपरी तल्ले को यद्यपि आधुनिक कहा जाता है जबकि नीचे के तल्ले को ऐसा एकदम नहीं माना जाता।

अनेक लोग कहते हैं कि आधुनिक यंत्र, परिवहन, इंजीनियरी कौशल इत्यादि के द्वारा अर्थनीति में क्रांतिकारी परिवर्तन आना अवश्यंभावी है, क्योंकि अर्थनीतिक व्यवस्था के मूल में उत्पादन-प्रक्रिया होती है, इत्यादि-इत्यादि। सुदूर भविष्य में इस तरह की संभावना संभवत: दिखाई पड़ती है। (कार्ल मार्क्स को उम्मीद थी कि रेलपथ भारत में क्रांतिकारी परिवर्तन की आधारशिला बनेगा, किंतु औपनिवेशिक शासन काल में क्या वास्तव में ऐसा हुआ ?) समस्या यह है कि विदेशों से आयातित यंत्रों के प्रयोग से अर्थनीतिक विकास के रास्ते पर उपनिवेश को ज्यादा दूर ठेलकर नहीं ले जाया जा सकता। 19वीं शताब्दी में इंग्लैंड में रेलपथ के निर्माण ने एक क्रांति का सूत्रपात किया था, किंतु उसके पीछे इंजीनियरी कौशल था, उसके पीछे इस्पात के कारखाने थे, उसके पीछे खनिज पदार्थों का भूमि से उत्पादन था। यह सब निश्चय ही रेलपथ के आविष्कार से बढ़ा था। इस प्रक्रिया को अर्थशास्त्रियों ने पर्ववर्त्ती कड़ियाँ (backward linkage) कहा है। इसके अनुरूप ही आगे की ओर भी इस अर्थनीति का विकास होता है, किंतु भारत में रेलपथ जैसे आकाश से आ गया था। वह अनुकूल परिवेश के साथ संपर्क स्थापित करते हुए उत्पन्न नहीं हुआ था। यहाँ रेल इंजन, रेलपथ और यंत्र बाहर से आए थे, पर चूँकि वे इस देश में नहीं बने थे, और उनका यहाँ विकास नहीं हुआ था, अतएव इस्पात उद्योग, भारी इंजीनियरी आदि उद्योग यहाँ स्थापित नहीं हुए, इसीलिए आधुनिक यंत्र और इंजीनियरी आदि का प्रभाव यहाँ कमजोर था।

अभी हम अर्थनीति के सीमित अर्थ में 'आधुनिकीकरण' की समस्या पर बातचीत कर रहे थे। और व्यापक अर्थ में, सामाजिक और सांस्कृतिक क्षेत्र में औपनिवेशिक शासन काल में तथाकथित आधुनिकीकरण की प्रक्रिया नितांत असंपूर्ण और विच्छिन्न थी, यह शायद संदेह से परे है।

(3) अब आइए देखें कि आर्थिक साम्राज्यवाद के प्रतिपक्ष का तीन नंबर तर्क विश्लेषण के सामने टिकता है या नहीं। तर्क यह है कि साम्राज्य के मालिक देश के पूँजीपतियों के हितों ने साम्राज्यवाद की प्रक्रिया को प्रभावित किया है, ऐसा कोई प्रमाण नहीं है। प्रोफेसर जॉन गैलेहर तथा रॉबिन्सन, फील्डहाउस तथा केंब्रिज विश्वविद्यालय के कुछ शोधकर्ताओं के लेखन में इस विचारधारा को देखा जा सकता है। उदाहरण के लिए गैलेहर तथ्यों से पुष्ट शोध द्वारा प्रमाणित करने की

चेष्टा करते हैं कि विक्टोरिया के शासनकाल में अफ्रीका में अंग्रेजी साम्राज्य के विस्तार के इतिहास में व्यापारी वर्गों का कोई हाथ नहीं था। उनके हित की बात का इंग्लैंड के मंत्रिमंडल, विदेश विभाग, बहुत से मंत्रियों के कागज-पत्रों में प्रायः उल्लेख नहीं मिलता। विदेश तथा औपनिवेशिक नीति के निर्धारक प्रायः सभी अभिजात जमींदार वर्ग के थे। व्यापार के संबंध में उनको कोई चिंता न थी। साम्राज्य का विस्तार अन्य कारण से हुआ था और वह था विशुद्ध राजनैतिक कारण। यूरोप की बड़ी शक्तियों के द्वंद्व के फलस्वरूप प्रत्येक शक्ति दूसरे को मात देने के लिए जमीन को दखल करने में लगी हुई थी। इस प्रतियोगिता में हरेक की कोशिश थी कि वह दूसरों को पीछे छोड़ कर जल्दी से जल्दी जमीन पर अपना अधिकार जमा ले। इसके अलावा साम्राज्य की रक्षा का उपाय ही है उसका विस्तार। स्वेज नहर को अगर हाथ में रखना है तो मिस्र को अपने दखल में रखना जरूरी है, और मिस्र को अपने दखल में रखने के लिए केनिया, उगांडा, टांगानिका इत्यादि को भी। गैलेहर आदि अर्थशास्त्रियों के अनुसार इन्हीं सब राजनीतिक गतिविधियों के कारण साम्राज्य का विस्तार हुआ। तो क्या इसका मतलब यह है कि साम्राज्य की ~ आर्थिक ~ व्याख्या संभव नहीं है?

यह सच है कि अभिजात वर्ग के लोग ही, कम से कम बीसवीं शताब्दी के शुरू के वर्षों तक, प्रत्यक्ष रूप से इंग्लैंड के नीति-निर्धारक अर्थात मंत्री और उच्चपदस्थ कर्मचारी थे। गैलेहर के बहुत पहले ही अर्थशास्त्र के एक दिग्गज सुंपेटर ने सामाजिक वर्ग तथा साम्राज्यवाद से संबंधित अपने ग्रंथ में लिखा था कि औद्योगिक क्रांति के बाद भी नीति-निर्धारकों में से पर्याप्त संख्या में आधुनिक युग के पहले के वर्गों से आए थे। उनके पीछे वंशपरंपरागत जमींदारी और सामरिक इतिहास था। इस श्रेणी के लोगों के राज्यविस्तार की मध्ययुगीन मानसिकता पूँजीवादी विचारधारा के अनुसार तर्कहीन है। अतएव आधुनिक यूरोप में साम्राज्यवाद वास्तव में पश्चातमुखी (atavistic) मनोवृत्ति का परिणाम है, किंतु सुंपेटर का मत उसके देश जर्मनी, विशेषकर प्रसिया, के संबंध में जितना सच है उतना इंग्लैंड के बारे में नहीं। और इन्हीं सब देशों में अभिजात वर्ग के साथ उच्च व्यापारी वर्ग के लोगों के विवाह संबंध हुए थे और उनके हितों की एकरूपता 19वीं शताब्दी में क्रमशः बढ़ रही थी। दूसरे, केवल व्यक्तिगत रूप से कौन किस वंश अथवा श्रेणी का है यह तथ्य अनिवार्य रूप से उस व्यक्ति की भूमिका का निर्धारण नहीं कर पाता। समग्र रूप से इसके लिए समाज के ढाँचे और उसके रुझानों को देखना जरूरी है, जैसे कि इंग्लैंड में मंत्री कितना ही अभिजात या अनभिजात क्यों न हो, उसके प्रजातांत्रिक ढाँचे के कारण संपत्तिशाली वर्गसमूह के हितों को अनदेखा करना उसके लिए संभव नहीं। इसका एक उदाहरण—रमेश चंद्र दत्त ने बार-बार प्रमाणित किया है कि मैनचेस्टर के उद्योगपतियों और पार्लियामेंट के सदस्यों का

प्रभाव इंग्लैंड की मंत्रि-परिषद और उसके सदस्य भारत सचिव (Secretary of State for India) इत्यादि के ऊपर बहुत अधिक था। अतएव राजनीतिक तंत्र के ऊपरी तल्ले की ओर देखने पर सूती मिलों के मालिक अथवा चाय बागानों के मालिक दिखाई नहीं देते, लेकिन परोक्ष रूप से व्यवसायी निहित स्वार्थ दल (interest group) उस पर अपना प्रभाव जमाए हुए थे। अंग्रेजों की विदेश नीति के बारे में प्रोफेसर प्लैट के शोध अथवा पश्चिम भारत में साम्राज्य-विस्तार से संबंधित पामेला नाइटिंगेल का शोध अथवा अंग्रेजों की बंगाल-विजय के संबंध में ढेर सारे इतिहासकारों का लेखन इस सिद्धांत का समर्थन करते हैं।

आजकल देखा जाता है कि साम्राज्यवाद की जो व्याख्या इस समय मान्य है उसमें पुराने अभिजात वर्ग के साथ नए पूँजीपति तथा मध्यवित्त वर्ग का जो सहयोग है इस पर काफी जोर दिया जाता है। प्रोफेसर हॉपकिंस और केइन द्वारा प्रकाशित (1987) हाल कें अनेक शोधों से यह सिद्धांत प्रतिपादित होता है कि 1850-1945 क़े इंग्लैंड में "भद्रजन पूँजीवाद (Gentlemanly Capitalism) का निर्माण हो रहा था, जिसका अर्थ है व्यापारिक बुद्धि से संपन्न अभिजात वर्ग, वर्तमान में संपत्तिशाली बैंकों से जुड़े हुए पूँजीपति तथा विशेष रूप से पशिक्षित कुछ पेशों से जुड़े हुए उच्च मध्यवित्त वर्ग का क्रमशः बढ़ता हुआ आधिपत्य। इस दल के लोग पब्लिक स्कूलों में शिक्षित, उच्च कोटि के क्लब, वैवाहिक संबंध इत्यादि के द्वारा एक-दूसरे के नजदीक आ रहे थे। कारखानों के मालिक इस दल के साथ ठीक तरह से मेल-जोल नहीं बढ़ा पा रहे थे। 1850 से दोबारा उद्योग के विकास की दर नीचे गिरी। तृतीय क्षेत्र (tertiary sector) में वृद्धि की दर क्रमशः बढ़ रही थी। मूल बात यह है कि इन दोनों विद्वानों के मतानुसार जिस निहित स्वार्थ वाले दल ने इंग्लैंड में आधिपत्य स्थापित किया उनके बीच औद्योगिक विकास को निचला दर्जा दिया जाता था। दूसरे प्रकार का वित्त, विशेषतः बैंक तथा तृतीय क्षेत्र में नियोजित वित्त, ऊपरी तल्ले पर था। इस समावेश में उच्च-मध्य वर्ग के लोग शामिल थे और यही निहित स्वार्थ दल साम्राज्यवादी नीति का निर्धारक था। अब इस दृश्य पर दृष्टिपात करने से यह बात समझ में आ जाती है कि इसमें संभवतः कहीं कोई गलती है। उद्योग में इसके पहले ही वृद्धि की दर ज्यादा थी और तृतीय क्षेत्र में हाल ही में शुरू हुई थी, इसलिए अचानक देखने पर यह नयी-नयी बढ़त बहुत बड़ी होकर दिखाई पड़ती थी। लेकिन इसका मतलब यह नहीं कि उद्योग ने अपना महत्व खो दिया था। इस गलती को छोड़कर बाकी का चित्र पूर्वपरिचित है। यहाँ पर पूँजी के आधिपत्य को स्वीकार करने के बाद उसके समर्थक मित्रवर्ग के सामाजिक ढाँचे की तरफ नजर डाली गई है। बीसवीं शताब्दी के पहले भाग में मार्क्स द्वारा प्रभावित विवेचन में संभवतः कुछ यांत्रिक भाव से पूँजी के आधिपत्य तथा उसकी नियामक भूमिका को देखा गया

था। निहित स्वार्थों के दल के सामाजिक ढाँचे का स्वरूप कहीं ज्यादा जटिल था। (यह मार्क्स के इतिहास-संबंधी लेखन में स्पष्ट है, जैसे लूई नेपोलियन के समय में फ्रांस के संबंध में उनके विवेचन में)। इतिहास-चर्चा के विभिन्न घरानों के पर्यावलोकन में जो मूल प्रश्न उठाए गए हैं बाद के अध्यायों में हम उन सब प्रश्नों को फिर से उठाएँगे। सबसे आखिर में याद रखना जरूरी है कि उपनिवेश-तंत्र के व्यापारिक और सरकारी दफ्तरों में, बाजारों में, कारखानों में, विधानसभाओं में, जो बुनियाद तैयार हुई थी अथवा क्षेत्र विशेष में नहीं हुई थी, वह (अथवा उसका अभाव) निश्चय ही हमें प्रभावित करती है। इस देश में 1947 से, और इस उपमहाद्वीप में स्थित अन्य देशों में अर्थनीतिक विकास—अथवा किसी क्षेत्र में पुनरावृत्ति—स्वाधीनतापूर्व के अर्थनीतिक स्वरूप और चलन द्वारा प्रभावित हुआ था। पिछले चार दशकों में जो समाज तथा अर्थनीति विकसित हुई है वह लगता है जैसे एक पांडुलिपि है, जिसे बार-बार लिखा गया है—(palimpsest)। नई लिखावट के पीछे से जहाँ-तहाँ औपनिवेशिक काल की लिखावट पुरानी बातें लेकर उभर रही है। इसलिए कहा जा सकता है कि हम चाहे इतिहास पढ़ें या न पढ़ें—इतिहास से बँधे अवश्य हैं।

अध्याय : दो

जनसंख्या और राष्ट्रीय आय का सरल गणित

जनगणना आर्थिक इतिहास का एक औजार है। जन्म-मृत्यु, जनसंख्या की क्रमिक वृद्धि, औसत आयु, जीविका, गाँव और नगरों का अनुपात, ये सब चीजें इतिहासकारों के काम आती हैं; हमारे देश में और भी ज्यादा, क्योंकि अन्य आर्थिक सूचनाओं या आँकड़ों के अभाव में इन चीजों को प्रमाण मान लिया जाता है। और हमारे देश में 1872 से (ठीक-ठीक कहा जाए तो 1881 से) जिस तरह की व्यवस्थित और क्रमिक जनगणना होती रही है वैसी अल्पविकसित देशों में कम ही दिखाई देती है। जनगणना का हिसाब-किताब इतने प्रभूत परिमाण में उपलब्ध है कि उसे लेकर बड़ी आसानी से लंबे-चौड़े आलेख तैयार किए जा सकते हैं, पर हम यहाँ उतना ही लेंगे जितने से देश की आर्थिक नीति को समझने में हमें सहायता मिले।

जनसंख्या

ब्रह्मा के आशीर्वाद से प्रजावृद्धि का उल्लेख एक समय हमारे देश में राजा की प्रशस्ति का एक बँधा-बँधाया तरीका था। किसी गरीब देश में जहाँ भूख और बीमारी से मरने वालों की संख्या थोड़ी ज्यादा होती है, ऐसा होना स्वाभाविक है। लेकिन इस आधार पर महारानी विक्टोरिया का प्रशस्ति-पत्र लिखना बहुत मुश्किल काम है। महारानी का शासन आरंभ होने के 15 वर्ष बाद हुई जनगणना से लेकर उनकी मृत्यु के समय अर्थात 1901 तक का हिसाब देखा जाए तो उसमें ब्रह्मा के आशीर्वाद का विशेष योगदान दिखाई नहीं देता। इस अवधि में उनकी भारतीय प्रजा की संख्या केवल तीन करोड़ के आसपास बढ़ी थी। अकाल में मरनेवाले लोगों की संख्या एक करोड़ बाईस लाख थी (सरकारी आँकड़ों के हिसाब से)। अकाल, तरह-तरह की महामारी और शिशु-मृत्यु की ऊँची दर आदि कारणों से 1871-1881 के बीच भारतीय प्रजा की औसत अनुमानित आयु (life expectancy at birth) 24.6 और 1891-1901 के बीच 23.8 वर्ष

वर्ष। यह औसत आयु सरकारी आकड़ों के अनुसार है, हालाँकि अनेक विशेषज्ञ मानते हैं कि औसत आयु और भी कम थी। (जैसे प्रोफेसर बिसारिया के अनुसार 1891-1901 के बीच औसत आयु 20.2 वर्ष थी)।

इसके बाद के बीस वर्षों में (1901-1921) जनसंख्या कोई खास नहीं बढ़ी। बीस वर्षों में दो करोड़ के आसपास बढ़ी। इस बीच प्लेग की महामारी से (1904-07) 31 लाख लोग मरे। अकाल से (1905-08) अढ़ाई लाख से ज्यादा और इन्फ्लुएंजा की महामारी से (1918-20) कुछ गणनाओं के अनुसार एक करोड़ से ज्यादा लोग मरे। संक्षेप में, 1921 तक किसी भी दशक में वार्षिक जनसंख्या वृद्धि की दर एक प्रतिशत तक भी नहीं पहुँची, दो-एक दशकों में एक प्रतिशत के दसवें हिस्से के बराबर थी। (द्रष्टव्य, टेबुल-2.1)।

टेबुल 2.1

भारत की जनसंख्या (वर्तमान भारत, पाकिस्तान, बांग्लादेश)

	सरकारी जनगणना के अनुसार		*डेविस के संशोधित आँकड़े*	
	संख्या (करोड़ में)	**औसत वृद्धि (वार्षिक)**	**संख्या (करोड़ में)**	**औसत वृद्धि (वार्षिक)**
1867-72	20.34	—	25.52	—
1881	25.02	2.07	25.74	0.09
1891	27.96	1.11	28.21	0.92
1901	28.39	0.15	28.53	0.11
1911	30.03	0.65	30.30	0.60
1921	30.57	0.09	30.57	0.09
1931	33.82	1.01	33.82	1.01
1941	38.90	1.40	38.90	1.40

(स्रोत: किंग्स्ले डेविस : 'पापुलेशन ऑफ इंडिया एंड पाकिस्तान', 1951)

1921 से जनसंख्या वृद्धि उसी ऊँची दर से शुरू हुई जो हमारे लिए अब परिचित है। 1921-1931 के दशक में 10.5% तथा 1931-41 के दशक में 15%। जहाँ देश की जनसंख्या वृद्धि की दर 1871-1921 के बीच औसत वार्षिक 0.37% थी, वहाँ 1921-41 के बीच बढ़ कर 1.22% पर पहुँच गई। इसमें विभिन्न अंचलों के अंतर को लीला बिसारिया ने बड़े सुंदर ढंग से विश्लेषित किया है।

टेबुल 2.2

आंचलिक जनसंख्या वृद्धि की औसत वार्षिक दर, प्रतिशत में

	पूर्व	पश्चिम	मध्य	उत्तर	दक्षिण	अखिल भारतीय
1867/72-1921	0.52	0.14	0.47	0.19	0.47	0.37
1921-1941	1.37	1.30	1.29	1.25	0.92	1.22

(स्रोत : लीला व प्रवीण बिसारिया : 'कैंब्रिज इकनामिक हिस्ट्री ऑफ इंडिया', 1983)

इससे पता चलता है कि शुरू के सत्तर वर्षों में पूर्वांचल में (अर्थात तत्कालीन बंगाल, बिहार, उड़ीसा, और आसाम प्रदेशों में) सारे देश की औसत जनसंख्या-वृद्धि की तुलना में कहीं अधिक जनसंख्या-वृद्धि हुई थी। इस अंचल में 1871 से 1943 के बीच कोई बड़ा अकाल नहीं पड़ा था। दूसरी ओर पश्चिमी अंचल (बंबई प्रांत, बड़ौदा आदि पड़ोसी देशी राज्य) में बहुत कम जनसंख्या-वृद्धि 1921 तक दिखाई पड़ती है। इसका कारण 1870 और 1890 के दशक में पड़ने वाले अकाल हैं। यही हाल उत्तरी अंचल का था (वर्तमान उत्तर प्रदेश, राजस्थान, पंजाब, दिल्ली, और जम्मू-कश्मीर); दक्षिण अंचल में (वर्तमान तमिलनाडु, आंध्र प्रदेश के सीमांतवर्ती जिले, कर्नाटक और केरल) तथा मध्य अंचल में (मध्य प्रदेश और हैदराबाद) जनसंख्या-वृद्धि की दर 1921 तक अकाल इत्यादि के बावजूद, पूरे भारत की औसत जनसंख्या-वृद्धि की तुलना में ज्यादा थी। इसके बाद 1921 से अखिल भारतीय जनसंख्या-वृद्धि की दर के साथ इन दो अंचलों की जनसंख्या-वृद्धि कदम मिलाकर चलने लगी।

संक्षेप में, 1921 से जनसंख्या वृद्धि की दर बढ़ने लगी। 1871-1921 की अवधि में मृत्यु की दर प्रति हजार 40 से 50 के बीच पहुँच गई थी। शिशु-मृत्यु की दर उससे भी ज्यादा थी—हजार में 278 से 295 के बीच। "हम दुर्भिक्ष में नहीं मरे/हमने महामारी को अपने घर में बसाया". यह सिर्फ कविता नहीं है, इसमें तथ्य भी है। 1921-31 के बीच ये संख्याएँ क्रमशः नीचे उतर कर 37.3 और 245 पर जा पहुँचीं। 1931-41 के बीच और भी नीचे आकर 31.5 और 227 पर आ गईं। इसका कारण पहले ही बता चुका हूँ। 1908 से 1943 के बीच कोई बहुत बड़ा अकाल नहीं पड़ा। और इससे भी बड़ी बात यह है कि अकाल की दूसरी साथी महामारी का जोर विभिन्न टीकों के प्रचलन के कारण बहुत कम हो गया। रोग से मृत्यु की दर को और अधिक तथा व्यापक रूप से कम करना संभव था किंतु स्वास्थ्य के संरक्षण के लिए सरकार के पास पैसा ही नहीं होता था। 1869 में कई

प्रदेशों में सेनेटरी कमीशन नियुक्त हुए, जिनका काम मूलतः सेना की स्वास्थ्य-रक्षा के लिए व्यवस्था करना था। इसके फलस्वरूप 1882 में सेना के बीच मृत्यु की दर कम होकर प्रति हजार 15 (1881-91 के बीच जनसाधारण की औसत मृत्यु दर हजार में 40) थी। इसी से समझा जा सकता है कि रोग से मृत्यु दर को सरकारी आयोजन के द्वारा कम करना संभव था। किन्हीं मामलों में साधारण लोगों के लिए भी सरकार ने आयोजन किए थे, जैसे 1869 में कलकत्ता या अन्य बड़े नगरों में पानी की व्यवस्था, किंतु आमतौर पर ब्रिटिश शासन के अंतिम दो तीन दशकों के पहले कोई खास प्रयास इस दिशा में नहीं किए गए। इसका कारण चाहे इसमें लगने वाली बड़ी रकम थी अथवा सरकार का रुख जनसाधारण के प्रति लापरवाही का था।

औसत आयु

मृत्यु की ऊँची दर, विशेषकर शिशु-मृत्यु की औसत मृत्यु-दर देखकर समझा जा सकता है कि औसत आयु कम हुई थी। ब्रिटिशकालीन भारत में यह कितनी कम थी, इसे नीचे की टेबुल में देखा जा सकता है।

टेबुल 2.3

औसत आयु का हिसाब
(Life expectancy at birth)

वर्ष	जनगणना के सरकारी आँकड़े	संशोधित आँकड़े
1871-81	24.6	—
1881-91	25.1	25.5
1891-1901	23.8	24.3
1901-11	23.0	23.5
1911-21	20.2	23.1
1921-31	26.7	24.8
1931-41	31.7	29.3
1941-51	32.1	32.6

(स्रोत : किंग्स्ले डेविस, पृथ्वीश दास गुप्त : संदर्भ ग्रंथ सूची द्रष्टव्य)

उपरोक्त तथ्यों का बहुत बड़ा महत्त्व है। राष्ट्रीयतावादी नेताओं ने इसी प्रकार के औसत आयु के आँकड़ों का प्रयोग यह प्रमाणित करने के लिए किया था कि

अंग्रेज शासन के फलस्वरूप देश की उन्नति में गिरावट नहीं आई है। जहाँ राष्ट्रीय आँकड़े उपलब्ध नहीं थे, मजदूर के वेतन अथवा किसान की आय के आँकड़े नहीं थे, खाने-पहनने के खर्चे के ब्यौरे नहीं थे, जहाँ पर अर्थनीतिक स्थिति के सूचक रूप में 'प्राक्सी' अथवा प्रतिनिधि का इस्तेमाल होता था, और दूसरे आँकड़े-जैसे जनगणना पंजीकरण, जेलखाने के दफ्तर में नत्थी किए गए जन्म-मृत्यु के खाते, मनुष्य की औसत लंबाई और वजन, औसत आयु इत्यादि जहाँ उपलब्ध नहीं थे वहाँ 'प्राक्सी' से काम चलाने के सिवा उपाय क्या था। महारानी-शासन काल के आरंभ के 70 वर्ष अथवा तीन पीढ़ी बाद भी भारतीयों की औसत आयु 27.7 वर्ष (एक अन्य मत के अनुसार 24.8 वर्ष) थी। यह एक आश्चर्यजनक सूचना है।

शिशु अवस्था में अथवा कम उम्र में मृत्यु-दर ज्यादा होने के कारण औसत आयु कम होने से एक बात निश्चित रूप से सामने आती है। 'समर्थ आयु' के आदमियों की तुलना में शिशु और किशोर उम्र के लोगों की संख्या ज्यादा होगी अर्थात स्वावलंबी तथा उत्पादन में सक्षम लोगों की संख्या की तुलना में कम उम्र के परावलंबी लोगों की संख्या ज्यादा होगी। इसके विपरीत औसत आयु जितनी बढ़ेगी उतना ही अधिक लोग उत्पादन में सक्षम आयुवर्ग में होंगे, अर्थात कम औसत आयु होने का अर्थ है एक विशेष प्रकार के आयुवर्ग का ढाँचा (age structure), जिसका रूप अधिकांशतः चिपटे पिरामिड जैसा होगा : नीचे के तल्ले से। (14 वर्ष तक की उम्र के) अनेक लोग, जिनमें से ज्यादातर बीच के तल्ले में (15 से 59 वर्ष तक) पहुँचने के पहले ही मर जाते हैं और सबसे ऊपरी तल्ले में (60 वर्ष से अधिक उम्र). स्वभावतः सबसे कम लोग बचे रहते हैं। यह तस्वीर 1881 से प्रायः बदली नहीं। इसीलिए टेबुल 2.4 में केवल तीन वर्षों का हिसाब दिया गया है।

टेबुल 2.4

विभिन्न आयु के लोगों की संख्या का अनुपात

(कुल जनसंख्या का शतांश)

उम्र	1881	1901	1921	1941
0-14 वर्ष	38.9	38.6	39.2	38.5
15-51 वर्ष	55.8	56.3	55.5	57.1
60 और उससे अधिक वर्ष	5.3	5.1	5.3	4.4
परावलंबन का सूचक	79.1	77.6	80.1	75.1

(स्रोत : प्रवीण बिसारिया, पूर्वोल्लिखित)

पूर्वांकित सारणी में परावलंबन का सूचक (dependency ratio) अर्थात 15-59 वर्ष की आयु के सौ लोगों की तुलना में 0-14 वर्ष की आयु और साठ से ऊपर की आयु के मनुष्यों की संख्या दी हुई है। सभी अल्पविकसित देशों मे परावलंबन-सूचक आँकड़े काफी अधिक हैं और भारत की तरह सभी अल्पविकसित देशों में उत्पादन की क्षमतावाली आयुवर्ग के मनुष्यों की संख्या उत्पादन में अक्षम और असमर्थ लोगों की तुलना में कम है। इसके विपरीत आर्थिक रूप से विकसित देशों में मनुष्य की औसत आयु-दर ऊँची है और उत्पादनशील मनुष्यों का अनुपात पूरी जनसंख्या में बढ़ा है। औपनिवेशिक, अल्पविकसित अर्थव्यवस्था का एक राष्ट्रीय लक्षण ऊँचे परावलंबन-सूचक को माना जा सकता है। इन क्षेत्रों में राष्ट्रीय आय अथवा उत्पादन में जो लोग हिस्सा ले रहे हैं उनका एक बड़ा भाग उत्पादन नहीं कर रहा है, अतएव यह भाग राष्ट्रीय आय की दर को कम कर रहा है।

एक मामले में भारत की यह विशेषता देखी गई है कि जो आर्थिक अल्पविकास, औपनिवेशिकता आदि से संबंधित नहीं है वह हमारे अपने आर्यावर्त के गौरव के इतिहास का फल है। मतलब यह कि मोटे तौर पर लड़कियों को कम खाना देकर, उनकी उपेक्षा करके अथवा शिशु-अवस्था में उनका गला घोट देने के फलस्वरूप जनसंख्या में पुरुष और स्त्री के अनुपात में अंतर है। प्रणववर्धन, सी. एन. गोपालन, लीला बिसारिया तथा अन्य कई विशेषज्ञों ने इस विषमता की ओ इंगित किया है। टेबुल संख्या 2.5 में देखा जा सकता है कि यह विषमता यानी पुरुषों की संख्या में अधिकता, जो उत्तरी और पश्चिमी अंचलों में विशेष रूप से दिखाई देती है (आंचलिक विभाजन में कौन प्रदेश किस अंचल में आता है, यह टेबुल संख्या 2.2 के प्रसंग में पहले ही बताया जा चुका है), पूर्व और मध्य अंचल में अपेक्षाकृत कम है और दक्षिण अंचल में एकदम नहीं है। और देखा जाता है कि इस गौरवमय इतिहास को हमने इस प्रकार पकड़ रखा है कि लड़कियों को कत्ल करने की दर 1881 से 1941 तक के साठ वर्षों में कम नहीं हुई है; कहीं-कहीं लगता है बढ़ी ही है।

टेबुल 2.5

पुरुष/स्त्री अनुपात

(प्रति एक हजार स्त्रियों पर पुरुषों की संख्या)

अंचल	1881	1901	1921	1941
पूर्व	995	1005	1031	1080
पश्चिम	1067	1058	1086	1098

मध्य	1040	1019	1029	1032
उत्तर	1115	1102	1135	1125
दक्षिण	978	982	985	998

(स्रोत : लीला बिसारिया, संदर्भ ग्रंथ सूची द्रष्टव्य)

क्या यह संभव है कि स्त्रियों की कम संख्या, जो कारण हम बता रहे हैं, उस कारण नहीं बल्कि किसी अन्य कारण से है ? शायद नहीं । पहले, बहुत से देशों के जनसंख्या-विशेषज्ञों ने गणना करके देखा है कि स्त्री/पुरुष के जन्म का अनुपात 100/104 से बढ़कर हद से हद 100/107 के बीच होता है । भारत में इस सिद्धांत से कोई बहुत बड़ा व्यतिरेक होने का कारण समझ में नहीं आता । दूसरे, ऐसा भी हो सकता है कि 1881 में अथवा 19वीं शताब्दी की अन्य जनगणनाओं में अनेक स्त्रियों को गणना में शामिल नहीं किया गया, जिसका कारण पर्दा प्रथा वगैरह थे । अगर ऐसा है तो निश्चय ही बीसवीं शताब्दी में इसमें परिवर्तन आना जरूरी है । अगर पर्दा प्रथा इत्यादि कम हुई है तो संख्या की यह विषमता कम होनी चाहिए । परन्तु टेबुल में देखा जा रहा है कि यह विषमता बढ़ी है । अतएव यह व्याख्या कसौटी पर खरी नहीं उतरती । दूसरी ओर देखा जाता है कि जिन सब स्थानों पर, जैसे उत्तरी अंचल में, जहाँ स्त्री-शिशु-हत्या (female infanticide) 19वीं शताब्दी में प्रचलित थी, वहाँ 1881-1951 तक पुरुष और स्त्री के बीच संख्या की यह विषमता सबसे ज्यादा है । कार्य कारण संबंध स्पष्ट है, और फिर दक्षिणी अंचल में जहाँ अनेक स्थानों पर स्त्रियों की सामाजिक मर्यादा और स्थिति उन्नत है तथा संपत्ति में भी उन्हें उत्तराधिकार मिला हुआ है वहाँ स्त्री और पुरुष की संख्या में यह विषमता नहीं है । और सबसे अंत में यह भी ध्यान में रखने की जरूरत है कि कानूनी तौर पर स्त्री-शिशु की हत्या दंडनीय है । इसके अलावा हमारे समाज में अवहेलना और भूखा रखने के द्वारा भी विषमता की सृष्टि की जाती है । 1980 में जनगणना कार्यालय के आँकड़ों के अनुसार पुरुष/स्त्री शिशुओं (चार वर्ष की आयु तक) की मृत्यु-दर इस प्रकार है : उत्तरप्रदेश 56/66, हरियाणा 32/43, पंजाब 24/30, मध्यप्रदेश 53/60 इत्यादि । केरल, तमिलनाडु, आंध्रप्रदेश और असम को छोड़कर सभी स्थानों पर स्त्री शिशुओं की मृत्यु की दर पुरुष शिशुओं से ज्यादा है । 1961-71 के दशक में औसत आयु (life expectancy at birth) पुरुष की 46.4 वर्ष और स्त्रियों की 44.7 वर्ष है ।

पेशा

अगर उपजीविका के आँकड़े पाए जा सकें तो जनगणना से राष्ट्रीय अर्थनीति के ढाँचे एवं रुझानों का अंदाजा किया जा सकता है अर्थात् कितने लोग खेती के काम में

लगे हैं, कितने उद्योगों में और कितने व्यापार में, इत्यादि । हमारे देश में ये आँकड़े अनेक कारणों से बहुत विश्वासयोग्य नहीं हैं । डैनियल थार्नर के अनुसार पश्चिमी ढंग का श्रेणीविभाजन अथवा वर्गीकरण इस देश में जनगणनाओं में अनुचित तरीके से हुआ था, क्योंकि इसका आधार उन्नत पश्चिमी पूँजीवादी देशों का श्रमविभाजन (division of labour) था, जो कि पिछड़े हुए औपनिवेशिक भारत में लागू नहीं होता, कम से कम प्रारंभिक जनगणना काल में । अगर कारीगर खुद माल तैयार करके बिक्री करता है, फेरी लगाता है, हाट में बैठता है तो 'इंजीनियरी' अथवा 'व्यापार' किस वर्ग में उसे स्थान दिया जाएगा । इसके अलावा इस कारण भी विभ्रम की सृष्टि हुई है कि विभिन्न जनगणनाओं में सरकारी अमलों के भिन्न-भिन्न मतानुसार भिन्न-भिन्न प्रकार से वर्गीकरण किया गया है, जिसके फलस्वरूप एक दशक के आँकड़ों के साथ दूसरे दशक के आँकड़ों की तुलना करना कठिन है । और एक मौलिक समस्या यह है कि शुरू के दिनों में जनगणना का आधार था कि उक्त व्यक्ति "किस उप-जीविका पर निर्भर है," पर बाद में, 20वीं शताब्दी के अधिकांश भाग में की गई जनगणनाओं में वर्गीकरण का आधार यह बनाया गया कि "उक्त व्यक्ति किस उपजीविका में नियोजित है ।" फलस्वरूप तुलनामूलक निष्कर्ष एकदम ठीक नहीं हो पाते । उपजीविका का अत्यंत सूक्ष्म विभाजन करने में अनेक मामलों में गड़बड़ियाँ हुई हैं, जैसे 'कृषि', 'कृषि श्रम' 'साधारण श्रम' (general labour) नाम से आरंभिक जनगणनाओं में तीन प्रकार के विभाजन किए गए थे और आखिर में एक और गड़बड़ी यह हुई है कि औरतों की आजीविका से संबंधित आँकड़े पुरुषों के तद्नुरूप आँकड़ों की तुलना में बहुत कम निर्भर-योग्य हैं । इसका कारण यह है कि अधिकांश मामलों में स्त्रियों के साथ सीधे-सीधे बातचीत करके उनके बयान लेना हमेशा संभव नहीं था । जनगणना के लिए अधिकांश मामलों में पति अथवा घर के किसी दूसरे पुरुष, जो घर का मुखिया होता था, की आजीविका ही स्त्री की आजीविका मान ली जाती थी । अनेक मर्दुमशुमारियों के परिचालकों और अमलों ने अपने प्रतिवेदनों में यह मत व्यक्त किया है कि स्त्रियों की उपजीविका से संबंधित तथ्य निर्भरयोग्य नहीं हैं । इसी समस्या के कारण नीचे की टेबुल में केवल पुरुष-श्रमशक्ति (male work force) को लिया गया है। ऊपर उल्लिखित सीमाओं और गड़बड़ियों को ध्यान में रखते हुए जनगणना के तथ्यों को निम्नलिखित प्रकार से पेश किया जा सकता है :

टेबुल 2.6

उपजीविका के अनुसार पुरुष श्रमशक्ति का विभाजन (प्रतिशत में)

प्रथम वर्ग : कृषक, कृषि श्रमिक, साधारण श्रमिक, चाय बागान आदि में कार्यरत, मत्स्य-जीवी, वनज-उपजीवी ।

द्वितीय वर्ग : उद्योग, खनिज निष्कासन और निर्माण उद्योग में नियोजित।

तृतीय वर्ग : सौदागरी तथा व्यवसाय, परिवहन, संचार, प्रशासन तथा अन्यान्य उपजीविकाओं पर आधारित।

	1881	1911	1951
प्रथम वर्ग	72.4	73.8	73.2
द्वितीय वर्ग	11.2	10.6	10.9
तृतीय वर्ग	16.4	15.5	15.8

(स्रोत : जे. कृष्णमूर्ति, संदर्भ ग्रंथ सूची द्रष्टव्य)

उपरोक्त टेबुल में देखा जा सकता है कि कृषि से संबंधित प्रथम वर्ग में बढ़ोतरी अथवा उद्योग से संबंधित द्वितीय वर्ग में ह्रास उतना स्पष्ट है। इसका एक कारण शायद यह है कि 1881 के पहले ही निरुद्योगीकरण के फलस्वरूप पुराने कुटीर उद्योग की जो क्षति होनी थी, वह हो चुकी थी। इसका एक और कारण है जनगणना में उपजीविका के हिसाब में ऊपर लिखित समस्या। फिर भी मोटा-मोटी इससे जो तस्वीर उभरती है वह है औपनिवेशिक काल में देश की आर्थिक गतिहीनता (stagnation)। बाकी के सात दशकों में कोई बड़ा परिवर्तन इस टेबुल के अनुसार दिखाई नहीं पड़ता।

II

राष्ट्रीय आय

आर्थिक प्रगति का जो मापदंड आजकल सभी के हाथों में होता है वह है राष्ट्रीय आय का हिसाब, विशेषकर प्रति व्यक्ति औसत राष्ट्रीय आय का सूचकांक। 19वीं शताब्दी में इस तरह के आँकड़े पाना कठिन है। 1871 में इंग्लैंड के भारत में उप-सचिव ग्रांट डफ ने बजट से संबंधित अपने भाषण में कहा था कि भारत की औसत वार्षिक राष्ट्रीय आय दो पाउंड स्टर्लिंग अर्थात् उस समय के अनुसार बीस रुपए थी। इस आँकड़े का आधार अप्रकाशित रह जाता है। दो-एक साल बाद दादाभाई नौरोजी ने एक हिसाब पेश किया जिसके साथ डफ महोदय का यह आँकड़ा मेल खाता है। नौरोजी के हिसाब के अनुसार भारत की कुल राष्ट्रीय आय 1867-68 में 340 करोड़ रुपए थी और प्रति व्यक्ति औसत आय बीस रुपए थी। इसके अलावा और भी कुछ लोगों ने औसत राष्ट्रीय आय का आकलन निम्न प्रकार से किया था : 'इंडियन इकोनामिस्ट' समाचार पत्र के संपादक राबर्ट नाइट (साठ रुपए, 1871 में), इंग्लैंड के संसद सदस्य हिंडमैन (अस्सी रुपए, 1886 में), सांख्यिकी विशेषज्ञ

ऐटकिंसन (39.5 रुपए, 1895 में) इत्यादि। इस बीच दो सरकारी आँकड़े सामने आए : 1. लार्ड क्रोमर का (27 रुपये, 1881 में) और लार्ड कर्जन का (तीस रुपए, 1901 में)। कुल मिलाकर अंग्रेज पक्ष की कोशिश यह दिखाना था कि भारत की राष्ट्रीय आय प्रगति कर रही है और नौरोजी से लेकर शेष राष्ट्रीयतावादियों की कोशिश थी इसे अप्रमाणित करना। पर इन सब आँकड़ों से इस निष्कर्ष पर पहुँचना मुश्किल है। इसमें एक समय के आँकड़े (Point estimate) से अन्य समय के आँकड़ों के बीच पद्धति और धारणाओं की भिन्नता है। आँकड़ों में व्यवहार किए गए तथ्यों की कमजोरी, मूल्य सूचकांक द्वारा विभिन्न वर्षों के बीच तुलनीयता स्थापित करने के लिए उपयोगी सूचनाओं का अभाव आदि तरह-तरह की समस्याएँ हैं। 19वीं शताब्दी की राष्ट्रीय आय के संबंध में उपरोक्त एवं परवर्ती कुछ प्रयास आज भी सर्वस्वीकृत सिद्धांत प्रतिपादित नहीं कर सके। बीसवीं शताब्दी के आरंभ से तस्वीर थोड़ी साफ होती है।

इस प्रसंग में मैं पहले ही कह दूँ कि राष्ट्रीयतावादी अर्थशास्त्रियों ने केवल मक्खी पर मक्खी मारने वाले क्लर्कों की तरह हिसाब नहीं लगाया था। नौरोजी ने केवल औसत राष्ट्रीय आय के आँकड़ों के आधार पर ही ब्रिटिश शासन काल में देश की दुरवस्था का आकलन नहीं किया था। उन्होंने तरह-तरह के दूसरे सूचकों का भी इस्तेमाल किया था, जैसे जेलखानों में जो खाना मिलता था उसके आधार पर कैदियों के स्वास्थ्य और स्वतंत्र ब्रिटिश प्रजा के स्वास्थ्य की तुलना। किसी अन्य मापदंड के अभाव में आजकल हमेशा अविकसित देशों में पोषण का सूचकांक ही काम में लाया जाता है। नौरोजी के राष्ट्रीय आय के आँकड़ों की आलोचना इस कारण हुई कि उन्होंने व्यवसाय, परिवहन, प्रशासन आदि से संबंधित कामों से होने वाली आय को हिसाब में नहीं लिया था, पर जैसा कि बाद में हम देखेंगे कि इस प्रकार केवल भौतिक उत्पादन (material production) के आधार पर राष्ट्रीय आय का हिसाब करने की पर्याप्त तर्कसंगतता है; विशेष रूप से अविकसित अर्थव्यवस्था में।

1901 से उत्पादन और मूल्यमान से संबंधित तथ्य, बहुत सटीक न होते हुए भी, पहले की शताब्दी की तुलना में अधिक निर्भरयोग्य हैं। इसी कारण उक्त समय से देश की राष्ट्रीय आय की धारा के संबंध में जिन अनेक लोगों ने शोध किए हैं उनमें से अधिकांश ने दिल्ली विश्वविद्यालय में शिवसुब्रह्मण्यम द्वारा संगृहीत तथ्यों पर निर्भर किया है।

प्रतिवर्ष के तथा नाना प्रकार के आँकड़े देकर टेबुल को आसानी से बहुत लंबा किया जा सकता है। यहाँ पंचवर्षीय औसत के हिसाब से कुछ और प्रति व्यक्ति राष्ट्रीय आय के आँकड़े दिए जा रहे हैं :

टेबुल 2.7

भारत की राष्ट्रीय आय—1901-1947

वर्ष	औसत वार्षिक आय (NDP) (करोड़ रुपयों में)	प्रति व्यक्ति राष्ट्रीय आय का पंचवर्षीय औसत (रुपयों में)
1900/01-1904/5	1502	52.2
1905/06-1909/10	1575	53.0
1910/11-1914/15	1730	56.5
1915/16-1919/20	1760	57.3
1920/21-1924/25	1844	59.1
1925/26-1929/30	2044	62.7
1930/31-1934/35	2131	61.6
1935/36-1939/40	2250	60.6
1940/41-1944/45	2441	56.6
1942/43-1946/47	2524	62.3

(स्रोत: पहला कॉलम शिवसुब्रह्मण्यम के 1938-39 के स्थिर मूल्य (constant price) के अनुसार है : द्वितीय कॉलेम उसी आँकड़े के आधार पर निर्मल कुमार चंद्र द्वारा प्रस्तुत पंचवर्षीय औसत के आधार पर है : संदर्भ ग्रंथसूची द्रष्टव्य)

उपरोक्त आँकड़ों को देखते ही समझा जा सकता है कि प्रति व्यक्ति राष्ट्रीय आय धीरे-धीरे घोंघे की चाल से आगे बढ़ रही थी और 1920 के दशक के अंत में सबसे ऊँचे पर पहुँच गई थी। इसके बाद वह बचपन में तेल से चिकने बाँस पर बंदर के चढ़ने-उतरने की तरह उठती-गिरती रही, पर प्रति व्यक्ति आय 25 वर्षों से भी अधिक समय तक एक ही जगह स्थिर रही—62 रुपए के आसपास।

कहना न होगा कि वस्तुओं के मूल्य में परिवर्तन के बावजूद यहाँ विभिन्न वर्षों की आय की तुलना संभव हो सके, इसलिए 1938-39 के मूल्य के अनुसार आँकड़ों को स्थिर किया गया है। निर्मल कुमार चंद्र के एक मूल्यवान लेख में 1948-49 और 1960-61 के मूल्यों के अनुसार स्थिर आँकड़े निकाले गए हैं, किंतु नेट डोमेस्टिक प्रोडक्ट (ऊपर के टेबुल में NDP) उपरोक्त दोनों तथा शिवसुब्रह्मण्यम के आँकड़ों में एक ही चाल से चलते हुए देखा गया और आमतौर पर बीस के दशक से स्थिर रहा। 1900 से लेकर 1947 तक की पूरी अवधि में प्रतिव्यक्ति वार्षिक आय वृद्धि (चक्रवृद्धि दर से) की दर केवल 0.35% थी।

कुल राष्ट्रीय आय की जो वृद्धि दिखाई पड़ती है वह खेती की उन्नति के कारण है अथवा नए उद्योगों के कारण अथवा आय वृद्धि के किसी और स्रोत के कारण ? इसका उत्तर क्रमशः हमें मिलेगा– 'हाँ' मिले या 'ना' मिले। अर्थशास्त्री आम तौर पर राष्ट्रीय अर्थव्यवस्था को तीन क्षेत्रों में (Tertiary sectors) विभाजित करते हैं : प्राथमिक (कृषि और पशुपालन, बागवानी और मत्स्य पालन, वनज जीविका इत्यादि की आय), द्वितीय क्षेत्र (उद्योग, खनिज निष्पादन, निर्माण उद्योग, विद्युत प्रदाय इत्यादि) तथा तृतीय क्षेत्र (परिवहन, व्यापार, संचार, प्रशासन तथा इससे उत्पन्न होने वाली आय, जिसे कुल मिलाकर 'सर्विस सेक्टर' कहा जाता है)। 1900-47 के बीच कुल राष्ट्रीय आय में प्राथमिक क्षेत्र का भाग प्रायः नही बढ़ा। वह प्रथम दशक में हमेशा ही हजार करोड़ प्रतिवर्ष से नीचे था। बाद के पच्चीस वर्षों में हजार करोड़ रुपये के आसपास उठता-गिरता रहा और 1935 के बाद 1100 करोड़ रुपए के आसपास था।

इसकी तुलना में औद्योगिक आय उतनी स्थिर नहीं रही। प्रथम महायुद्ध के पहले यह प्रायः दो सौ करोड़ रुपयों के आसपास थी। 20 और 30 के दशक में क्रमशः यह तीन सौ करोड़ रुपए तक जा पहुँची और 40 के दशक में चार सौ करोड़ के ऊपर पहुँच गई। 1900-46 की अवधि में वार्षिक आय वृद्धि (चक्रवृद्धि दर से) की दर प्रथम क्षेत्र में (कृषि इत्यादि) 0.42%, द्वितीय क्षेत्र में (उद्योग इत्यादि) 1.82% तथा तृतीय क्षेत्र में 2.22% थी। कुल राष्ट्रीय आय में जो वृद्धि ऊपर की सारणी में दिखाई गई है उसका एक बड़ा कारण इसी तृतीय क्षेत्र की वृद्धि है। इस तृतीय क्षेत्र के कारोबार के बारे में पहले ही बताया जा चुका है। यहाँ पर कोई वस्तु या उपभोग की चीज पैदा नहीं होती थी। तृतीय क्षेत्र में उत्पन्न होने वाली आय में यह जो वृद्धि हुई है उससे ज्यादातर शहर में रहने वाले लोगों की जेबें भारी हुई हैं, गाँव के आदमियों की टेंट खाली करके। ओंकार गोस्वामी के आँकड़ों के अनुसार प्रति व्यक्ति औसत वास्तविक आय (real income)—पैसों के हिसाब से नहीं, उपभोग की चीजों की क्रय क्षमता के हिसाब से—शहरी आदमियों की बढ़ी है। 1900-01 में शहर के आदमी की जो आय थी वह गाँव के आदमी की साढ़े तीन गुना थी। 1946-47 में शहरी आदमी की आय गाँव के आदमी की आय की 6 गुना हो गई है।

अतएव हम देख रहे हैं कि क्षेत्र-निर्विशेष राष्ट्रीय आय का कुल हिसाब पर्याप्त नहीं है। इसे क्षेत्रों में बं[illegible] जरूरी है। इसी तरीके से इसे टेबुल नंबर 2.8 में दिखाया गया है :

टेबुल 2.8
राष्ट्रीय आय (एन.डी.पी.)

प्राकरणिक क्षेत्र के अनुसार (प्रतिशत)

वर्ष	प्रथम क्षेत्र	द्वितीय क्षेत्र	तृतीय क्षेत्र
1900/01-1904/5	63.6	12.7	23.7
1905/6-1909/10	61.7	13.5	24.8
1910/11-1914/15	60.1	13.9	26.0
1915/16-1919/20	59.6	13.7	26.7
1920/21-1924/25	57.4	13.4	29.2
1925/26-1929/30	52.1	14.9	33.0
1930/31-1934/35	51.4	15.8	32.8
1935/36-1939/40	49.9	16.4	33.7
1940/41-1944/45	49.6	16.7	35.7

(स्रोत : शिवसुब्रह्मण्यम के 1938-39 के स्थिर मूल्यमान के आँकड़ों से निर्मल कुमार चंद्र द्वारा संकलित। संदर्भ ग्रंथ सूची द्रष्टव्य)

ऊपर के आँकड़ों से यह स्पष्ट है कि राष्ट्रीय आय के भागीदार की हैसियत से प्राथमिक क्षेत्र पिछड़ा है, द्वितीय क्षेत्र मामूली-सा आगे बढ़ा है और तृतीय क्षेत्र खूब बढ़ा है। अगर उद्योगों की प्रगति हो तो द्वितीय क्षेत्र में वृद्धि होती रहती है, विशेषकर शुरू-शुरू में। उदाहरण के रूप में इंग्लैंड की राष्ट्रीय आय में प्राथमिक और द्वितीय क्षेत्रों का भाग क्रमशः 33 तथा 23% था 1801 में। 20 तथा 34% था 1851 में और 6 तथा 40% था 1901 में। औपनिवेशिक भारत की राष्ट्रीय आय में कृषि से उत्पन्न भाग बराबर बड़ा बना रहा।

उपरोक्त सारणी मे तृतीय क्षेत्र की प्रगति बहुत स्पष्ट है और इस कारण राष्ट्रीय आय के आँकड़े मोटे हुए हैं। राष्ट्रीय आय का हिसाब करने के लिए एक रास्ता है—तृतीय क्षेत्र को निकालकर केवल उत्पन्न वस्तुओं का मूल्यांकन करना। रूस में यही तरीका अपनाया गया है। हमारे देश में दादाभाई नौरोजी इसी पद्धति को मानते थे, क्योंकि उनके अनुसार तृतीय क्षेत्र में राष्ट्रीय आय उत्पन्न नहीं होती। एक नजर में इस क्षेत्र की जो आय होती है वह वास्तविक रूप में दूसरे क्षेत्र में उत्पन्न आय का मात्र हस्तांतरण होती है। हाल ही में निर्मल कुमार चंद्र ने सिर्फ नेट उत्पन्न वस्तुओं के आधार पर एक हिसाब तैयार किया है। इस हिसाब में प्रति व्यक्ति वार्षिक आय धीरे-धीरे 1900-20 में 42 रुपए तक पहुँचती है और बाद के

दशक में वहीं रुकी रहती है । इसके बाद 1930 से औसत आय कम होने लगती है और 1940-45 में 39.6 रुपए पर पहुँच जाती है । यानी कृषि इत्यादि के प्राथमिक क्षेत्र और उद्योग-उत्पादन के द्वितीय क्षेत्र की आय मिलाकर प्रति व्यक्ति 40 रुपए से 42 रुपए के आसपास (1900 से स्वाधीनता प्राप्ति तक) प्रायः स्थिर रहती है । हमारी सारणी संख्या 2.7 में कुल राष्ट्रीय आय में जो मामूली प्रगति दिखाई पड़ती है, उसकी तुलना में उत्पन्न वस्तुओं के आँकड़े बहुत अधिक निराशाजनक हैं ।

उत्पन्न वस्तु से राष्ट्र की साधारण अवस्था को जानने का एक उपाय है, प्रति व्यक्ति प्राप्त वस्तुओं का हिसाब । जैसे प्रति व्यक्ति कितने मन खाद्यपदार्थ अथवा कितने गज कपड़ा प्रति वर्ष प्राप्त हुआ ? शिवसुब्रह्मण्यम के मतानुसार प्रति व्यक्ति खाद्यद्रव्य की उपलब्धि कम होती जा रही है : 1901-10 में यह वार्षिक 172 किलोग्राम थी और 1911-20 में 175 किलोग्राम, जो कि 1921-30 में कम होकर 159 किलोग्राम पर जा पहुँची और 1931-40 में घटकर 148 किलोग्राम तक आ गई । प्रति व्यक्ति कितना कपड़ा लेता है, इसका हिसाब देखने पर पता चलता है कि यह 1930 तक बढ़ता रहा—10.7 मीटर (1921) से 15.1 मीटर (1932) तक, किंतु इसके बाद वहाँ भी गतिरोध उत्पन्न हुआ ।

इस अध्याय में यह स्पष्ट हो गया कि कुछ प्रश्न हैं, जिनका उत्तर देने के लिए राष्ट्रीय आय के आँकड़े उपलब्ध नहीं हैं । सबसे आसान प्रश्न का उत्तर पाना सबसे मुश्किल है और वह प्रश्न है—साधारण आदमी की हालत क्या थी ? इस सवाल को हम फिर से बाद में उठाएँगे ।

अध्याय : तीन

देश की समृद्धि ?
भूमि-व्यवस्था और कर-प्रणाली

भारत के विभिन्न भागों में भूमि का कैसा बंदोबस्त था, यह बात बंगाल के 'इस्तमरारी बंदोबस्त' के अलावा, हम सभी के लिए अधिक परिचित नहीं है। पर जो अलग-अलग भूमि-व्यवस्थाएँ 19वीं सदी में कायम हुई थीं उनके बारे में मोटे तौर पर जानकारी हासिल किए बिना ग्रामीण अर्थव्यवस्था के बाहरी और भीतरी विभिन्न प्रभेदों को जान पाना मुश्किल है । इसीलिए 18वीं शताब्दी के आखिर से 19वीं शताब्दी के बीच तक के समय में अंग्रेज सरकार ने जो भूमि-व्यवस्थाएँ तैयार कीं, उनके बारे में एक धारणा बनाना जरूरी है ।

छोटे बच्चे जैसे काठ के चौकोर टुकड़े या 'ब्लाक्स्' लेकर खेलते हैं; मान लीजिए वैसे ही तीन तरह के टुकड़े थे । इनके नाम थे—'जमींदारी', 'रैयतवारी', और 'महलवारी' । इनमें से हरेक के प्रभेद थे : मसलन 'जमींदारी' व्यवस्था में कहीं-कहीं भू-राजस्व का स्थायी रूप से निर्धारण कर दिया जाता था, तो दूसरी जगहों पर अस्थायी बंदोबस्त के तहत थोड़े-थोड़े दिनों बाद भू-राजस्व को नए सिरे से निर्धारित किया जा सकता था । और फिर भू-राजस्व निर्धारित करने की प्रक्रिया भी भिन्न-भिन्न हो सकती थी। कहीं पर फसल का दाम कूतकर, उसमें से उत्पादन खर्च निकाल कर खेती का जो शुद्ध लाभांश होता था उसका एक हिस्सा भू-राजस्व के रूप में लिया जाता था। या उस परेशानी में न पड़कर पहले जितना भू-राजस्व था उसी को कृषि उपज के दाम के अनुसार कम या ज्यादा करके नए सिरे से निर्धारित किया जा सकता था । इसी प्रकार 'महलवारी' या 'रैयतवारी' व्यवस्था में भी बंदोबस्त की अवधि के लिए "चिर स्थायी या 30 वर्ष या 20 वर्ष के लिए, इत्यादि" (भू-राजस्व के निर्धारण के आधारों में खेती के लाभ का हिसाब या पुराने भू-राजस्व का हिसाब इत्यादि) विभिन्नताएँ संभव थीं । स्वाभाविक रूप से ये सब विभिन्नताएँ अलग-अलग प्रदेशों की भूमि व्यवस्थाओं में लागू की गई थीं। इसीलिए 'ब्लाक्स्' की मिसाल दी गई है जैसे कि थोड़े से अलग-अलग ढंग के ब्लाक्स् थे, मगर उन्हें अलग-अलग ढंग से जोड़कर ब्रिटिश भारत में विभिन्न

भूमि-व्यवस्थाएँ तैयार की गई थीं। इस खेल को समझ लिया जाए तो भूमि-व्यवस्था की विभिन्नताओं से पैदा हुई जटिलता को समझना आसान हो जाता है।

प्रारंभिक ब्रिटिश कर-प्रणाली

अंग्रेज शासकों ने जानबूझकर इस जटिलता का निर्माण नहीं किया था। सैकड़ों वर्षों से तरह-तरह से परीक्षण और निरीक्षण करके, गलती करने के बाद उसका सुधार करके, हर प्रदेश के ग्रामीण वर्गों के समावेश और कृषि की उन्नति पर विचार करके, और सबसे कम झमेला करके सबसे ज्यादा भू-राजस्व कैसे वसूल किया जाए, इसी इरादे से अंग्रेज शासक वर्ग ने अनेक तरह की भूमि-व्यवस्थाओं की परिकल्पना की थी। संक्षेप में इनका इतिहास बताना जरूरी है।

मसलन, 1765 में जब ईस्ट इंडिया कंपनी ने मुगल सम्राट से बंगाल के सूबे की दीवानी अथवा भू-राजस्व संग्रह करने का अधिकार पाया तभी से यह इतिहास शुरू होता है। 1759-60 में पहल-पहल 24 परगना की जमींदारी, फिर मिदनापुर, चटगाँव और बर्दवान के भू-राजस्व संग्रह का अधिकार पाने के बाद से पाँच वर्षों के अंदर ही अंग्रेज कंपनी मुगल सम्राट के फरमान से समूचे बंगाल सूबे की दीवानी के पद पर उन्नति करके पहुँच गई। यह 1765 से 1793 तक भू-राजस्व संग्रह की व्यवस्था करते-करते परेशान हो गई थी। यह इतिहास स्थानीय समाचार-जैसा है, फिर भी इसकी मोटी जानकारी जरूरी है।

पहला दौर (1764-1772) : इसी समय अंग्रेजों ने मोहम्मद रजा खाँ को नायब दीवान की पदवी देकर सामने खड़ा किया और कैसे ज्यादा से ज्यादा भू-राजस्व वसूल किया जाए, इस बात की कोशिश की। परीक्षण के बतौर नीलाम करके स्थानीय भू-राजस्व संग्रह का भार ठेके पर देना, जिलों में 'रेवेन्यू सुपरवाइजर की नियुक्ति' (1770), मुर्शिदाबाद और पटना में 'रेवेन्यू काउंसिल' और कलकत्ता में 'कंट्रोलिंग कमेटी' की नियुक्ति (1771) आदि कदम उठाए गए। पर मुश्किल यह थी कि नीलामी में बोली बोल कर जो लोग दो-एक साल के लिए ठेके लेते थे वे चट-पट जितना संभव हो, उतना लाभ उठाने के लिए बहुत अधिक बढ़ाकर राजस्व की वसूली करते थे। कई बार इसके बावजूद कंपनी को देय राशि पूरी नहीं हो पाती थी। सुपरवाइजर साहब लोग इस बात से एकदम अनभिज्ञ थे कि कहाँ कितना राजस्व-भार बर्दाश्त किया जा सकता है, अथवा वे लोग एकदम लापरवाह रहते थे, क्योंकि वे अपने व्यक्तिगत धंधों में व्यस्त होते थे। तब हालत और भी संगीन हो जाती थी जब ऐसे में प्रकृति का प्रकोप होता था, जैसे सूखा और 1776 का कुख्यात अकाल।

बंगाल में एक तरफ नवाब का शासन था, दूसरी तरफ भू-राजस्व उगाहने का

काम अंग्रेज कंपनी के हाथ में था—जैसे दो राजा हों। यह एक भयानक स्थिति थी। बंकिम बाबू ने 'आनंद मठ' में दीवानी काल की दुहरी राज्य-व्यवस्था और 1770 के अकाल का वर्णन इस प्रकार किया है : ''अंग्रेज उन दिनों बंगाल के दीवान थे। वे सरकारी मालगुजारी के पैसे तो वसूल कर लेते थे, पर तब तक उन्होंने बंगालवासियों के जान-माल की सुरक्षा की जिम्मेदारी नहीं ली थी। उन दिनों पैसे वसूलने की जिम्मेदारी तो अंग्रेजों की थी और जान-माल की सुरक्षा का भार पापी, नराधम, विश्वासघाती, मनुष्य जाति के कलंक मीर जाफर पर था। मीर जाफर गोली खाता था और पाँव फैलाकर सोता था। अंग्रेज पैसे वसूलते थे और 'डिस्पैच' (रपट) लिखते थे। बंगाली रोता था और कंगाल होता जाता था।'' ऐसे में 1769-70 का अकाल आया। ''क्वार-कार्तिक में एक बूँद पानी नहीं बरसा। खेतों में खड़े धान के पौधे सूखकर खरपतवार हो गए। जिन थोड़े से खेतों में फसल लगी थी उसे राजा के कर्मचारियों ने सिपाहियों के लिए खरीद लिया। लोगों को खाना नहीं मिल पा रहा था...पर मुहम्मद रजा खाँ मालगुजारी वसूली का मालिक था...उसने एकदम से सौ पर दस रुपए मालगुजारी बढ़ा दी। पूरे बंगाल में हाहाकार मच गया। लोगों ने पहले भीख माँगना शुरू किया, बाद में भीख देने वाला भी कोई नहीं रहा। लोगों ने अपने बैल-बछिया बेच दिए। हल-फाल, घर-द्वार बेच दिए और बीज के लिए रखा धान खा गए, ज़मीनें बेच दीं, फिर अपनी लड़कियाँ बेचने लगे, फिर अपने लड़के बेचने लगे। बाद में लड़की-लड़कों, स्त्रियों को भी कौन खरीदे? खरीददार कहीं नहीं थे, सभी सिर्फ बेचना चाहते थे। कुछ भी खाने को नहीं रहा तो लोग पेड़ों के पत्ते खाने लगे, घास खाना शुरू किया। जंगली जड़ी-बूटी खाने लगे। कुछ देश छोड़कर परदेश भाग गए। जो भागे वे परदेश में भूख से मरे। जो नहीं भागे वे न खाने लायक चीजें खाकर, बिना खाए या बीमार होकर मरने लगे।'' इस तरह गाँव में अकाल के चरण पड़ रहे थे : ''कमरे के अंदर दोपहर में ही अँधेरा घिर आया था। उस अँधेरे में रात में खिलने वाले दो फूलों की तरह एक दंपति बैठे सोच-विचार कर रहे थे, अकाल उनके सामने खड़ा था। महेंद्र और कल्याणी को हमें यहीं छोड़ देना होगा,'' पर यह जान लेना उचित होगा कि बंकिम का उपरोक्त वर्णन कोई कपोलकल्पना नहीं है। इसका आधार विलियम हंटर का इतिहास है, जिसे उसने ढेर सारे दस्तावेजों और इकरारनामों की छानबीन के बाद लिखा था। एक बात और—भू-राजस्व की वसूली ऐसी कठोरता से की गई थी कि 1770 के अकाल वर्ष में, बंगाल के एक तिहाई बाशिंदों की मौत के बावजूद, भू-राजस्व एकदम ठीक जमा हुआ था।

दूसरा दौर है 1772 से 1786 का। अंग्रेजों ने तय किया कि वे खुद दीवान का काम करेंगे। 'नेटिव' (भारतीय) नायब दीवान को हटा दिया गया। भू-राजस्व जमा करने का केंद्रीय खजाना मुर्शिदाबाद से कलकत्ता लाया गया। और बड़ी

बात यह कि 1772 से दो-एक साल की इजारेदारी की जगह, पाँचसाला बंदोबस्त शुरू हुआ, और पुराने जमींदारों के प्रति पक्षपात की शुरुआत हुई, क्योंकि भू-राजस्व के मामलों को, भुँइफोड़ इजारेदारों के मुकाबले, वे कहीं अच्छी तरह जानते थे। फिर भी नीलामी की प्रथा को बनाए रखा गया, क्योंकि ज्यादा से ज्यादा कितना भू-राजस्व वसूला जा सकता है, इसका जवाब नीलामी के बाद ही मिलता था। वारेन हेस्टिंग्स ने देखा कि इस व्यवस्था में सबसे कम परेशानी है। पाँचसाला बंदोबस्त खत्म होने पर 1777 से सालाना बंदोबस्त शुरू हुआ। ज्यादातर मामलों में पिछले तीन सालों की वसूली के आधार पर जमींदारों के साथ इकरार किया गया। तरह-तरह के नौकरशाही फेर-बदल के बीच उल्लेखनीय बात थी, कलकत्ता से भू-राजस्व-नीति का निर्धारण करनेवाले औजारों को और धारदार बनाना। इसलिए कलकत्ता में 'कंट्रोलिंग-काउंसिल ऑफ रेवेन्यू', उसके बाद 'रेवेन्यू बोर्ड,' और सबसे बाद में 'बोर्ड ऑफ रेवेन्यू,' की स्थापना हुई।

1786 से एक नया दौर शुरू हुआ, जिसका खात्मा 1793 में स्थायी जमींदारी बंदोबस्त में हुआ। नीति में बार-बार परिवर्तन करने से पता चलता है कि तरह-तरह के परीक्षण और निरीक्षण के बावजूद कंपनी एकदम चाक-चौबंद भू-राजस्व व्यवस्था नहीं बना सकी। इससे इस बात का भी पता चलता है कि हेस्टिंग्स के समय से ही उच्च पदाधिकारियों के बीच आपसी बम-चक मची हुई थी कि बंदोबस्त कितने समय के लिए किया जाए, किनके साथ किया जाए, भू-राजस्व का निर्धारण कैसे हो ? रंजित गुहा ने हमें दिखाया है कि यूरोपीय अर्थशास्त्र के आधुनिक युग का एक घराना, जिसे 'फिजियोक्रेट' कहते हैं, उन दिनों प्रभावशाली था। इस बीच 1784 में इंग्लैंड के प्रधानमंत्री पिट के भारत संबंधी कानून में कंपनी सरकार का हस्तक्षेप बढ़ गया। सन् 1786 में एक नामी-गिरामी गवर्नर भारत आए। यह थे लार्ड कार्नवालिस। वे मुख्यालय से यह निर्देश लेकर आए थे कि आखिरकार कोई फैसला तो लेना ही होगा। अभी भी बंगाल 1776 के अकाल के धक्के से सँभल नहीं पाया था। लोगों को उम्मीद थी कि अगर भू-राजस्व की दर तय हो जाए तो शायद कोई रास्ता निकाला जा सके। इसके अलावा भू-राजस्व का परिमाण अगर तय कर दिया जाए तो भविष्य में उसे बढ़ाने की क्षमता कंपनी के पास नहीं रह जाएगी। पर कुछ समय के लिए वह निश्चित हो सकेगी। इसकी जरूरत भी थी, क्योंकि इसी भू-राजस्व से प्राप्त धन से इस देश में माल खरीदकर कंपनी इंग्लैंड में बेचती है। 1789 में इसीलिए कार्नवालिस ने जमींदारों के साथ एक दस साला बंदोबस्त किया और यही बंदोबस्त 1793 में 'इस्तमरारी बंदोबस्त' नाम से प्रसिद्ध हुआ। संक्षेप में, 1765-1793 के दौरान प्राप्त जानकारी का फल यह था कि कृषि-उत्पादन की मात्रा और दाम कितना है, कृषि व्यवस्था को नष्ट किए बिना कितना भू-राजस्व वसूल किया जा सकता है, भू-राजस्व-निर्धारण और

वसूली में होनेवाले खर्च को किस प्रकार कम किया जा सकता है—यह सब कंपनी के साहबों की समझ में नहीं आया था। अंत में कंपनी की हालत जब पतली हो रही थी तब लार्ड कार्नवालिस ने कहा : "भू-राजस्व की वसूली जमींदारों के हाथ हो, वे प्रजा से कितना वसूल करें, इस बारे मे कंपनी को कुछ तय नहीं करना है। जो भूमि-कर कंपनी को दीवान देता है, वही उसकी जगह जमींदार दे तो हमें कोई फर्क नहीं पड़ता। और अगर जमींदार भू-राजस्व न दे सके तो उसकी जमींदारी खत्म करके उसकी जगह नए जमींदार को बिठा दिया जाए।" बार-बार भू-राजस्व-निर्धारण की परेशानी से बचने के लिए कार्नवालिस ने सिफारिश की—"1789-90 में जो देय भू-राजस्व था वह मोटे तौर पर प्रजा द्वारा जमींदारों को देय धन का 9/10 भाग था। उसे ही स्थायी रूप से भूमि-कर मान लिया जाए।" यही था स्थायी अथवा इस्तमरारी बंदोबस्त।

II

जमींदारी प्रथा की कमियाँ

स्थाई जमींदारी, यानी इस्तमरारी बंदोबस्त उन दिनों विभिन्न कारणों से कार्नवालिस और कंपनी के मालिकों को कमोबेश ठीक लगा था। पहली बात यह कि भू-राजस्व-निर्धारण और वसूली को लेकर 1765 से ही कंपनी परेशान थी। उससे निस्तार पाने का उपाय था यह इस्तमरारी बंदोबस्त। दूसरे, उसे यह भी आशा थी कि व्यक्तिगत स्वामित्व के 'जादू के डंडे का स्पर्श' पाकर जमींदारों द्वारा खेती-बाड़ी करने की अनुकूल मानसिकता का प्रसार होगा। यहाँ याद रखना चाहिए कि तत्कालीन इंग्लैंड में ऐसे अनेक जमींदार और उन्नतिशील किसान थे जो 'कृषि क्रांति' द्वारा 'औद्योगिक क्रांति' को तेज करना चाहते थे। तीसरे, शायद कार्नवालिस की नीति के पीछे एक राजनैतिक चाल भी थी—वह यह कि अपने वर्ग-स्वार्थ की खातिर जमींदार ब्रिटिश राज का समर्थक हो जाएगा। चौथे, अगर जमींदार भू-राजस्व जमा करने में असमर्थ होगा तो जमींदारी नीलाम हो जाएगी—यह नियम (जिसे 'सूर्यास्त कानून' कहा जाता था, क्योंकि भू-राजस्व जमा करने की तारीख बीतते ही जमींदारी खत्म हो जाती थी) इस उम्मीद से बनाया गया था कि दक्षता के अभाव में जमींदारी एक हाथ से दूसरे हाथ में चली जाएगी। और अंत में, 1770 के कुख्यात अकाल के दिनों में बंगाल की प्रायः एक तिहाई जमीन परती पड़ गई थी। उम्मीद की गई थी कि इस्तमरारी बंदोबस्त के बाद से दुबारा खेती-बाड़ी बढ़ेगी।

जिन उम्मीदों से 1793 में इस्तमरारी बंदोबस्त किया गया था, उनमें से तीन मोटे तौर पर पूरी हुईं : वे थीं जमींदारों की स्वामिभक्ति, भू-राजस्व की वसूली में

दक्षता और बंगाली जाति की स्वाभाविक वंश-वृद्धि के फलस्वरूप खेती-वाड़ी का प्रसार। 1860 के दशक में इस्तमरारी बंदोबस्त का स्वरूप क्या था, इस विषय में 'बंग दर्शन' में बंकिम बाबू ने जो विश्लेषण किया था वह, ताज्जुब की बात है, इतने दिनों के शोध और खोज-बीन के बाद भी बहुत सही प्रमाणित होता है :

"ब्रिटिश शासन में प्रजावृद्धि के फलस्वरूप कृषि-कार्य का विस्तार हुआ··· खेती की बढ़ोतरी का एक और कारण था। ब्रिटिश राज की स्थापना तक इस राज्य का वाणिज्य बढ़ रहा था··· फलस्वरूप विदेशों में भेजने के लिए साल दर साल और अधिक कृषि-उत्पादों की जरूरत थी। अतएव इस देश में हर साल खेती बढ़ रही है··· खेती के बढ़ने का फल क्या है? देश की दौलत में वृद्धि··· यह दौलत खेती से पैदा होती है—इसे किसान को ही पाना चाहिए। पाठक अचानक सोच सकते हैं कि किसान इसे पाता है। वास्तविकता तो यह है कि उसे यह दौलत नहीं मिलती। वह राजकीय खजाने में चली जाती है··· इसमें कोई संदेह नहीं कि बनिये और महाजन इसका थोड़ा हिस्सा पा रहे हैं··· ज्यादातर धन जमींदार के ही हाथ में जाता था। पहले ही कहा जा चुका है कि जनसंख्या में वृद्धि हो रही थी। जिस जमीन का पहले एक उम्मीदवार था, जनसंख्या बढ़ जाने के बाद उसके दो उम्मीदवार हो जाएँगे··· बाजार में जैसे ग्राहक ज्यादा हो तो आलू, परवल का भाव चढ़ जाता है, उसी तरह प्रजा की वृद्धि से जमीन का भाव चढ़ा। यह बढ़ी हुई कीमत जमींदार के ही तो पेट में जाती थी।"

यहाँ यह याद रखना उचित होगा कि जैसे बंकिम चंद्र ने अपने अंतिम दिनों में अपने 'साम्य' शीर्षक लेख के बारे में अपना मत बदल दिया था, उसी तरह 'बंगाल के कृषक' शीर्षक इस निबंध में उन्होंने लिखा था ('विविध प्रबंध', भाग दो, 1892) : "इससे पाँच सौ वर्ष पूर्व की देश की स्थिति का पता चलता है··· जमींदारों का वैसा अत्याचार अब नहीं है। नए कानून में उनकी ताकत को कम कर दिया गया है।" यहाँ 1885 के जनाधिकार कानून की ओर इशारा है—इसकी चर्चा बाद में की जाएगी। जो भी हो, यहाँ बंकिम चंद्र ने जमींदारों की अनुपार्जित आय-वृद्धि (Unearned increment of income) के मार को अनुकरणीय रूप से हृदयंगम किया था। इसके नतीजे सबको मालूम हैं—जमींदारी की आय में वृद्धि के साथ कृषि में विनियोग और उत्पादन की दर में वृद्धि का कोई संबंध न था; जमींदार लोग लगान वसूल करने में बेहद तत्पर रहते थे, पर कृषि की उन्नति के प्रति जरा भी उत्सुकता उनमें न थी। ज्यादातर जमींदार प्रवासी थे। अर्थात् गाँव में रहते ही न थे (absentee landlord) : "ओ नाक पर चश्माधारी बाबू, बताइए तो, हाशिम शेख और रामा कैवर्त की भलाई किस चीज में है?"

ध्यान देने की बात है कि बंकिम ने पुराने जमींदारों के पतन पर हाहाकार नहीं किया। यह सच है कि 1793-1815 के बीच कमोबेश चालीस प्रतिशत जमींदारी

एक हाथ से दूसरे में चली गई । इस बात को लेकर हाहाकार करने की एक प्रथा-सी चल पड़ी है कि पुराने जमींदार चले गए और उनकी जगह व्यापारियों और बनियों ने ले ली । यह सब बेकार की बातें हैं । इस बात का कोई प्रमाण नहीं है कि पुराने जमींदार 'भले' थे । किसान का पैसा कोई मोचीराम, गुड़ का व्यापारी नहीं, कोई राजा उमेठता है, इसमें राजा के पक्षधरों के अलावा किसी के लिए संतोष का कोई कारण नहीं । इसके अलावा जिन नए लोगों के हाथ में जमीन गई उनमें से अधिकांश व्यापारी नहीं थे; वे थे जमींदारों के अमले, गुमाश्ते, पेशेवर लोग और दूसरे जमींदार, जो 'सूर्यास्त कानून' के शिकार जमींदारों की जमीनें खरीद लेते थे । इस तथ्य को अध्यापक सिराजुल इस्लाम ने प्रमाण सहित सिद्ध किया है ।

अब हम भूमि-व्यवस्था और प्रशासन-नीति की ओर लौटते हैं । इस्तमरारी बंदोबस्त के इन सब परिणामों के अलावा शासक वर्ग की नजर में उसकी एक बड़ी कमी यह थी कि 1793 में लगान भले ही जमा होने लगा, पर उसे बढ़ाने का कोई उपाय नहीं रहा । इस बंदोबस्त के लाभ का गुड़ न तो किसानों के पल्ले पड़ा न सरकार के । इसे बीच में जमींदार और उसके अधीन अमलों तथा इजारेदारों का चींटी दल खाता रहा । इन बिचौलियों की, संख्या और आय की दृष्टि से, बढ़ोतरी स्वाभाविक थी । बंगाल के भू-राजस्व से संबंधित फ्लॉड कमीशन (Flod Commission, 1938-40) के अनुसार, "यह इस्तमरारी बंदोबस्त के आधार पर निर्धारित तथा जमींदार को देय लगान की क्रमशः वृद्धि के बीच बढ़ते हुए अंतर का परिणाम है ।" स्वभावतः स्थायी अथवा इस्तमरारी बंदोबस्त की यह परिणति 19वीं शताब्दी के आरंभ में ही स्पष्ट हो गई थी ।

इसी परिप्रेक्ष्य में इस बात को समझा जा सकता है कि क्यों जमींदारी के बारे में मोहमुक्त होकर कंपनी किसी दूसरी भूमि-व्यवस्था की बात सोचने लगी । इसका उद्देश्य था बिचौलियों को पूरी तरह बाहर करके रैयत के साथ राजस्व का इकरारनामा और इस्तमरारी बंदोबस्त के बदले 20 या 30 वर्ष के अंतर पर भू-राजस्व का फिर से निर्धारण, जिससे कृषि के विस्तार और बाजार की वृद्धि के साथ-साथ सरकार इस बढ़ी हुई आय का हिस्सा पा सके । बंगाल की भूमि-व्यवस्था की कमियों के विरुद्ध प्रतिक्रिया के अलावा भी इस नई विचारधारा के पीछे एक और बात थी—और वह थी इंग्लैंड की उपयोगितावादी (Utilitarian) अर्थनीति और प्रशासन नीति का प्रभाव, यानी डेविड रिकार्डो और जॉन बेन्थम का प्रभाव । अध्यापक ऐरिक स्टोक्स ने भारत की प्रशासन नीति पर इन दो महानुभावों के, खासकर बेन्थम के, प्रभाव का विश्लेषण किया है । हम यहाँ रिकार्डो के प्रभाव के संबंध में चर्चा करेंगे, क्योंकि बेन्थम का प्रभाव मूलतः कानूनी और राजनीतिक पक्ष पर पड़ा था । रिकार्डो 19वीं शताब्दी के आरंभिक वर्षों के अर्थनीति-विशारदों में सर्वश्रेष्ठ था और परवर्ती क्लासिकी अर्थशास्त्र पर उसका

प्रभाव बहुत गहरा था । कलासिकी अर्थशास्त्रियों के प्रमुख आलोचक कार्ल मार्क्स के लेखन में सिर्फ रिकार्डो के बारे में श्रद्धा और नरमी का रुख दिखाई देता है । उन दिनों ईस्ट इंडिया कंपनी के कर्मचारियों के प्रशिक्षण के लिए इंग्लैंड के हेलबेरी कालेज में अर्थशास्त्र की शिक्षा पर बड़ा जोर दिया जाता था । यूरोप में अर्थशास्त्र के अध्यापकों के जिन थोड़े-से पदों की सृष्टि हुई थी, उनमें एक पद इस कालेज में था, जिस पर टॉमस मालथस पहले अध्यापक नियुक्त हुए थे । इस कालेज के छात्रों के माध्यम से तो निश्चय ही, इसके अलावा दूसरे प्रभावशाली व्यक्तियों (जैसे कंपनी के लंदन कार्यालय के एक उच्च अधिकारी जेम्स मिल—जो जॉन स्टुअर्ट मिल के पिता के रूप में, लगता है अधिक प्रसिद्ध हैं—और एलफिस्टन, एडवर्ड स्ट्रेची आदि) के माध्यम से रिकार्डो की उपयोगितावादी नीति ने इस देश में अपना प्रभाव फैलाया ।

रिकार्डो के अनुसार (उनकी पुस्तक 'प्रिंसिपल्स ऑफ पोलिटिकल इकानॉमी' सन् 1821 में प्रकाशित हुई) जमींदार लोग जमीन के लिए जो लगान पाते हैं, वह सीमित परिमाण में प्रकृति के अवदान पर उनके एकाधिकार की वजह से उन्हें मिलता है । जमींदार खुद उत्पादन के लिए कुछ नहीं करता । मजदूर अपना श्रम लगाता है, पूँजीपति अपनी पूँजी लगाता है, उद्यमी (व्यवसायी) उद्योग-संगठन में सक्रिय होता है । उनसे कर लेने का मतलब है उत्पादन पर बोझ लादना, उसके विकास को अवरुद्ध करना, पर चूँकि जमींदार कुछ नहीं करता, केवल स्वाभित्व के कारण अनर्जित आय का उपभोग करता है, इसलिए जमींदारों की आमदनी पर कर लगाना बहुत सही है । इससे उत्पादन और आर्थिक प्रगति में कोई बाधा नहीं आएगी । इस नीति के व्यावहारिक प्रयोग के समय जमींदारों के स्वाभित्व में से जितना अधिक संभव हो, भू-राजस्व के रूप में सरकार को ले लेना चाहिए । इसका मतलब यह कि अगर संभव हो तो जमींदारी को एकदम खत्म कर देना भी उचित है । निश्चय ही अगर जमींदारी खत्म कर दी जाए तो भी मूल प्रश्न अपनी जगह रहेगा कि किसान से लगान की वसूली का हिसाब क्या हो ? कृषि-उत्पाद के कुल मूल्य में से किसान के श्रम का मूल्य और उत्पादन में होनेवाले खर्चों को निकालकर जो बचे, उसका एक अंश लगान के रूप में लिया जा सकता है । यह अंश क्या हो—आधा या दो तिहाई, इस बारे में अलग-अलग मत दिखाई देते हैं ।

संक्षेप में, रिकार्डो की यही राजस्व-नीति थी, जिसने भारत में अपना प्रभाव दिखाया था । इस नीति का जमींदार-विरोधी रुख स्पष्ट है । बंगाल में इस्तमरारी बंदोबस्त को लेकर सरकारी अमलों के मोहभंग और विरोधी प्रक्रिया की बात पहले ही कही जा चुकी है । इन दोनों बातों ने एक साथ मिलकर रैयतवारी और महलवारी भूमि-व्यवस्था के पक्ष में जमीन तैयार की और अंग्रेज शासक वर्ग का इसकी ओर झुकाव बढ़ा । नई उपयोगितावादी विचारधारा का अनुसरण करने के

पीछे उनका उद्देश्य था : किसान के श्रम के मूल्य सहित कृषिकर्म के खर्च को निकालकर जो बचे, उस पर भू-राजस्व का निर्धारण करना (यह राजस्व-निर्धारण का सार तत्व है, पर व्यावहारिक क्षेत्र में हम देखते हैं कि वास्तविक बंदोबस्त के साथ उसका संबंध कम होता है) और कुछ वर्षों के अंतर पर लगान का पुनर्निर्धारण करके मालगुजारी की वृद्धि के साथ लगान की समता की रक्षा करना। रैयतवारी का मतलब है, सीधे-सीधे रैयत के साथ करारनामा करना और महलवारी का मतलब है, रैयत के बदले महल या ग्राम या ग्राम-समूह को लगान के लिए जिम्मेदार मान लेना।

III

रैयतवारी तथा महलवारी

रैयतवारी प्रथा का जनक था टॉमस मुनरो। किस प्रकार इन सज्जन ने जिला-प्रशासक के पद से उन्नति करके मद्रास के गवर्नर होने तक एकनिष्ठ भाव से इस प्रथा का निर्माण किया था, इसका विवरण प्रोफेसर नीलमणि मुखोपाध्याय ने हमें दिया है। इस व्यवस्था का मूल आधार है—रैयत के साथ सीधे करार करना। पर सवाल था कि लगान कितना हो? इसका उत्तर बहुत गोलमटोल है, क्योंकि सिद्धांत भले ही सीधा हो पर इस बात का हिसाब करना कि कृषि द्रव्य का परिमाण कितना है, विभिन्न उत्पादनों का मूल्य बाजार-दर से कितना है, किसान का बीज, जुताई-बुवाई और पशु-पालन में कितना खर्च है, वेतन के रूप में किसान-परिवार के कितने लोगों का कितने दिनों के श्रम का मूल्य लगाया जाएगा, बैल आदि का मूल्यह्रास (depreciation) प्रतिवर्ष के हिसाब से कितना निर्धारित किया जाए, इत्यादि प्रश्न आसान न थे। पहले, दो प्रश्नों के उत्तरों से उत्पादन का खर्च निकलेगा। यह खर्च निकालकर जो बचेगा उसका पचास प्रतिशत भू-राजस्व होगा—यही मुनरो की राजस्व-नीति थी। जिस तरह के तथ्यों और गणितीय लेखे-जोखे की जरूरत थी, उसके अभाव में इन प्रश्नों के उत्तर प्रायः समय से नहीं मिल पाते थे, और 19वीं शताब्दी के आरंभ से मध्य अर्थात् 1851 तक कुल आय 'नेट' आय आदि को लेकर ढेर सारा बहस-मुबाहिसा चलता रहा। यह स्पष्ट था, खासकर मुनरो के अनुसार, कि शुरू के दिनों में भू-राजस्व का निर्धारण बहुत ऊँची दरों पर किया गया था, क्योंकि विशेष रूप से फसल और उसके मूल्य के घटने-बढ़ने के साथ राजस्व का कोई तालमेल न था। 1851 में तीस वर्षों के लिए नया बंदोबस्त शुरू हुआ। इस बार तय हुआ कि कुल आय में से खर्चे निकाल कर जो बचेगा, उस 'नेट' आय का पचास प्रतिशत भू-राजस्व के रूप में निर्धारित किया जाएगा।

बंबई प्रेसीडेंसी में भी रैयत के साथ सीधा इकरारनामा और मद्रास की तरह का अस्थाई बंदोबस्त किया गया। यहाँ पर एक राजस्व-सिद्धांत बनाया गया। बंबई के आर. के. प्रिंगल और विंगेट-जैसे राजस्वशास्त्री बहुत कम थे, पर व्यावहारिक प्रयोग में मामला कुछ और ही सामने आया। 1824-28, 1835-72 के वर्षों में बार-बार जो बंदोबस्त किया गया, उसका मूल सूत्र उत्पादन और खर्च का हिसाब नहीं था, बल्कि अलग-अलग जमीनों की उत्पादन-क्षमता अर्थात् उन्नति और पुराने बंदोबस्त में राजस्व की दर था। पूरे जिले का कुल राजस्व मूल्यों के फेरबदल और पुराने राजस्व की दर के अनुसार निर्धारित करके, और उसके बाद जमीन की उन्नति के अनुसार रैयतों की जमीन पर उस राजस्व को विभाजित कर दिया जाता था। अधिकांश में यह काम जिला अधिकारी के अनुभव और अनुमान पर निर्भर था। मद्रास की तरह बंबई में 30 साल के लिए बंदोबस्त किया गया।

ध्यान देने की बात है कि मद्रास और बंबई दोनों जगह समूह और संगठन के स्तर पर ग्रामों के अस्तित्व को नकार दिया गया था, जबकि मद्रास में मुनरो और बंबई में एलफिस्टन ने ग्रामीण समाजों की प्राचीनता और प्रशासनिक कार्यकारिता पर बहुत बल दिया था। भारतीय ग्रामों के संबंध में कार्ल मार्क्स की सैद्धांतिक निबंधमाला एलफिस्टन आदि के प्रतिवेदनों पर ही आधारित थी। रैयतों के साथ सीधे-सीधे इकरारनामे करने के फलस्वरूप राजस्व-प्रशासनतंत्र में ग्राम्य व्यवस्था के लिए कोई स्थान नहीं रह गया था और उसकी जगह ले ली थी अत्यंत चतुर, ज्यादातर घूसखोर, सरकारी कर्मचारियों ने। इस बात को बहुत से लोग अवांछनीय मानते हैं। अयोध्या का कुछ भाग, गंगा-यमुना का मध्यवर्ती इलाका और पंजाब धीरे-धीरे अंग्रेजों के हाथ में आए। उन जगहों पर ग्रामीण समाज की एकजुटता और प्रशासनिक भूमिका बहुत सजीव थी, इसको अंग्रेज शासकों ने महसूस किया। उत्तर भारत के जिस प्रदेश को उस समय पश्चिमोत्तर प्रदेश कहा जाता था, जो अब उत्तर प्रदेश का पश्चिमी भाग है—वहाँ ग्रामों को ही राजस्व प्रशासन के काम में लाने का विचार बनने लगा था। अथवा जिन स्थानों पर कोई जमींदार पूरे महल का स्वामी था, वहाँ उसी के साथ इकरारनामा किया गया। इसके साथ ही रैयतवारी-जैसा तीस वर्ष का अस्थाई बंदोबस्त और समान राजस्व-निर्धारण-नीति की भी आवश्यकता थी। ग्राम अथवा महल पर आधारित भूमि-व्यवस्था के साथ रैयतवारी बंदोबस्त की कुछ नीतियों को मिलाकर किए गए इस वर्णसंकर विवाह के पुरोहित बने होल्ट मैकेंजी। 1819 में अपने प्रतिवेदन में उन्होंने इस नए ढंग की महलवारी भूमि व्यवस्था का सूत्रपात किया। 1822 में यह व्यवस्था कानूनी हुई और उसके बाद गवर्नर विलियम बेंटिक के समर्थन और राबर्ट बर्ड तथा जेम्स टॉम्सन के 1833-43 के बंदोबस्त में अपने सबसे उन्नत रूप में सामने आई। उत्तर भारत में जो बंदोबस्त हुआ वह बंबई की तुलना में कहीं ज्यादा

वैज्ञानिक था जो जरीब तथा हिसाब-किताब के आधार पर किया गया लगता था। यहाँ भी उद्देश्य था कृषि-कर्म का खर्च निकालकर उत्पादन के 'नेट्' मूल्य का एक भाग—दो तिहाई भाग—लेना, पर यह 1833 से वसूल करना तय पाया गया। यह कुछ ज्यादा ही हो गया। इसीलिए 1855 में निर्णय लिया गया कि जहाँ भूस्वामी भू-राजस्व वसूल करता था वहाँ उसका आधा और दूसरी जगहों पर 'नेट' उत्पादन के मूल्य का आधा भू-राजस्व माना जाएगा, पर दूसरे प्रदेशों की तरह यहाँ भी 'नेट' उत्पादन के आधार पर भू-राजस्व तय करना इतना मुश्किल था कि अंततः दरों के एक अंदाजिया हिसाब पर ही राजस्व का निर्धारण होता था—जमीन का पुराना राजस्व क्या था, कृषि-उत्पादों के दाम बढ़े या घटे और आसपास के इलाकों में भू-राजस्व की दर क्या है—इन्हीं बातों पर वह अनुमान निर्भर करता था। भारत में जगह-जगह भूमि-व्यवस्था का स्वरूप क्या था, इसे बेडेन पावेल की पुस्तक पढ़ने पर समझा जा सकता है।

अब हमने तीन मूल भूमि-व्यवस्थाओं की तस्वीर देख ली। बंगाल में इस्तमरारी बंदोबस्त, मद्रास और बंबई में अस्थाई तीस वर्षों का रैयतवारी बंदोबस्त और उत्तर भारत में तीस वर्षों का महलवारी बंदोबस्त। इसी महलवारी बंदोबस्त को स्थान, काल, पात्र के फेरबदल के कारण थोड़ा अदल-बदलकर पंजाब और मध्य प्रदेश में लागू किया गया। उदाहरण के लिए पंजाब में ग्रामीण समाज की कड़ियाँ बहुत मजबूत थीं और मध्य प्रदेश में मालगुजार वर्ग के लोग छोटे-मोटे जमींदार थे—इन्हीं बातों को ध्यान में रखकर थोड़ी रद्दो-बदल की गई थी। इधर अयोध्या के ताल्लुकेदार बंगाल के जमींदारों-जैसे थे। पर इनके साथ बंगाल के जमींदारों-जैसा स्थाई इकरारनामा नहीं किया गया। बंगाल का इस्तमरारी बंदोबस्त मद्रास प्रेसीडेंसी के धुर उत्तर के जिलों में (इस समय इनका अधिकांश हिस्सा आंध्र प्रदेश के अंतर्गत है) लागू किया गया, क्योंकि यहाँ जमींदार वर्ग प्रबल था। उड़ीसा में भी जमींदारों को अनदेखा नहीं किया गया, पर बाकी सब प्रदेशों—जैसे सिंध प्रदेश, असम, कुर्ग आदि—में रैयतवारी प्रथा के ही अलग-अलग संस्करण लागू किए गए। ध्यान देने की बात है कि आमतौर पर तीस वर्ष के अस्थाई बंदोबस्त ही किए गए, पर पिछड़े प्रदेशों में शीघ्र ही आबादी और भू-राजस्व बढ़ने की आशा में तीस वर्ष से अधिक के बंदोबस्त नहीं किए गए—जैसे पंजाब और मध्य प्रदेश में। सारे भारत में इन तीन प्रकार की भूमि-व्यवस्थाओं का प्रसार कैसा रहा, इसका जायजा 1928-29 में मिला : जमीन की कुल आबादी का 19 प्रतिशत इस्तमरारी बंदोबस्त के अंतर्गत था, 29 प्रतिशत महलवारी बंदोबस्त के अंतर्गत और 52 प्रतिशत रैयतवारी बंदोबस्त के।

IV

1857 के बाद की कर-नीति

अतएव स्पष्ट है कि अंग्रेज शासकों के सामने भूमि-व्यवस्था और राजस्व-नीति के क्षेत्र में मूल प्रश्न तीन ही थे—''राजस्व के लिए जिम्मेवार कौन होगा'' (जमींदार या रैयत या ग्राम-महल), ''राजस्व कितना होगा'' ('नेट' उत्पादन के मूल्य के हिसाब से या पुराने राजस्व-दर की अदायगी के हिसाब से) और ''राजस्व का निर्धारण कब होगा'' (एक ही बार निर्धारित होकर चिरस्थाई रहेगा या 30 वर्षों के अंतर पर या बीस वर्षों के अंतर पर, इत्यादि)। इन्हीं तीन प्रश्नों के उत्तर अलग-अलग ढंग से अलग-अलग प्रदेशों में स्थान, काल और पात्र भेद से सामने आए; कभी व्यावहारिक जानकारी के फलस्वरूप तो कभी सैद्धांतिक प्रभाव के। यही उत्तर चिरस्थाई इस्तमरारी बंदोबस्त—अस्थाई रैयतवारी और महलवारी बंदोबस्त—तीन प्रकार के अलग-अलग टुकड़े जोड़कर अलग-अलग प्रदेशों में तैयार किए गए। इसे ध्यान में रखकर भारत की भूमि-व्यवस्था के इतिहास की जटिलता और उसकी आंतरिक विभिन्नता को समझने में मदद मिलेगी। भूमि-व्यवस्था के इस इतिहास के बारे में बड़ी आसानी से ढेरों पन्ने रँगे जा सकते हैं, जैसे किस कर्मचारी ने किसे क्या चिट्ठी लिखी और उसके उत्तर में क्या प्रतिवेदन आया, वगैरह-वगैरह। इतिहास लेखन के उस पुराने तरीके--''तदुपरांत अमर सिंह ने परम पराक्रम से जंग बहादुर को युद्धभूमि में पराजित किया'' इत्यादि—की तुलना में ब्रिटिश शासनकालीन अमले का इतिहास और भी भयावह—और शायद कभी-कभी निरर्थक भी—है। अतएव हमने असल मुद्दों को ही पकड़ने की कोशिश की है।

आखिर में देखना होगा कि 19वीं शताब्दी के अंतिम और 20वीं शताब्दी के प्रारंभिक वर्षों में भूमि-व्यवस्था के इस स्वरूप और उसके फलाफल के बारे में काफी आलोचना-प्रत्यालोचना हुई; पहले अमला वर्ग में, बाद में राष्ट्रीय पत्र-पत्रिकाओं में। हमने देखा है कि बंगाल (और बिहार) की चिरस्थाई जमींदारी बंदोबस्त की विचारधारा का जो घराना था, उसने 19वीं शताब्दी के पहले तीन दशकों में रैयतवारी और महलवारी समर्थकों के हाथों मात खाई थी, पर हमने यह भी देखा कि अस्थाई रैयतवारी वाले इलाकों में शुरू-शुरू में बड़ी ऊँची दरों पर राजस्व-निर्धारण किया जा रहा था और राजस्व-निर्धारण के सिद्धांत और उसके व्यावहारिक प्रयोग के बीच दरार बढ़ रही थी। इसके अलावा राजस्व की वसूली के मामले में परंपरागत ढीली-ढाली नवाबी 'माफ-मकूब-निस्कर' (कुछ जमीनों पर मालगुजारी माफ करने) देने के तरीके की जगह साहबी सख्ती ने ले ली थी। लगता है कि उन्नीसवीं शताब्दी के शुरू के कुछ वर्षों में विभिन्न प्रदेशों में एक बार मंदी

भी आई थी और किन्हीं जगहों पर खेती बहुत कम हुई थी—मगर इस विषय में पर्याप्त तथ्यसंग्रह नहीं हो पाया है। इसके अलावा अकाल : 1802-04, 1806-07, 1812-15, 1819-20, 1823-26, 1830-32, 1837, 1854, 1860 इन सभी वर्षों में उन इलाकों में बड़े-बड़े अकाल पड़े थे, जहाँ रैयतवारी और महलवारी की व्यवस्था को लेकर सरकारी दफ्तरों में तरह-तरह के प्रयोग, लेखा-जोखा, प्रतिवेदन, सिद्धांत आदि पर खूब लिखा-पढ़ी चल रही थी। कंपनी सरकार को खत्म करके महारानी की सरकार के आने के बाद शुरू-शुरू में उत्तर भारत (वर्तमान उत्तर प्रदेश, पूर्वी पंजाब और पूर्वी राजस्थान) में अकाल पड़ा। इस अकाल के बाद 1860 में पहली बार सरकार द्वारा अकाल के मसले पर खोजबीन करके प्रतिवेदन प्रस्तुत किया गया।

बेयर्ड स्मिथ के अनुसार अकाल बार-बार उन्हीं प्रदेशों में पड़ रहा था जहाँ राजस्व-बंदोबस्त अस्थाई था। स्थाई बंदोबस्त करने से कृषि-आय का कुछ अंश कृषि की उन्नति में भी नियोजित होगा; वरना बाद में होनेवाले बंदोबस्त में राजस्व के बढ़ जाने के डर से कृषि की उन्नति के लिए कोई कुछ लगाएगा ही नहीं।

पर स्थाई बंदोबस्त की इस वकालत के खिलाफ रिकार्डो की राजस्व-नीति के पैरोकारों ने खूब चिल्ल-पों मचाई। इसके बावजूद लंदन स्थित भारत सचिव चार्ल्स उड ने नीतिगत रूप से बेयर्ड स्मिथ का प्रस्ताव मान लिया था, पर इस बारे में बातचीत और सलाह-मशविरे के दौरान दो समस्याएँ सामने आईं। पहली, सिपाही विद्रोह, जिसके दमन में काफी खर्च हुआ और भारत सरकार के सिर पर भारी कर्ज का बोझ लद गया तथा इंग्लैंड के उद्योगपतियों के दबाव में आयकर में भारी छूट देने के कारण सरकार की आमदनी कम हो गई अर्थात आर्थिक असंतुलन पैदा हुआ। दूसरी, 1870 के दशक की शुरुआत से विश्व बाजार में सोने की तुलना में चाँदी का दाम घटने लगा। अतएव चाँदी पर आधारित भारतीय मुद्रा का मूल्य सोने पर आधारित ब्रिटिश मुद्रा के मूल्य की तुलना में घटने लगा। इधर महारानी की सरकार का 'देशी खर्च' (अर्थात् विदेशी खाते में खर्च, जिसे इंग्लैंड में 'होम चार्जेज' कहा जाता था) बढ़ने लगा अर्थात आर्थिक असंतुलन पैदा हुआ। ऐसी स्थिति में भविष्य में भू-राजस्व बढ़ाने की क्षमता को स्वेच्छा से छोड़कर स्थाई बंदोबस्त करना ब्रिटिश सरकार के लिए संभव न था। इसीलिए सलाह-मशविरा चलता रहा और अंत में भारत सचिव ने पहले की नीति को 1882 में खारिज करके घोषणा की कि अस्थाई बंदोबस्त ही चलेगा। इसके प्रायः दो दशक बाद रमेश चंद्र दत्त तथा भारतीय राष्ट्रीय कांग्रेस के नेताओं ने बंगाल के बाहर अन्य प्रदेशों में भी स्थाई बंदोबस्त की माँग शुरू की। इस बारे में गवर्नर लार्ड कर्जन के साथ रमेश चंद्र दत्त के वाद-विवाद की बात सर्वविदित है। जो तथ्य सर्वविदित नहीं है वह यह है कि रमेश चंद्र दत्त ने 1875 में जवानी के जोश में एक किताब लिख मारी थी,

जिसमें स्थाई बंदोबस्त का पक्ष तो लिया ही गया था, पर इससे भी बड़ी बात यह थी कि उसमें जमींदार को देय किसान का लगान भी स्थाई रूप से तय करने की सिफारिश की गई थी, जिससे जमींदारों का शोषण उत्तरोत्तर बढ़ता ही न चला जाए। इस किताब पर जमींदारों के मुखपत्र 'हिंदू पैट्रियट' ने कड़ी प्रतिक्रिया छापी थी। शीर्षक था 'सिविल सेवाओं की धमकी और जमींदार बंधुओं की प्रार्थना।' अपने जीवन के अंतिम वर्षों में रमेश चंद्र दत्त ने दोबारा स्थाई बंदोबस्त का प्रस्ताव पेश किया, मगर इस बार उन्होंने किसान और जमींदार के बीच स्थाई बंदोबस्त की बात नहीं उठाई, केवल सरकार को देय भू-राजस्व के ही स्थाई बंदोबस्त की बात उठाई। तत्कालीन भारतीय राष्ट्रीय कांग्रेस की माँग भी इसी श्रेणी की थी। यह सही है कि जहाँ भी स्थाई बंदोबस्त था वहीं पर कृषि आय का थोड़ा भाग सरकार को देना होता था; जैसे कि 1933-34 के एक आँकड़े के अनुसार बंगाल में एक एकड़ खेतिहर जमीन पर केवल 0.92 रुपया भू-राजस्व था; जबकि मद्रास में प्रति एकड़ खेतिहर जमीन पर 2.62 रुपया था। पर भू-राजस्व कम करने से किनकी टेंट गरम होती थी—"किनकी श्रीवृद्धि"? बंकिमचंद्र का उत्तर हम पहले ही देख चुके हैं। स्थाई बनाम अस्थाई बंदोबस्त के प्रसंग में एक और प्रश्न यह है कि भूमि-व्यवस्था का प्रजा पर क्या प्रभाव पड़ा और सरकार ने प्रजा की अस्तित्व-रक्षा के लिए क्या किया? इस प्रश्न का उत्तर हम बाद के एक अध्याय में पाएँगे, जिसका शीर्षक है—ग्रामीण वर्ग-संरचना।

अध्याय : चार

कृषि-बाजार और कृषक, मजदूर, महाजन

आजकल बाजार के गणेश खेती की लक्ष्मी का दिशा-निर्देश करते हैं। पहले के दिनों में ऐसा नहीं था। कृषि-उपज के बाजार हमेशा से थे, पर कितनी फसल बिकने के लिए बाजार में जाएगी, कितनी किसान के अपने घर में रहेगी, कितनी किसान के गाँव में या आसपास की अन्य वस्तुओं अथवा अत्यंत आवश्यक चीजों के लिए या यजमानी के लिए विनियम में दी जाएगी, इसका हिसाब स्थान, काल और पात्र के अनुसार अलग-अलग था। एक समय इतिहासकारों को विश्वास था कि मध्ययुगीन भारत में गाँव आत्मनिर्भर थे। इरफ़ान हबीब सहित अनेक इतिहासकारों ने अब यह प्रमाणित कर दिया है कि मध्ययुग में भी कृषि-वस्तुएँ यथेष्ठ परिमाण में बाजार में आती थीं और यह मुगल काल के अंतिम दिनों में और भी ज्यादा बढ़ रहा था क्योंकि राजस्व, फसल के बदले मुद्रा में और शायद उन उत्पादनों की तुलना में बढ़े हुए अनुपात में वसूल किया जा रहा था। इसके अलावा प्रायः 15 प्रतिशत लोग अगर शहर में रहते हों तो हबीब के अनुसार शहरों में गाँव की फसल की माँग पर्याप्त परिमाण में होना निश्चित है। यूरोपियन्स के साथ, विशेषकर 17वीं शताब्दी से ईस्ट इंडिया कंपनी के माध्यम से पश्चिमी देशों के साथ, जो व्यापार हो रहा था उसके अंतर्गत कुटीर उद्योगों के उत्पादनों का ही निर्यात किया जाता था। किंतु कुछ-एक कृषि पदार्थ भी इसमें थे (जैसे नील)। विदेशी व्यापार में तैयार माल की माँग के फलस्वरूप देशी व्यापार में कच्चे माल (जैसे रुई) की माँग बढ़ी। इन सब कारणों से ऐसा नहीं है कि कृषि-वस्तुओं का बाजार नहीं था।

किंतु 19वीं शताब्दी से जिस प्रकार कृषि-वस्तुओं का बाजार तैयार हुआ, उसकी प्रकृति भिन्न थी : (1) परिमाणगत अंतर—अर्थात् बाजार में जितना माल जाता है उसके साथ उत्पादन के अनुपात के हिसाब में अंतर; (2) औपनिवेशिक अर्थनीति के दबाव में—इंग्लैंड के कारखानों की आँच में—भारत की कृषि वस्तुओं के बाजार का गर्म होना। यह एक दूसरा मामला है।

देशी व्यापार के क्षेत्र में पुरानी प्राक्-औपनिवेशिक धारा के दो कार्य-कारण संबंध 19वीं शताब्दी में बहाल रहे। पहला, राजस्व का दबाव अर्थात् मालगुजारी

जमा करने के लिए फसल की बिक्री और दूसरा, शहर की माँग। किंतु इस परिवेश में कुछ नए उपादानों ने कृषि-बाजार के निर्माण को और तेज कर दिया। पहला, देशी व्यापार में परिवहन की उन्नति, विलायती पूँजी से तैयार रेल-पथ ने देश के सुदूर भीतरी भागों से कृषि-उपज को बाहरी स्थानों पर ले आने में मदद पहुँचाई। कृषि उपज देश के कोने-कोने से मद्रास, कलकत्ता, बंबई और कराची के बंदरगाहों तक पहुँचने लगी। एक परवर्ती अध्याय में सरकारी नीति की समीक्षा करते हुए हम देखेंगे कि इंग्लैंड के व्यापारी वर्ग के विशिष्ट उद्योगपतियों का उद्देश्य था—कच्चे माल, जैसे रुई, को उपनिवेश से प्राप्त करते रहने की निरंतरता को बनाए रखने के लिए रेलवे का निर्माण (दूसरी ओर अपने औद्योगिक उत्पादनों को उपनिवेश में चारों ओर पहुँचाना)। साथ ही नए औपनिवेशिक नगरों में आधुनिक बंदरगाह, आयात-निर्यात के व्यापारिक दफ्तर, बैंक इत्यादि अंग्रेजी—और थोड़ा-थोड़ा देशी—पूँजी के केंद्रस्थल बने। यह एक दुनिया थी। देश के भीतर एक दूसरी दुनिया थी जहाँ किसान था, महाजन था, और उनके दलाल थे। रेलवे इन दोनों दुनियाओं के बीच एक पुल बन गई और रेलवे की सहकारी बनीं देशी नावें, बैलगाड़ियाँ—यहाँ तक कि आदमी की पीठ पर माल ढोया जाने लगा—नदी-नालों में चलने वाले स्टीमर, और सरकार द्वारा तैयार सड़कें। इस प्रकार देश के भीतर की खरीद-बिक्री के बाजार का रास्ता आसान हो गया। दूसरे, इसी के फलस्वरूप खेती का आंचलिक विशेषीकरण संभव हुआ। यानी विशेष अंचल की भौगोलिक विशेषता का लाभ उठाकर विशेष प्रकार की फसलें उगाने की प्रवृत्ति बढ़ी। मान लीजिए कि बंबई प्रेसिडेंसी के (वर्तमान महाराष्ट्र के) दक्षिणी जिलों में उपलब्ध काली मिट्टी रुई की खेती के लिए सबसे उपयुक्त है। वहाँ किसान के लिए पहले रुई, फिर गेहूँ, फिर ज्वार-बाजरा की मिली-जुली खेती करना ही स्वाभाविक था, क्योंकि पास के बाजारों को छोड़कर वह रुई कहाँ बेचेगा और अपने खाने के लिए और गाँव की माँग के लिए उसे खाद्य पदार्थ भी चाहिए ही, किंतु 1860 के बाद उसकी रुई का बाजार इंग्लैंड तक फैल गया, इसलिए कपास को विशेष रूप से पैदा करके उससे प्राप्त पैसों से खाद्य पदार्थ खरीदे जा सकते हैं। जहाँ पर वाणिज्य का रास्ता आसान होता है, वहीं पर, कमोबेश, विशेषीकरण शुरू हो जाता है। इसका मतलब यह है कि किसान बाजार में केवल विक्रेता नहीं है, खरीदार भी है।

देश के भीतर की इस प्रवृत्ति के साथ बाहरी व्यापार का संबंध स्पष्ट है। विदेशी व्यापार को चलानेवाले शक्ति-साम्राज्य के केंद्रस्थल इंग्लैंड में उद्योगों के लिए कच्चे माल की माँग तो थी ही। इस माँग को पूरा करने के लिए किन चीजों की जरूरत थी? पहली, इंग्लैंड से भारत तक परिवहन में उन्नति। लोहे तथा इस्पात के भाप से चलने वाले जहाजों के निर्माण के बाद दक्षिण अफ्रीका के केप ऑफ हार्न को पार करके अटलांटिक से हिंद महासागर में आने का रास्ता धीरे-धीरे सुगम हो

गया। इसके बाद 1869 में स्वेज नहर का खुल जाना एक क्रांतिकारी परिवर्तन की शुरुआत थी। इससे पहले जो कृषि-उत्पाद निर्यातित हो रहे थे वे और भी कम समय में न केवल पहुंचने लगे बल्कि इसमें प्रति क्यूबिक टन जहाज-भाड़ा प्रायः 30 प्रतिशत कम हो गया। इसका मतलब यह हुआ कि एक तो भारत का माल और भी सस्ती दर पर यूरोप पहुँचने लगा अर्थात् बाजार बढ़ा, जैसे रुई का बाजार। इसके अलावा जब जहाज-भाड़ा ज्यादा था तब प्रति क्यूबिक टन माल का औसत मूल्य जिन चीजों का ज्यादा था, उनको ही निर्यात करना लाभकारी था। जहाज-भाड़ा जितना ही कम होने लगा उतना ही नई-नई कृषि उपज का निर्यात होने लगा। आयतन की तुलना में मूल्य कम होने पर ही उसका पड़ता खाने लगा। चावल और गेहूँ के निर्यात का बढ़ना इसका एक उदाहरण है।

दूसरे, इंग्लैंड की ओर भारतीय कृषि-उपज का निर्यात बढ़ाने की दिशा में ब्रिटिश भारत की सरकार पर्याप्त सक्रिय थी। रेलपथों का निर्माण इस तरह किया गया था कि देश के कृषिसमृद्ध अंचलों से बंदरगाहों तक जो शहर हैं उनसे होते हुए वह गुजरे। रेल-भाड़ा इस तरह निर्धारित किया गया जिससे कच्चा माल सस्ते में उन सब शहरों में पहुँच जाए। (एक ही रास्ते पर औद्योगिक उत्पादन के ऊपर कृषि-उत्पाद की तुलना में भाड़ा अधिक रखा गया)। सबसे बड़ी बात यह है कि सरकारी कर-नीति कृषि उपज के निर्यात के पक्ष में थी। 1860 में प्रथम बजट के निर्माता भारत के प्रथम अर्थमंत्री (उन दिनों उन्हें गवर्नर जनरल की कौंसिल का फाइनेंस मेंबर कहा जाता था) जेम्स विल्सन ने यह नीति चालू की थी। उनका वक्तव्य था—भारत की स्वाभाविक सुविधा है कृषि-उपज बढ़ाना। उसी से भारत यथासंभव विदेशी व्यापार में आय अर्जित करेगा। इसके निर्यात पर कर-भार बढ़ाने से बाहर का बाजार नष्ट होगा अर्थात् भारत एक कृषिप्रधान देश के रूप में कच्चे माल का निर्यात करके उद्योगों की समृद्धि में इंग्लैंड के साथ योगदान करेगा। यह कर-नीति, अर्थात् कृषि-उपज पर निर्यात-शुल्क कम रखना, 1882 के बाद प्रायः संपूर्ण अबाध वाणिज्य का रूप लेकर सामने आई। इस शताब्दी के अंतिम वर्षों में चावल के अलावा प्रायः सभी प्रधान कृषि-उत्पाद बिना भाड़ा के निर्यातित होते थे। महायुद्ध के बाद, जेम्स विल्सन के बजट के प्रायः 60 वर्ष बाद, निर्यात शुल्क शुरू हुआ। कच्चे चमड़े पर (1919 में), पटसन और चाय पर (1922 में), कच्ची रुई पर (1923 में)। 1930 के दशक में जो माल-नीति थी उसकी आलोचना बाद में होगी।

किन मूल कारणों से 19वीं शताब्दी में भारत के कृषि-उत्पाद का बाजार प्रभावित हुआ था, यह बात हमने देखी। मूल बात यह है कि भारत पूँजीवादी अर्थनीति के विश्वव्यापी यंत्र के एक पुर्जे के रूप में परिणत हो गया था, जिसका परिणाम भारत के किसान को भोगना पड़ा। 19वीं सदी के पहले भाग में किस प्रकार

नील रंग और अफीम की खेती में यह प्रक्रिया शुरू हुई थी, इसका बहुत सुंदर विश्लेषण विनय चौधुरी ने किया है। यहाँ आलोच्यकाल अर्थात् 1850 के परवर्ती समय में बाजार का पहला धक्का रुई की खेती पर आया। विश्वव्यापी जिस यंत्र की बात मैंने कही है, उसका यह एक बेहतरीन उदाहरण है। अब्राहम लिंकन, जिनका नाम किसी भारतीय किसान अथवा दो-एक प्रबुद्ध लोगों को छोड़कर मैनचेस्टर के कारखानों के किसी श्रमिक को पता न था, ने निश्चय किया कि काले अमरीकियों को दासता से मुक्त करना होगा। और उसी क्षण उस नीग्रो दास की नियति के साथ अंग्रेज श्रमिक और भारत के किसानों की नियति जुड़ गई। मैनचेस्टर का कच्चा माल, रुई, संयुक्त राष्ट्र अमेरिका के दक्षिणी इलाकों के श्वेत मालिकों के अधीन नीग्रो दासों द्वारा आबाद किए गए बागीचों से आती थी। 1860 में लिंकन की उपरोक्त नीति के विरुद्ध, इसी स्वार्थ की खातिर, दक्षिणी प्रदेशों ने गृहयुद्ध शुरू कर दिया। फलस्वरूप रुई की खेती में व्यवधान पहुँचा और सारे बंदरगाह अवरुद्ध हो उठे, जिसके फलस्वरूप इंग्लैंड में अमेरिकी रुई का आयात प्रायः बंद हो गया और मैनचेस्टर के कारखानों में कच्चे माल की कमी हो गई। फलस्वरूप अंग्रेज कारखाना-मालिकों ने, विशेषकर मैनचेस्टर के व्यापारी संघ ने, लंदन की पार्लियामेंट और भारत-सचिव के ऊपर दबाव डाला—'भारत से कच्ची रुई मँगाओ।' सरकारी कोशिश के अलावा, स्वाभाविक रूप में कच्ची रुई का आयात कम होने से इंग्लैंड में रुई की बाजार-दर बढ़ गई और उसके फलस्वरूप भारत से रुई निर्यात के व्यापार में लाभ का अंश बढ़ गया। लाभांश बढ़ने के कारण बंबई अथवा कराची की अनेक आयात-निर्यात व्यापारी कंपनियों ने रुई इकट्ठा करने के लिए अपने दलाल नियुक्त किए। बड़े शहरों के दलालों से लेकर, कस्बों के सेठों और आढ़तियों तथा गाँवो-गाँवो में महाजनों और खुदरा विक्रेताओं तक यह खबर पहुँच गई। दाम जितनी तेजी से बढ़े, किसान लोग और सब फसल छोड़कर रुई की खेती की ओर उतनी ही तेजी से मुड़े। निश्चय ही कुछ सालों तक किसानों के हाथ में उनकी आशा से ज्यादा पैसे आए। 1861-62 में वर्तमान महाराष्ट्र और गुजरात में रुई की खेती खूब बढ़ी और वहाँ पैदा हुई रुई मैनचेस्टर को निर्यात की गई। 1864 में संयुक्त राष्ट्र अमेरिका के गृहयुद्ध में राष्ट्रपति लिंकन की जीत हुई, और अमेरिकी रुई का आयात फिर शुरू हुआ। भारत तथा अन्यान्य कुछ देशों के माल के ऊपर दुबारा अमेरिकी माल का दबाव पड़ने से रुई की बाजार-दर अचानक गिर गई। फलस्वरूप भारत के कुछ व्यापारियों का दीवाला निकल गया और किसानों ने जो चार दिन की चाँदनी देखी थी वह पहले की तरह अँधेरे में बदल गई। रुई की जो खेती बहुत अधिक लाभ के लोभ में दक्षिण में शुरू हुई थी, वह रुई के बाजार के पूर्व अवस्था में लौट आने के बाद अपनी पुरानी स्थिति को पहुँच गई। प्रसंगवश यहाँ यह बता देना उचित होगा कि रुई का बाजार जब गर्म था तब निर्यात-व्यापार से जो लाभ देशी बनियों के हाथ में पहुँचा था, उससे

संभवतः बंबई में स्वदेशी सूती मिलों के लिए प्राथमिक पूँजी का काम लिया गया था।

1860-1864 में रुई की खेती के प्रसार, अमेरिका से इंग्लैंड और भारत तक खरीद-बिक्री की भँवर ने किस तरह भारत के किसान को अपने पेट में खींच लिया, यह इसका एक उदाहरण है। इस प्रकार की नाटकीय घटना भले ही सभी जगह न घटी हो, कृषि के वाणिज्यीकरण का मामला अन्य क्षेत्रों में भी इसी कार्य-कारण के खेल से संबद्ध है। 1860-1890 के वर्षों में बंबई प्रेसिडेंसी में रुई, बंगाल में (विशेषकर पद्मा नदी के उस पार अर्थात् वर्तमान बांग्ला देश में) पटसन, संयुक्त प्रांत में अर्थात् वर्तमान उत्तर प्रदेश में चीनी के लिए ईख, मद्रास में चीना बादाम यानी मूँगफली (तमिल और तेलुगु अंचलों में 'चिन्ना' का अर्थ है छोटा) की खेती ने विस्तार प्राप्त किया। इस प्रकार की फसल को प्रायः नगद फसल (cash crop) कहा जाता है। कृषि-उत्पादनों के बीच इन चीजों को बिक्री के लिए ही मूल रूप से उपजाया जाता है। इसीलिए इसे 'नगदी फसल' भी कहते हैं। मगर इसका मतलब यह नहीं है कि बाजार इन 'नगदी फसलों' तक सीमित था। इस प्रक्रिया से खाद्य-पदार्थों की खेती आत्मनिर्भरता की सीमा से बाहर आ गई। प्रश्न है—क्यों? क्योंकि 'नगदी फसल' का कान खींचने से ही खाद्य-पदार्थों की खोपड़ी पर बाजार की माँग का थप्पड़ पड़ता था। 'नगदी फसल' में आंचलिक विशिष्टता का परिणाम हुआ, खाद्य-पदार्थों के लिए बाजार का मुँह देखना और खाद्य-पदार्थों के विशिष्टीकरण का अर्थ था तेल, गुड़, तंबाकू आदि के लिए बाजार का मुँह देखना। ऐसा भी हुआ था, जैसा प्रोफेसर सौगत प्रसाद मुखोपाध्याय ने दिखाया है, कि बांग्ला देश में बीसवीं शताब्दी के शुरू में कुछ जिलों में बाजार के लिए ऊँची कीमतवाले धान की खेती हुई और खाने के लिए सस्ती कीमतवाले बर्मी चावल का आयात किया गया।

फिर भी नगदी फसल बाजारू फसल के सिर पर बैठी रही और चूँकि अखिल भारतीय कोई आँकड़ा नहीं पाया जाता कि खाद्य पदार्थों का कितना परिमाण बाजार में पहुँचता था, नगदी फसल के आँकड़ों से अनुमान किया जा सकता है कि कम से कम कितनी खेती बाजार के लिए या बाजार को दृष्टि में रखकर की जा रही थी। सरकारी आँकड़ों के अनुसार मोटा-मोटी ढंग से देखा जाता है कि ब्रिटिश भारत में (बर्मा प्रदेश को लेकर) 1901-1937 में खाद्य पदार्थों (अर्थात् धान, गेहूँ, ज्वार, बाजरा, मक्का, दाल इत्यादि) की खेतीवाली जमीन के इलाके केवल 16 प्रतिशत बढ़े, जबकि नगदी फसल की खेतीवाले इलाके इसकी तुलना में बहुत ज्यादा बढ़े—ईख 69%, रुई 59%, सरसों 36%। केवल पटसन की खेतीवाली जमीनों का इलाका ज्यादा नहीं बढ़ा। यह केवल 14% बढ़ा। इसका कारण यह था कि पटसन केवल बंगाल के कुछ जिलों के लिए उपयुक्त फसल थी। जार्ज ब्लिन की खोजपूर्ण पुस्तक में प्राप्त आँकड़ों से इस तथ्य को उपलब्ध किया जा सकता है कि 1891-1946 के बीच भारत की (बर्मा को छोड़कर) खेती की स्थिति क्या थी।

टेबुल 4.1

ब्रिटिश भारत में औसत वार्षिक वृद्धि-दर 1891-1946 प्रतिशत (%) के हिसाब से; ऋण का चिह्न गिरावट दिखाता है

जनसंख्या	0.67
(कुल फसलों का) आबाद जमीन का इलाका	0.40
(कुल फसलों का) उत्पादन	0.37
खाद्य-पदार्थों का उत्पादन	0.11
नगदी फसलों का उत्पादन	1.31
खाद्य-पदार्थों का प्रति एकड़ उत्पादन	0.18
नगदी फसलों का प्रति एकड़ उत्पादन	0.86

(स्रोत : जार्ज ब्लिन, 'एग्रीकल्चरल ट्रेंड्स इन इंडिया', 1891-1946)

इस सारणी में लक्ष्य किया जा सकता है कि नगदी फसलों की (ईख, सरसों, तम्बाकू, रुई, पटसन) कुल उत्पादन-वृद्धि की दर प्रति दशक में 13% के आसपास है, जबकि कुल खाद्य-पदार्थों की वृद्धि-दर प्रति दशक में सिर्फ एक प्रतिशत है। इसके अलावा यह भी अनुमान होता है कि अपेक्षाकृत अच्छी जमीन, अच्छी खाद और सिंचाई का ज्यादा पानी अर्थात् अधिक विनियोग नगदी फसलों में ही किया जा रहा था, क्योंकि प्रति एकड़ उत्पादन की दर प्रति दशक में साढ़े आठ प्रतिशत से ज्यादा थी, जबकि खाद्य-पदार्थों में यही औसत प्रति दशक में दो प्रतिशत से भी कम था।

II

वाणिज्यीकरण का प्रभाव

अब सवाल यह उठता है कि कृषि-पदार्थों का बाजार बढ़ा और बाजार का मुँह देखकर खेती के इलाके बढ़ने लगे, तो इसके फलस्वरूप ग्रामीण अर्थनीति में किस प्रकार के परिवर्तन शुरू हुए? धनंजय रामचंद्र गाडगील, रवींद्र कुमार, नील चार्ल्सवर्थ इत्यादि विद्वानों के तथ्यपूर्ण विवेचन इस मामले में उपलब्ध हैं, इसीलिए महाराष्ट्र के रुई के बाजार ने 1860 से किस तरह कृषि-अर्थनीति को प्रभावित किया, उसे एक उदाहरण के रूप में हम थोड़ी गंभीरता के साथ देख सकते हैं। बाजरा अथवा गेहूँ के बदले में रुई की खेती करने से बाजार के साथ कृषि-अर्थनीति जुड़ जाती है, यह एक जानी हुई बात है। विशेषकर अगर वह दो-एक किसानों द्वारा रुई की खेती न होकर व्यापक रूप से आंचलिक

विशिष्टीकरण होकर सामने आए। इसका अर्थ क्या है ? (1) बाजार में, विशेषकर बंबई या मैनचेस्टर के बाजार में, रुई की जो माँग है वह पहले जो देशी रुई पैदा की जाती थी, उसके अलावा है। देशी रुई की कपास के रेशे छोटे होते थे, पर बाजार में जिस रुई की माँग थी वह मिस्र अथवा कैलीफोर्निया की रुई की तरह लंबे रेशे वाली होनी चाहिए थी। मैनचेस्टर की आधुनिक सूती मिलों में इस लंबे रेशे वाली रुई के अलावा दूसरी रुई से असुविधा होती थी, क्योंकि छोटे रेशे वाली रुई से मशीन द्वारा सूत तैयार करने में वह बार-बार टूट जाता था। इसलिए लंबे रेशे वाली कपास की खेती करने के लिए विदेशी रुई के बीज की जरूरत थी अथवा नए प्रकार की देशी तथा विदेशी जाति के मिले-जुले रेशोंवाले बीज की जरूरत थी। फलस्वरूप इसकी लागत बढ़ जाती थी। इसके अलावा रुई की खेती में, दूसरे अनेक अनाजों की तुलना में, जैसे बाजरा, खाद और सिंचाई के पानी की ज्यादा जरूरत थी। इसमें भी पैसे लगते थे। संक्षेप में, बाजार के लिए रुई की खेती करने में कुछ ज्यादा विनियोग की जरूरत थी। जिसका मतलब यह है कि किसान को कई बार उधार लेना होता था, जिसके लिए गाँव का बनिया या महाजन हमेशा तैयार रहते थे। महाराष्ट्र में इन्हें 'बनी' कहा जाता था। ये लोग नागपुर अथवा बंबई के दलालों की ओर से रुई का 'चालान' करने के काम में बड़ा उत्साह दिखाते थे। फलस्वरूप उन्नत बीज प्राप्त करके रुई की खेती करने के लिए किसान को पेशगी पैसे मिल जाते थे। अगर ऋण की रकम बड़ी हो तो लिखा-पढ़ी कर ली जाती थी, जिससे आगामी फसल पर बनिया अपने पैसे वसूल कर सके। (2) इस तरह की खेती के लिए ऋण अर्थात् उत्पादन-ऋण के अलावा घर में फसल आने तक किसान अपना पेट भरने के लिए जिस उपभोग-ऋण की जरूरत महसूस करता था उसके लिए भी वह उसी महाजन के पास जाता था। बाजार में मंदी होने, फसलों का दाम आशातीत रूप से कम होने, ठीक समय पर ठीक परिमाण में बारिश न होने इत्यादि कारणों से अगर किसान की आय किसी साल कम हो तो वह क्या खाएगा ? बाजरे की खेती जब वो करता था तो वह बाजरा खा सकता था, पर अब रुई की खेती करने पर वह रुई तो खाएगा नहीं। इस प्रकार के ऋणों का सूद आमतौर पर खूब ऊँचा होता था। एक शोध द्वारा पता चला है कि 1876 में दक्षिणी प्रांतों के कृषक विद्रोह के बाद 'दूनी' (200 प्रतिशत) 'तिरपत' (300 प्रतिशत) जैसे अचिंतनीय दरों पर सूद लिया जाता था। अगर किसान संपत्तिहीन होता था तो यह दर और बढ़ जाती थी। (3) 3/4 इंच लंबे रेशोंवाली नई तरह की रुई की माँग मैनचेस्टर में थी, किंतु उस बाजार में माल पहुँचाना किसान के वश के बाहर था। महाजन और दूसरे ढेर सारे रुई के बिचौलियों के अभाव में किसान अपने माल को बाजार तक नहीं पहुँचा सकता था। पहले के दिनों में वह रुई की खेती करता तो आसपास के सूत बनाने वाले जुलाहे उसे खरीद लेते थे, मगर वे लंबे रेशेवाली इस

रुई को ज्यादा दाम देकर खरीदने में समर्थ न थे। फलस्वरूप बाजार के लिए रुई की खेती करने का मतलब था बिचौलिए व्यापारियों के हाथ में किसान का बंधक हो जाना। (4) प्रसंगवश एक और बात यह हुई कि आमतौर पर निरुद्योगीकरण (de-industrialisation) के फलस्वरूप और विशेषकर 1860-64 में रुई का दाम बहुत बढ़ जाने से बुनकर-उद्योग की स्थिति बहुत खराब हो गयी। कच्ची रुई के निर्यात के फलस्वरूप जुलाहे को कच्चे माल की कमी पड़ने लगी। जो थोड़ा-बहुत उसे मिलता था उसका दाम बहुत ज्यादा था। करघा अगर बंद हो जाए तो मैनेचेस्टर से आयातित कपड़ा ही उसका अंतिम आधार है। मगर वह कपड़ा गाँव में कौन ले जाएगा? वही बनिया या उसका कोई जात भाई। किसान वही कपड़ा खरीदेगा। (5) विदेश में अपना बाजार बढ़ाने के लिए रुई का दाम बढ़ाया गया था—विशेषकर जब बाजार बहुत तेजी पर था जैसे 1860-64 में, मगर उस मूल्य का कितना हिस्सा किसान को मिला? मैनचेस्टर में रुई का दाम कितना है, यह खबर पहले बंबई पहुँचती है, और फिर वहाँ से नागपुर-जैसे अपेक्षाकृत छोटे शहरों के बाजारों में। फिर वहाँ से वह कस्बों से होती हुई गाँवों में पहुचँती है। किसान के लिए बाजार-भाव की सूचना आसानी से उपलब्ध नहीं है। खासकर जब वह बाजार के लिए उत्पादन शुरू करता है उस समय इसके अलावा केवल संपन्न किसान अपनी रुई बैलगाड़ी पर लादकर बिक्री के लिए शहर ले जाने मे समर्थ होता है। ज्यादातर रुई गाँव में ही बिक जाती है—गाँव के एकाधिकारी खरीददार बनियों के हाथों। इसी प्रकार शहर में भी विभिन्न दलालों और आढ़तियों के बीच तालमेल के कारण प्रतिस्पर्धा के आधार पर रुई का दाम निर्धारित नहीं होता। संक्षेप में, बाजार को नियंत्रित करने की मशीनरी इस प्रकार तैयार की गई थी कि किसान यह भी समझ नहीं पाता था कि उसे अपने माल का उचित दाम मिला या नहीं। (6) कृषि-उत्पाद का अगर दाम बढ़ता है तो बंबई की तरह के रैयतवारी इलाकों में मालगुजारी का बढ़ना निश्चित है। स्वाभाविक रूप से बंबई प्रेसीडेंसी के अनेक जिलों में 1960-64 के दिनों में रुई के बाजार में तेजी के समय मालगुजारी बंदोबस्त के दौरान खूब ऊँची दर लगाई गई। किसी समय किसान के लाभ का कुछ भाग सरकार के हाथ में जाता था, पर वह कोई बड़ा भाग नहीं होता था। दरअसल लाभ का बड़ा अंश बनियों और महाजनों के हाथों में चला जाता था। (7) नई रुई की खेती का एक और प्रतिफल यह हुआ कि रुई की धुनाई के लिए विदेशी अथवा उसकी नकल पर बनी देशी मशीनों की जरूरत हुई। यह मशीन अमेरिका के विटनी जिन (Whitney Gin) नामक मशीन का एक देशी संस्करण थी। पुराने दिनों में किसान की औरत अथवा धुनिए की औरत एक मामूली-सी चर्खी या धुनकी से रुई में से बीज धुनककर निकाल देती थी और रुई को साफ कर देती थी, लेकिन लंबे रेशोंवाली नई किस्म की रुई के बीज को देशी पद्धति

से साफ करना संभव न था। इसका मतलब था रुई को बाहर ले जाना, उसे कारखाने में ले जाकर धुनवाना और साफ करवाना। कृषि अर्थनीति में पूँजी-प्रवेश का यह एक रास्ता था। किसान अपनी बैलगाड़ी पर लाद कर रुई 'जिन' मशीनों के मालिक के पास साफ करवाने ले जाता था, पर यह केवल संपन्न किसानों के लिए संभव था। दूसरा रास्ता था कि किसान बिना साफ किए रुई को कम दाम पर गाँव के महाजन अथवा घूमते-फिरते थोक खरीद करनेवाले दलालों को बेच दे। गरीब किसान ऐसा करने को मजबूर था। (8) गरीब और संपन्न किसान के बीच इस अंतर के अलावा और भी अनेक मामलों में अंतर था। कृषि के वाणिज्यीकरण ने इन दोनों के बीच विषमता को बढ़ा दिया था। दक्कन में 1880 के दशक से बनिया या मारवाड़ी महाजनों के स्थान पर संपन्न किसान और मराठा शासनकाल से संपत्तिशाली देशमुख, पाटिल, मीरासदार जाति के ग्रामीण उच्चवर्ग के लोगों को देखा गया। बाद के एक अध्याय में इस विषय को लेकर विस्तृत चर्चा होगी।

इस उदाहरण से देखा जाता है कि कृषि-बाजार के बढ़ने के साथ-साथ कैसे महाजनी पूँजी कृषि के क्षेत्र में प्रवेश करके इसमें परिवर्तन ले आई। बनिये (बनी) रुई की खेती के लिए अग्रिम रुपए देते थे। वे ही मध्यवर्ती रुई के बाजार पर नियंत्रण रखते थे। किसान का पेट भरने के लिए वे ही उसे बाजरा, गेहूँ या पैसे उधार देते थे। वे ही मैनचेस्टर में बने कपड़े गाँव में बेचकर ऐसी स्थिति बनाने में सहायक हुए जिससे देशी करघे बंद हो गए। बाजार के दाम पर भी उनका ही नियंत्रण था और अगर किसान के पास पैसे नहीं होते थे तो सरकारी मालगुजारी जमा करने के लिए वह उन्हें पैसे भी उधार देता था। इस वर्ग को औपनिवेशिक अर्थव्यवस्था के स्तंभ के रूप में ग्रहण किया जा सकता है।

इस उदाहरण से यह भी प्रतीत होता है कि औपनिवेशिक कृषि-उत्पादों के वाणिज्य की प्रक्रिया में किसानों की पराधीनता तरह-तरह से बढ़ती है : उत्पादन के विनियोग के लिए, अग्रिम मालगुजारी जमा करने या पेट पालने के लिए कर्ज लेना, अपना सामान बेचने के लिए बिचौलिए व्यापारी वर्ग के ऊपर निर्भर होना इत्यादि। हम बाद में देखेंगे कि यह पराधीनता छोटे गरीब किसानों के मामले में बहुत बड़ा सच है। विकासमान और गरीब किसान के बीच बढ़ती हुई दूरी को बनाए रखने के लिए ऊपर बताई गई प्रक्रिया में और अनेक स्थानों पर विकासमान किसान महाजन की भूमिका में उतर पड़ता है। अनेक लोगों के मतानुसार कृषकों के निचले स्तरों पर कृषि वाणिज्य का प्रसार एक प्रकार का बलात् वाणिज्यीकरण (Forced Commercialisation) ही है, स्वैच्छिक और स्वाभाविक प्रक्रिया नहीं है।

और अंत में यह बता देना जरूरी है कि कृषि-उत्पादन के विपणन (marketing) की व्यवस्था सभी स्थानों पर एक तरह की नहीं है, किंतु अनुरूप

है। रुई के व्यापार में किसान के उत्पादन का खरीददार है ग्रामीण बनिया या महाजन या घुमंतू दलाल। उसके ऊपर होता है आढ़तिया और रुई की सफाई के कारखाने का मालिक और उसके ऊपर होता है खुदरा खरीद-बिक्री करनेवाला बड़ा दलाल, जो नागपुर-जैसे बड़े शहरों में रहता है। और सबसे ऊपर है बंबई स्थित निर्यात-कंपनी अथवा कारखाने का मालिक दलाल। पटसन के व्यापार में सबसे नीचे खुद खरीददार होता है, उसके ऊपर होता है बड़ा व्यापारी और आढ़तिया। उसके ऊपर पटसन की गाँठों का व्यापारी और सबसे ऊपर होता है कलकत्ता की जूट मिल का मालिक अथवा निर्यात-कंपनी का मैनेजिंग एजेंट। सामान के उचित मूल्य में से ये सब बिचौलिए उसके लाभ का एक हिस्सा निश्चित रूप से हड़प लेते थे। ईख की बिक्री का व्यापार और भी आसान था। अगर ईख को कई हाथों में घूमना पड़े अथवा उसे गोदाम में रखना पड़े तो वह सूख जाएगी। उसका रस या चीनी नष्ट होगी, इसीलिए उस क्षेत्र में दलालों की संख्या कम है, यानी चीनी मिलें सीधे-सीधे ईख की फसल खरीद लेती हैं। गेहूँ और धान के व्यापार में भी कई स्तरों पर दलाल होते थे। लक्ष्य करने की बात है कि जिस स्थान पर परिवहन के साधन और रास्ते उन्नत थे और साधारण किसान की स्थिति अच्छी थी, वहाँ विपणन में बिचौलियों की संख्या कम थी। इस संबंध में 1923 के पंजाब के प्रतिवेदन से पता चलता है कि पिछड़े हुए करनाल जिले में प्रायः सारा गेहूँ गाँव के दलाल ही खरीद लेते थे। उससे थोड़ा उन्नत रोहतक जिले में गेहूँ के उत्पादन का पचास प्रतिशत गाँव के दलाल खरीदते थे, जबकि दूसरी ओर समृद्ध जिले लायलपुर का प्रायः सारा गेहूँ स्थानीय दलालों के हाथ से निकलकर मंडी अथवा बड़े बाजार में बिक्री के लिए चला जाता था। महाजनों और दलालों के हाथ से विपणन को बाहर निकालने का एक और उपाय था और वह था उत्पादकों की सहकारी संस्थाएँ। पर इनकी संख्या बहुत कम थी और इनका प्रभाव बहुत कम था। साथ ही ये सहकारी संस्थाएँ विकासमान किसानों के हाथों में थीं, इस कारण व्यापक किसान वर्ग पर इनका असर बहुत कम था।

कृषि-उत्पादन के वाणिज्य का विकास एक दृष्टि से बहुत महत्त्वपूर्ण था। पुरानी अर्थनीति की एक धारणा है जिसका समर्थन वेरा एनस्टिंग से लेकर आज के अनेक समाजशास्त्री और अर्थशास्त्री करते हैं। यह धारणा है कि साधारण भारतीय किसान, विशेषकर अविकसित अशिक्षित किसान, पुरानी मूल्य-व्यवस्था से इतना जकड़ा हुआ है कि वह अर्थनीति के तर्कों को स्वीकार करके नहीं चलता। और यह कि वह अर्थनैतिक सुयोग और सुविधाओं के प्रति प्रतिक्रियाविहीन होता है। यह भी कि वह रूढ़ियों का दास होता है। 19वीं शताब्दी में, खासकर इसके अंतिम चरण में, कृषि में और उसके वाणिज्य में जो क्रांति हुई उसने इस अनुमान को संपूर्ण रूप से गलत साबित कर दिया है। अध्यापक धर्म नारायण ने जो आँकड़े

प्रस्तुत किए हैं, उनसे प्रमाणित होता है कि विभिन्न फसलों के दामों के उठने और गिरने के साथ-साथ आबाद जमीन के उपयोग (Land utilisation) का घनिष्ठ संबंध है। अर्थात् किसी फसल की बाजार-दर बढ़ने के बाद अधिकांश किसान उस ओर झुके हैं और इसकी विपरीत स्थिति में उक्त फसल की खेती कम हुई है। इस प्रकार की मूल्य-निर्भरता (Price responsiveness) प्रमाणित करती है कि कृषि पारंपरिक रास्ते पर नहीं चल रही थी, बल्कि बाजार की गति द्वारा परिचालित हो रही थी। निश्चय ही इसके लिए बनिया, महाजन और दलाल खरीददार किस सीमा तक जिम्मेदार थे और किस सीमा तक यह किसानों के खुद के निर्णय का फल था, इस सवाल का जवाब देना मुश्किल है। मोटे तौर पर कहा जा सकता है कि मूल्य-निर्भरता ने अंततः बीसवीं शताब्दी में कृषि की प्रगति और प्रकृति को प्रभावित किया है। कहने का मतलब यह है कि आधुनिक युग में बाजार के गणेश जी ही कृषि की लक्ष्मी के पथप्रदर्शक हैं।

III

ग्रामीण वर्ग

19वीं शताब्दी से गाँवों में विभिन्न वर्ग के लोग, जैसे भूमिहीन मजदूर और किसान से शुरू करके जमींदार और लगान देनेवाले भूस्वामियों तक किस प्रकार उत्पन्न हुए, कैसे उनके आपसी संबंध बने, आज भी इस बारे में इतना मत-वैभिन्य है कि इस अध्याय की सीमाओं में बहुत संक्षेप में उसका बयान करना बड़ा मुश्किल है। उदाहरण के लिए खेत-मजदूर वर्ग को लीजिए। सुरेंद्र पटेल और उनके पहले रजनी पाम दत्त इत्यादि लेखकों ने इस वर्ग का जन्म औपनिवेशिकता के फलस्वरूप माना है। दूसरी ओर धर्म कुमार इत्यादि के मतानुसार उपनिवेशीकरण के साथ इसका कोई संबंध नहीं है, क्योंकि उपनिवेश-पूर्व काल से यह वर्ग अस्तित्व में था और इसकी संख्या उपनिवेश काल में बढ़ी नहीं। अथवा एक और मूल प्रश्न लीजिए। कृषि में पूँजीवादी उत्पादन-व्यवस्था आई या नहीं, आई तो कब आई, इस तरह के प्रश्नों के उत्तर में डैनियल थार्नर, अशोक रुद्र, उत्सा पटनायक इत्यादि वर्तमान स्थिति के परिप्रेक्ष्य में जो तथ्य प्रस्तुत करते हैं, उसके घेरे में इतिहासकार भी घिर जाते हैं। इसी प्रकार जोतदार वर्ग की उत्पत्ति और उनका चरित्र काश्तकारी कानून (Tenancy Laws) के फलस्वरूप वर्गों की स्थिति में परिवर्तन, रैयतवारी और महलवारी अंचलों में किसानों के बीच वर्ग-विभेदीकरण (differentiation) में विस्तार इत्यादि अनेक मामलों में विभिन्न विद्वानों के बीच मौलिक मतभेद देखा जाता है। सबसे बड़ी बात यह है कि इस मामले में अधिकांश इतिहासकारों ने आंचलिक इतिहास के माध्यम से खोज

की है। इस कारण, और यह स्वाभाविक है कि ग्रामीण समाज की आंचलिक विविधता अत्यंत स्पष्ट है, इस कारण भी, इन इतिहासकारों की चेतावनी को ध्यान में रखना जरूरी है। सारे देश के बारे में सामान्यीकरण (Generalisation) इस क्षेत्र में बहुत थोड़े से प्रश्नों के बारे में संभव है। हमारी विवेचना इन सब सीमाओं को अनदेखा नहीं कर सकती, हद से हद इसका एक प्रारंभिक मसौदा तैयार किया जा सकता है।

स्वाधीनता के पहले अंतिम निर्भर-योग्य जनगणना 1931 में हुई थी। (1941 में युद्ध के कारण यह काम करना पड़ा)। इस जनगणना के आधार पर सुरेंद्र पटेल के विश्लेषण से औपनिवेशिक शासन के अंतिम दिनों में ग्रामीण वर्ग-विभाजन किस प्रकार का था, इसका अंदाजा मिलता है।

पिरामिड के सबसे नीचे के तल्ले में भूमिहीन खेत-मजदूर हैं, जिनकी संख्या चार करोड़ बीस लाख है। ये खेती में लगी हुई जनसंख्या के 37.8% हैं। इनके बीच कम-से-कम तीस लाख लोग ऐसे हैं, जिन्हें क्रीतदास या बंधुआ मजदूर (Bonded labour) कहा जाता है। इनके ऊपर है 'अत्यंत छोटे किसान'। पटेल ने पाँच एकड़ से कम की जमीन के मालिकानावाली अथवा संपत्तिहीन रैयत अथवा बँटाई पर खेती करनेवाले किसानों को इसी वर्ग में रखा है। भारत में अधिकांश स्थानों पर पाँच एकड़ से कम जमीन की खेती से पूरे साल के लिए अनाज पाना भी संभव नहीं है। अतएव श्रम की बिक्री अपरिहार्य हो जाती है। इसी कारण इस वर्ग के लोग खेत-मजदूर के निकटस्थ होते हैं। इस तरह के अत्यंत छोटे किसानों की संख्या प्रायः एक करोड़ थी (9%)। संपत्तिहीन रैयत तथा बँटाई पर काम करनेवाले किसानों की संख्या दो करोड़ सत्तर लाख थी (24.3%)। इससे ऊपर के स्तर पर पाँच एकड़ से ज्यादा जमीन के मालिक अथवा संपन्न रैयत हैं। इनकी कुल संख्या दो करोड़ अस्सी लाख थी (अर्थात् खेती में लगी हुई जनसंख्या का 25.3%)। अब बचते हैं वे लोग जो पिरामिड की चोटी पर थे, जिन्हें हम 'लगानभोगी' वर्ग कह सकते हैं। यह नाम देने का कारण यह है कि ये सभी कानूनी तौर पर जमींदार और ताल्लुकेदार नहीं थे। किंतु जमींदारों की तरह ही इनमें से अनेक जमीन के स्वामित्व के एवज में लगान पाते थे। छोटे-बड़े मिलाकर इनकी संख्या खेती में लगी कुल जनसंख्या की 3.6% थी।

सबसे नीचे के तल्ले में रहनेवालों के बीच बंधुआ मजदूरों की अवस्था सबसे करुण थी। बंधुआ मजदूर का अर्थ है पैसे उधार लेकर उसे चुका न पाने के फलस्वरूप श्रम के द्वारा उसे चुकाने की कोशिश अथवा पैसे उधार लेने के लिए किसी संपत्ति को बंधक रखने के बदले खुद को बंधक रखना। यह एक प्रकार से अपनी दासता के दस्तावेज पर हस्ताक्षर करना था। 18वीं शताब्दी का एक बंगला शब्द इनके बारे में बहुत उपयुक्त लगता है। वह है 'खतबंदी श्रमिक' (बंधुआ

मजदूर)। बिहार और उत्तर प्रदेश के पूर्वांचल में कामिया, तमिलनाडु में पान्नीयाल, गुजरात में हाली इत्यादि समूहों के अनेक लोग इसी स्थिति में जा पड़े थे। ज्यादातर मामलों में यह सब बंधुआ मजदूर उन उपजातियों से संबद्ध थे, जो हिंदू किसानों अथवा उच्चवर्ग के हिंदुओं के हाथ अपनी जमीन हार गए थे, जैसे गुजरात की भील उपजाति। तथाकथित अनुसूचित जाति के लोग भी लगता है सबसे अधिक संख्या में इस वर्ग में आते थे, विशेषकर दक्षिण भारत में। सामाजिक तथा आर्थिक दुर्व्यवस्था के शिकार इन बंधुआ मजदूरों की मुक्ति की अनेक बार चेष्टा हुई है। यह काम पिछले दशक तक होता रहा है। यह कोशिश शुरू हुई थी राष्ट्रीयतावादी नेताओं और थोड़े-से अंग्रेज प्रशासकों की सहानुभूति के आधार पर। 1920 में 'बिहार और उड़ीसा कामियती कानून' पास हुआ। इस कानून के पास होने के समय सरकारी अनुसंधान से पता चलता है कि बंधुआ मजदूरों की स्थिति क्या थी। ऋण देनेवाला इन मजदूरों के समूचे श्रम का मालिक था। खाना-कपड़ा के अलावा आमतौर पर उन्हें कोई वेतन नहीं दिया जाता था। पास में पैसे न होने से इन मजदूरों के लिए कर्ज चुकाना प्रायः असंभव था। कानूनी तौर पर गलत होते हुए भी प्रथा के रूप में यह दासता वंशक्रम से चलती रहती थी। एक बंधुआ मजदूर का उत्तराधिकारी खुद को बंधुआ बना लेता था। ऋणदाता प्रायः मालिक की तरह इन बंधुआ मजदूरों को दूसरे मालिक को सौंप सकता था। 1920 के उपरोक्त कानून में यह निर्देश दिया गया कि एक वर्ष से ज्यादा के स्थाई ऋण या बांड को अदालत बर्खास्त कर देगी और इस तरह के 'खतबंदी श्रमिक' को उसका उचित वेतन देना पड़ेगा। वास्तव में यह कानून कोई परिवर्तन ले आ पाने में समर्थ नहीं हुआ। इस कानून की समय-सीमा को बड़ी आसानी से हर साल नया बांड भरवाकर चकमा दिया जा सकता था और उचित वेतन का मापदंड बहुत अस्पष्ट था। सबसे बड़ी बात तो यह है कि उचित वेतन कितना है, इसे अदालत में साबित करना होगा और ऐसा करने की आर्थिक हालत बंधुआ मजदूरों की कहाँ थी? फलस्वरूप यह कानून उनके किसी काम नहीं आया। सामाजिक तथा जात-पात की दृष्टि से जो निम्न श्रेणी के श्रमजीवी थे, उनकी यह दासता केवल आर्थिक कारणों से नहीं थी। उनकी यह स्थिति ग्रामीण समाज में तथाकथित ऊँची जातियों के तरह-तरह के जोर के कारण थी। औपनिवेशिक शासन में इस समस्या का समाधान नहीं हुआ। वह बाद में तरह-तरह की राजनीतिक समस्याओं के लिए जिम्मेदार हुआ और उसने हमारे समय में जात-पाँत पर आधारित राजनीति को जोरदार बनाया।

दास-मजूर या बंधुआ मजदूर भूमिहीन खेत-मजूरों का ही एक हिस्सा है। कुल भूमिहीन मजदूरों की संख्या कितनी थी, यह विवाद का विषय है। जनगणना के अनुसार भूमिहीन मजदूरों की संख्या कृषि पर निर्भर जनसंख्या का 21% था

(जनगणना 1901); 24.8% (1911)। उसके बाद की जनगणना के हिसाब से भूमिहीन मजदूरों की संख्या कृषि में नियोजित जनसंख्या का 20.6% (1921) और 31.3% (1931) थी। आँकड़ा-विशेषज्ञ सत्यव्रत सेन के विश्लेषण के अनुसार उपरोक्त संख्याओं में यह कमीबेशी जनगणना की विभिन्न पद्धतियों के कारण थी। 1901-11 और 1921-31 की जनगणनाओं के बीच तुलना करना बहुत मुश्किल है, मगर मोटे तौर पर 1931 तक की आधी शताब्दी में भूमिहीन मजदूरों की संख्या बहुत अधिक बढ़ी है, इसमें संदेह की कोई गुंजाइश नहीं है। सुरेंद्र पटेल भी इससे सहमत हैं, फिर भी भूमिहीन मजदूर और बँटाईदार और अस्थायी काश्तकार (Tenant at will) आदि वर्ग जनगणना करनेवाले अमलों द्वारा कई बार एक दूसरे के साथ मिला दिए जाते थे, जिस कारण गणना में गलतियाँ होती थीं। इसे पटेल ने विभिन्न आँकड़ों के माध्यम से दिखाया है और स्वयं पुनर्गणना की है—इसके नतीजे पहले ही दिए जा चुके हैं। पटेल के मतानुसार भूमिहीन किसानों की संख्या में वृद्धि कृषि के वाणिज्यीकरण के माध्यम से महाजनी कारोबार और किसान के ऋण-भार में वृद्धि के फलस्वरूप हुई थी। संक्षेप में, औपनिवेशिक अर्थनीति के साथ भूमिहीन खेत-मजदूरों की वृद्धि का कार्य-कारण संबंध है। इसका एक प्रमाण यह है कि 19वीं शताब्दी के अंतिम कई दशकों के पहले भूमिहीन मजदूरों का अस्तित्व प्रायः दिखाई नहीं पड़ता। इस मत के साथ प्रोफेसर धर्म कुमार का मत पूर्णतया भिन्न है। उनके अनुसार भूमिहीन मजदूरों की संख्या में जो भी वृद्धि हुई थी उसे रजनीपाम दत्त के समय से मार्क्सवादी लेखकों ने बहुत बढ़ा-चढ़ाकर देखा था। वास्तव में उपनिवेश पूर्व भारत में भूमिहीन मजदूरों के अस्तित्व के पर्याप्त प्रमाण मौजूद हैं। उनकी खोज का क्षेत्र दक्षिण भारत था। संभवतः इस मतभेद के पीछे धारणा अथवा परिभाषा का अंतर है। पर इस बात में कोई संदेह नहीं है कि 19वीं शताब्दी के आरंभिक वर्षों के दौरान दक्षिण भारत के अनेक भागों में अंग्रेजों के दस्तावेजों में भूमिहीन दास वर्ग के मजदूरों का अस्तित्व प्रमाणित होता है, पर यह एक ऐसी दास-प्रथा थी जो जाति-प्रथा और उच्चवर्ग के हिंदुओं के प्रभुत्व के कारण अस्तित्व में आई थी। धर्म कुमार ने इसी वर्ग के भूमिहीनों की बात मूल रूप से कही है। दूसरी ओर आर्थिक कारणों से किसान अपनी जमीन खोकर संपत्तिहीन प्रजा बन जाता है, अथवा और नीचे बँटाईदार अथवा मजदूर हो जाने की जो प्रक्रिया पटेल इत्यादि ने दिखाई है, वह भूमिहीनता एक और प्रकार की है। यह दूसरे प्रकार की भूमिहीनता औपनिवेशिक शासन काल में बढ़ी है और इसके साथ कृषि के वाणिज्यीकरण की जो प्रक्रिया पहले बताई गई है उसके साथ यह भी बढ़ी है। इस बारे में संदेह करने का कोई प्रमाण अभी तक प्राप्त नहीं हुआ है। प्रेमचंद (गोदान) और ताराशंकर वंद्योपाध्याय (गणदेवता) की साहित्यिक कृतियों में, अकादमिक शोधकार्य की तुलना में कहीं

अधिक स्पष्टता के साथ, परंपरागत किसान और उसके समाज के यंत्रणादायक बिखराव का अनुभव पर आधारित वर्णन मिलता है।

1951 में 'कृषि श्रम अनुसंधान समिति' के प्रतिवेदन के अनुसार ग्रामीण जनसंख्या का तीस प्रतिशत खेत-मजदूर है। इनमें से प्रायः आधे परिवारों के पास थोड़ी-बहुत जमीन थी और आधे परिवारों के पास कोई जमीन न थी, किंतु इनके बीच अंतर बहुत मामूली था, क्योंकि जो लोग पूरी तरह भूमिहीन नहीं थे वे भी मूलतः दूसरों की जमीन पर काम करके मिलनेवाले वेतन या मजदूरी पर निर्भर थे। विशेष रूप से लक्ष्य करने की बात यह है कि इस शतक के बीचोबीच मजदूरों का वेतन अधिकांशतः रुपयों में दिया जाता था, हालाँकि फसल का एक विशेष भाग देने की प्रथा ही इसके पहले चालू थी।

पूँजीवादी तरीके से खेती कितनी दूर आगे बढ़ी है, इस बात को लेकर काफी वाद-विवाद हो चुका है। दो-तीन दशक पहले अनेक इतिहासकार—जैसे सुलेखचंद्र गुप्त—कृषि-वाणिज्य के प्रसार या कृषिपण्य के उत्पादन और पूँजीवादी तरीके से कृषिकर्म को प्रायः समानार्थी मानने के अभ्यस्त थे। ऐसा करना शायद स्थितियों का अतिसरलीकरण करना था। 1969 में डैनियल थार्नर ने जब यह प्रश्न उठाया था तब पूँजीवादी तरीके से खेती की परिभाषा उनके लिए थी—वेतन देकर मजदूरी कराना, बाजार और लाभ की ओर निगाह रखकर कृषि पदार्थों का उत्पादन, बिक्री से प्राप्त मुनाफे के पैसों को पूँजी के रूप में खेती में निवेश करके उत्पादन में वृद्धि। 1970 में प्रोफेसर अशोक रुद्र ने अपने शोधपत्र में और बड़ी परिभाषा का व्यवहार किया। इनमें से प्रमुख हैं : किसान अगर किसी और को स्वामित्व न देकर जमीन को अपने अधीन रखता है, अगर अपने परिवार के श्रम के अनुपात में भाड़े के मजदूरों के श्रम का अधिक उपयोग करता है, अगर खेती के काम में मशीनों का उपयोग बढ़ता है, अगर उत्पादन का बड़ा भाग बाजार में जाता है, अगर उत्पादन में विनियोग मूलतः बाजार के लाभ के द्वारा परिचालित होता है तो यह मानना पड़ेगा कि खेती पूँजीवादी तरीके से हो रही है। इस समय इन सब चीजों का सूक्ष्म रूप से विश्लेषण करना मुश्किल है और इस परिभाषा के विभिन्न उपादानों में से कौन कितना वजनदार है, इस मामले में भी मतभेद है। अतएव पूँजीवादी तरीके की खेती भारत में आई या नहीं आई अथवा और भी सूक्ष्म रूप से यह प्रवृत्ति अगर इस दिशा में हो तब क्या यथेष्ठ परिमाण में इसकी सब शर्तें पूरी करने की जरूरत है, इत्यादि प्रश्नों को लेकर विद्वानों में मतभेद है।

ये सब तर्क स्वाधीनता के बाद, मूलतः 1970 के दशक के बाद के काल को लेकर हैं। उसके पहले के शतक को लेकर जिन इतिहासकारों ने विचार किया था, वे कृषि-व्यवस्था में पूँजीवादी तरीके के निर्माण के लिए उपयोगी जमीन किस तरह तैयार हो रही थी, इस मामले में अग्रलिखित बातों के ऊपर जोर दे रहे थे :

कृषि-उत्पादनों के क्रमशः बढ़ते बाजार पर निर्भरता के फलस्वरूप, आत्म-निर्भरता से बाजार-निर्भरतावाली फसलों का उत्पादन, कृषि-उत्पादन की प्रकृति और प्रगति पर बाजार-दर का प्रभाव, कृषकों के बीच वर्ग विभेदीकरण (differ-entiation), ग्रामीण अर्थव्यवस्था में पैसे के लेन-देन में बढ़त और पैसों के स्रोत महाजनी कारोबारियों के हाथों में किसानों की जमीन के हस्तांतरण के फलस्वरूप कृषकों में भूमिहीन तथा खेत-मजदूर की अवस्था में अवनति, इत्यादि । इन चीजों को हम पहले ही देख चुके हैं । इन सब तैयारियों के बावजूद कृषि-व्यवस्था में पूँजी का विकास क्यों नहीं हुआ ? इस दिशा में इतिहासकारों के उत्तर आज भी अस्पष्ट हैं । एक सैद्धांतिक प्रवृत्ति इस प्रकार की है : औपनिवेशिक अर्थनीति ने अर्धसामंती कृषि व्यवस्था को टिकाए रखा था । औपनिवेशिक सरकार पूँजीवादी अर्थव्यवस्था को कानून के द्वारा स्थापित करती है, किंतु उत्पादन-व्यवस्था उसमें से जन्म नहीं लेती । एक और दृष्टिकोण यह है कि कृषि-वाणिज्यीकरण का जो तरीका विकसित हुआ था, गड़बड़ी उसी में थी । कृषि में विनियोग कम अथवा प्रायः नहीं हुआ, क्योंकि उत्पादन बढ़ाने के लिए कृषि-पदार्थों के बाजार में वृद्धि से होनेवाले लाभ किसान के हाथ में नहीं पहुँचे । इसका कुछ हिस्सा भू-राजस्व के रूप में सरकार के पास पहुँचा, कुछ हिस्सा जमीन के मालिकों के पास लगान के रूप में पहुँचा और इसका एक बड़ा हिस्सा महाजनी कारोबारियों और बाजार के व्यवसायियों के हाथ में पहुँच गया । फलस्वरूप कृषि का बाजार तो बढ़ा पर पूँजी इकट्ठा नहीं हुई; वह पूँजी जो कृषि में विनियोजित होकर उत्पादन को बढ़ाती, किसान का लाभ बढ़ाती और उसकी पूँजी बढ़ाती। जो लोग औपनिवेशिक शासन में कृषि के वाणिज्यीकरण से लाभान्वित हो रह थे वे मूलतः सूदखोर थे । वे जमीन में पैसा लगाने के अभ्यस्त न थे अथवा शायद महाजनी कारोबार में और खरीद-फरोख्त में पैसे लगाकर, कृषि-उत्पादन में पैसा लगाने की तुलना में उन्हें ज्यादा लाभ होता था । एक और दृष्टिकोण है जिसके तहत अनेक लोग कहते हैं कि कृषि-व्यवस्थ की प्रगतिहीनता के पीछे जो कारण हैं वे सभी कृषि-व्यवस्था में ही पाए जाएँगे । ऐसा भी नहीं है—उसे औपनिवेशिक परिप्रेक्ष्य में कृषि और उद्योग के पिछड़ेपन के परस्पर-संबंधों में देखना चाहिए। क्यों काश्तकार अथवा बँटाईदार अथवा भूमिहीन खेत-मजदूर जमींदार के शोषण के फंदे में फँसे रहते हैं ? इसका कारण यह है कि वे श्रम के बाजार में अपना श्रम बहुत सस्ते में बेचते हैं, अर्थात् काश्तकार, बँटाईदार अथवा खेत-मजदूर कृषि से उत्पन्न आय में अपने भाग को अत्यंत नगण्य पाते हुए भी मजबूरी में उसे स्वीकार करते हैं, वरना वे जाएँ कहाँ ? अगर उद्योगीकरण उचित प्रकार से होता तो इस श्रेणी के मजदूर खेती के काम के बाहर अन्य स्थानों पर काम पा जाते, किंतु औपनिवेशिक शासन में उद्योग की प्रगति न होने के कारण वे जमींदारों के यहाँ बलि के बकरे की तरह बँधे रहते थे ।

उपरोक्त मत परस्पर-विरोधी नहीं हैं। अतएव कृषि क्यों पिछड़ी रही और पूँजीवादी तरीके की आधुनिक कृषि के आने में देर क्यों हुई, इस पर उपरोक्त सभी सिद्धांतों से कुछ न कुछ प्रकाश पड़ता है। यहाँ यह बता देना उचित होगा कि दो-एक लोग ऐसे भी हैं जो यह दावा करते हैं कि पूँजीवादी धारा औपनिवेशिक शासन में आ गई थी। जैसे गुंडेर फ्रैंक का अनुसरण करें तो कहना होगा कि विश्वव्यापी पूँजीवाद के अंतर्राष्ट्रीय व्यापार में भारत-जैसे उपनिवेश हिस्सेदार हुए, तभी उपनिवेश पूँजीवादी विकास की सीमा में प्रवेश कर पाया। 19वीं शताब्दी के भारत के बारे में एमेनुएल वालेरस्टाइन का भी यही मत है और फिर यह भी कहा गया है कि 19वीं शताब्दी के अंतिम वर्षों में कृषि-व्यवस्था में पूँजी का आधिपत्य स्थापित हुआ और पूँजी के आधिपत्य में कृषि की अंतर्भुक्ति (Subsumption) का यही समय है। मगर इस तरह के मत आज भी सर्वस्वीकृत नहीं हैं। इस सिद्धांत और इसके तथ्यों के बीच कई तरह की दरारें हैं। फिलहाल इतना कहा जा सकता है कि इतिहासकारों ने दिखाया है कि खास औपनिवेशिक शासन में कृषि के वाणिज्यीकरण की धारा, सामंती भूमि-व्यवस्था के टिके रहने की क्षमता, पूँजीपतियों से कृषि-विनियोग के क्षेत्र की दूरी, कृषि-व्यवस्था के ऊपर उद्योगीकरण के अभाव का प्रभाव इत्यादि अनेक कारणों से कृषि-उत्पादन की वृद्धि अथवा भूमिहीन अथवा कृषि-मजदूर की वृद्धि जैसी प्रवृत्तियों के होते हुए भी कृषि के लिए आधुनिक पूँजीवादी उत्पादन-व्यवस्था में परिणत होना संभव नहीं हुआ।

इस अर्थ में समग्र रूप से पिछड़ेपन को अस्वीकार नहीं किया जा सकता, किंतु हाल ही में कुछ इतिहासकारों ने दिखाया है कि वे इस सीमा को मानते हैं, लेकिन इसका मतलब यह भी नहीं कि उत्पादन-व्यवस्था परिवर्तनहीन और जड़ अवस्था में पड़ी हुई थी। दो तरह के परिवर्तनों पर खोज चल रही है—पहला, उत्पादन की प्रकृति और गति, विभिन्न फसलों की खेती में कमी और बढ़त, उत्पादक शक्तियों में वृद्धि अर्थात प्रति एकड़ या प्रति व्यक्ति उत्पादनों का हिसाब-इत्यादि। दूसरा, किसानों के बीच वर्ग-विभेदीकरण (differentiation) ने आधुनिक खोजों में बहुत अधिक महत्त्व प्राप्त किया है। नवें अथवा दो-तीन दशक पहले भी सभी किसान गरीब थे और क्रमशः उनकी गरीबी बढ़ रही है, इस तरह के सरलीकरण की तरफ इतिहासकारों का रुझान था।

IV

कृषि में दूसरे परिवर्तन

प्रथम विचारधारा की खोजों ने हाल में ही पुरानी विचारधारा को काफी कुछ बदल दिया है। कुछ उदाहरण लीजिए : मौसमी वर्षा का प्रभाव उत्पादन के ऊपर कैसा

पड़ता है यह सभी जानते हैं, पर जो नई बात देखी जा रही है वह यह है कि वर्षा न होने के फलस्वरूप न केवल साधारण रूप से फसलें ही कम होती हैं, बल्कि खराब जमीन का उत्पादन उत्कृष्ट जमीन की तुलना में ज्यादा प्रभावित होता है और खराब जमीन सबसे अधिक निम्न वर्ग के किसान के पास होती है। इस कारण वर्षा न होने का एक फल यह भी होता है कि किसानों के बीच वर्ग-वैषम्य बढ़ता है (राघवन्, 1985)। इससे जुड़ी एक और बात यह है कि कृषि के वाणिज्यीकरण के फलस्वरूप गरीब किसान द्वारा भोजन के लिए उपयोगी सस्ती फसलों के बदले बाजार में बिकनेवाली कीमती फसलों को उत्पन्न करने से वर्षा न होने के कारण फसलों के बर्बाद होने का खतरा बढ़ता है और विशेषकर पहले परती पड़ी जमीनों पर वर्तमान में खेती योग्य बनाई गई (marginal) जमीनों की तरफ झुकाव बढ़ता है, अतएव कृषि पदार्थों को उत्पन्न करने के लिए दूसरे प्रकार की जमीन की तरफ किसानों का झुकाव बढ़ता है (प्रभु महापात्र, 1985)। बाजार-दर के अनुसार किसान विभिन्न फसलों की खेती करेगा, यह बात स्वाभाविक मानी गई (धर्म नारायण की खोजों के अनुसार)। मगर नई खोजों से पता चला है कि यह बात सच होते हुए भी किसान की अपनी तर्क-बुद्धि (Peasant rationality) होती है, जिसमें केवल बाजार-दर ही नहीं, अन्य तरह के हिसाब-किताब भी समान रूप से महत्त्वपूर्ण होते हैं, जैसे पशुओं के चारे के लिए उपयोग में आनेवाली फसलों की उपज, श्रम की दर, आंचलिक परिवेश के अनुसार पारंपरिक कृषि प्रथा, इत्यादि (श्रीप्रकाश, 1985)। 1940-70 की अवधि में सरकारी आँकड़ों से पता चलता है कि बंबई प्रदेश में कृषि का प्रसार और विकास कम हुआ था, यह बात इतिहासकारों ने प्रायः मान रखी थी। अब नई खोजों के आधार पर पता चलता है कि शायद इस अवधि में आबाद जमीन का परिमाण तो नहीं बढ़ा, पालतू पशुओं की संख्या घटी थी। बाद के दिनों में प्राप्त व्यापक सूचनाओं के कारण विपरीत भ्रांति की सृष्टि हुई है (सुमित गुहा, 1982)। उत्पादन की धारा के संबंध में भी मतभेद है: जैसे एलेन हेस्टन (1973) का जार्ज ब्लिन के उत्पादन संबंधी अति व्यवहृत आँकड़ों के बारे में संदेह। हालाँकि ऐसा लगता है कि हेस्टन का तर्क कमजोर है और जिस प्रकार के सूक्ष्म और शुद्ध विश्लेषण की वह दूसरों से आशा करते हैं उसका उनके अपने दृष्टिकोण में अभाव है। (एम. इस्लाम, 1979, सतीश मिश्र, 1983)। फिर भी यह बात स्वीकार योग्य है कि पहले जैसा सोचा जाता था कि कृषि के वाणिज्यीकरण का अर्थ है बाजारू फसलों में वृद्धि, वह सभी अंचलों में सच नहीं है। 1921 से जनसंख्या में वृद्धि के कारण विभिन्न अंचलों में नगदी फसलों के विशेषीकरण की पुरानी धारा व्याहत हुई (अशोक मोदी, 1982; क्रिस्टोफर बेकर, 1984)।

उपरोक्त उदाहरणों से उत्पादन-धारा के संबंध में नई खोजों के स्वरूप का

कुछ अंदाजा किया जा सकता है। इसी के अनुरूप अर्थनीति में विभिन्न वर्गों के संबंध में इस समय तरह-तरह के मत हैं जैसे मध्यवर्गीय काश्तकारों की संख्या में वृद्धि (Subinfeudation) और मालगुजारी में वृद्धि। बेडेन पावेल से लेकर अमित भादुड़ी (1976) तक अधिकांश इतिहासकार इस संख्या-वृद्धि को मालगुजारी बढ़ने के मूल कारण के रूप में देखते हैं। दूसरी ओर बंगाल में प्रोफेसर अब्दुल्ला (1980) इन दो प्रकार की वृद्धियों में कोई संबंध नहीं देख पाते और एम. इस्लाम (1983) इस संबंध को अभी भी अप्रामाणिक मानते हैं। साधारणतः इतिहासकार स्थायी काश्तकार (occupancy) और अस्थायी काश्तकार (Tenant at will) के बीच वर्ग विभाजन पर जोर देते हैं, किंतु सूक्ष्मता से देखा जाय तो लगता है कि बंगाल में अस्थायी काश्तकार एक तरह का है और पंजाब में दूसरी तरह का। एक तरफ गरीब किसान मजबूर होकर अस्थायी काश्तकार के रूप में ज्यादा लगान देकर खेती करता है, दूसरी ओर विकासमान किसान अपने स्वामित्व में या अधिकार में जो जमीन है, उसके बाहर अन्य जमीनों पर अस्थायी काश्तकार के रूप में लाभ के लिए खेती करता है। कानून की निगाह में ये दोनों प्रकार के किसान अस्थायी काश्तकार हैं, मगर वर्ग के हिसाब से निश्चय ही ये दोनों अलग-अलग वर्गों के हैं (नीलाद्रि भट्टाचार्य, 1983)। उत्तरी और पूर्वी बंगाल में 19वीं शताब्दी के आरंभ से ही कुछ विकासमान किसानों को व्यापारी और महाजन की भूमिका में देखा जाता है (रत्नलेखा राय), पर क्या इसका अर्थ यह है कि यह धारा उपनिवेशपूर्व काल से ऐसे ही चली आ रही है। औपनिवेशिकता अथवा वाणिज्यीकरण ने क्या कृषि-व्यवस्था में कोई परिवर्तन नहीं किया? ऐसा सोचना संभवतः भूल होगी क्योंकि ये किसान-व्यापारी-महाजन संख्या में कितने थे, उनके हाथ में कितना उत्पादन था, महाजनी पूँजी का कौन-सा अनुपात उनके हाथ में था, इन सब चीजों का कोई भी प्रामाणिक आँकड़ा अभी भी प्राप्त नहीं है और बीसवीं शताब्दी में क्रमशः इस धारा के जमींदार महाजन वर्ग की वृद्धि के प्रमाण हैं। औपनिवेशिक ढाँचे में कृषि के वाणिज्यीकरण के साथ-साथ (विनयभूषण चौधरी, 1983; ओंकार गोस्वामी, 1984), उत्तर प्रदेश में कृषि के वाणिज्यीकरण की प्रक्रिया के दो स्तर अत्यंत स्पष्ट हैं : खाद्य पदार्थों को जिंस बनाना (माजिद सिद्दीकी, 1978) और ईख की खेती में पूँजी के बढ़ते हुए आधिपत्य का क्षेत्र (शहीद अमीन, 1984)।

V

काश्तकार और अधिकार

इस प्रकार औपनिवेशिक शासन की कृषि-व्यवस्था की तस्वीर आंचलिक इतिहास की नई खोजों द्वारा, नए मतमतान्तरों और इस समय प्राप्त विवरणों के आधिक्य

और विश्लेषण से और भी रंगीन हो रही है। एक तरफ केवल इस प्रगति का अभाव दिखाई दे रहा है—प्रजा की संपत्ति के मामले में औपनिवेशिक नीति और ग्रामीण वर्ग-विभाजन के ऊपर उसका प्रभाव पड़ रहा है। अंत में इस विषय में दो-एक बातें और कहना जरूरी है। जो लोग सरकार को जमीन के 'मालिक' के रूप में राजस्व (Revenue) देते हैं उनके नीचे तथा खेत-मजदूर और बँटाईदार वर्ग के ऊपर विभिन्न प्रकार की संपत्तिभोगी 'प्रजा' मालिक को लगान देती है और यह प्रजा ग्रामीण समाज का एक बहुत बड़ा भाग है। इस प्रजा के विभिन्न स्वामित्व कंपनी के शासन काल में प्रचलित और स्वीकृत, विशेषकर जमींदारी अंचलों में अंग्रेजी कानून के अंतर्गत, धीरे-धीरे लुप्त होने लगे। मैंने पहले ही उल्लेख किया है कि उपयोगितावादी विचारधारा जमींदार-विरोधी मनोवृत्ति है (अध्याय 3)। फलस्वरूप 19वीं शताब्दी में प्रजा के अत्यधिक शोषण से कृषि-व्यवस्था के विशृंखलित होने की आशंका से प्रजा की संपत्ति के संरक्षण के लिए चिंता बढ़ी और नीतियाँ तैयार हुईं। निश्चय ही नीतिगत रूप से इस कोशिश की प्रयोजनीयता एक चीज है और कानून के द्वारा वास्तविक रूप से उसको कार्यकारी बनाना दूसरी चीज। इस जटिल इतिहास का एक आभास मात्र यहाँ दिया जा सकता है।

बंगाल में जमींदारी बंदोबस्त के परवर्ती कुछ दशकों में प्रजा के स्वत्वाधिकार का प्राय: लोप हो गया। विशेषकर 1812 के 'पंचम कानून' (अर्थात रेगुलेशन 5) के कारण ऐसा हुआ। जमींदार किसी भी प्रजा से किसी भी दर पर लगान ले सकता था और लगान न अदा करने की हालत में उसे जमीन से महरूम कर सकता था या उसे उजाड़ सकता था। इस कानून के द्वारा केवल पट्टेदार (Tenure holder) किसानों का स्वामित्व स्वीकृत हुआ था और उनके नीचे के विभिन्न स्तरों के अधीनस्थ काश्तकारों का इजारा बंदोबस्त में बढ़ा था। 1859 के 'दस कानून' ने इस प्रकार पहले-पहल प्रजा के स्वत्वाधिकार को स्वीकार किया। 12 वर्ष से जो काश्तकार एक ही जमीन पर काबिज होकर खेती कर रहा है उस जमीन पर खेती करने का उसका अधिकार (Occupancy) स्वीकार कर लिया गया, किंतु प्रजा को उससे विशेष लाभ नहीं हुआ, क्योंकि 12 वर्ष तक इस प्रकार काबिज होने का अधिकार न देकर जमींदार उसके पहले ही काश्तकार को बदल सकता था। इसके अलावा लगान की दर की कोई सीमा निश्चित नहीं थी, वरन 1862 में कलकत्ता हाईकोर्ट के एक विख्यात मुकदमे में न्यायाधीश बार्न्स पिकिल ने मत व्यक्त किया कि जमींदार काश्तकारों से मनचाही दर पर लगान का दावा पेश कर सकता है।

1859 का कानून कितना खोखला था यह स्पष्ट हो गया। जार्ज कैंपबेल-जैसे प्रमुख अंग्रेज अमले इससे विचलित हुए और जब वे न्यायाधीश थे तब 1865 में एक और विख्यात केस (तथाकथित Great Rent Case) में 15 न्यायाधीशों के एक फुल बेंच ने हाईकोर्ट के 1862 के फैसले को रद्द कर दिया। उन्होंने नया फैसला यह किया कि जिस दर पर कुल उत्पादन बढ़ा है, जमींदार उसी के अनुपात

में लगान बढ़ा सकता है अर्थात् इसका समीकरण निम्न प्रकार से होगा—पहले का लगान : पहले का उत्पादन : : बढ़ा हुआ लगान : बढ़ा हुआ उत्पादन । अर्थात मान लीजिए कि 1850 में जमीन का जो लगान था वह तत्कालीन कुल उत्पादन के जिस अनुपात में था, नया निर्धारित लगान वर्तमान कुल उत्पादन के उसी अनुपात में तय होगा, उससे ज्यादा नहीं । इस फैसले में महलवारी इलाकों की उपयोगितावादी नीति की छाया स्पष्ट है । मगर इसको लागू करना मुश्किल है, क्योंकि उत्पादन का हिसाब कहाँ था ?

1870 के दशक में प्रशासन के लोग बातचीत कर रहे थे कि क्या किया जाए ? इस बीच कैंपबेल साहब ने काश्तकारों के स्वत्वाधिकार को लेकर एक किताब लिख मारी । प्रधानमंत्री ग्लैडस्टोन ने आयरलैंड में इस कानून के निर्माण में उन्हें विशेषज्ञ मान लिया । कैंपबेल ने छोटे लाट के रूप में बंगाल में प्रशासन का भार सँभाला । पाबना में काश्तकारों का विद्रोह सामने आया और एक 'लगान कानून आयोग' बना, जिसने अपना प्रतिवेदन पेश किया । और भी बहुत कुछ हुआ । फिर भी बंगाल के काश्तकारों की अवस्था पहले जैसे रही । अंत में 1883 में 'ड्राफ्ट' कानून तैयार हुआ । शुरू में उसका उद्देश्य था लगान की दर तय करना, किंतु सरकारी अमले इसके बारे में संदिग्ध थे और जमींदारों का प्रतिनिधित्व करने वाली संस्था ब्रिटिश इंडियन एसोसिएशन ने इसके खिलाफ प्रतिवाद किया । अंत में आयरलैंड के नए काश्तकारी कानून के अनुकरण पर यह तय किया गया कि जमींदार पुराने लगान के 12½% अधिक लगान तक की माँग कर सकता है और 15 वर्षों के बीच लगान को दुबारा बढ़ाया नहीं जा सकता ; हाँ, मुकदमा करके अदालत के निर्देशानुसार लगान बढ़ाने का रास्ता खुला हुआ था । दखली स्वत्वाधिकार के संबंध में यह तय हुआ कि किसी जमींदार के अधीन अगर काश्तकार ने किसी जमीन पर 12 वर्ष से ज्यादा खेती की है तो काश्तकार के रूप में उसकी मान्यता बहाल रहेगी । (इस कानून ने 1812 में बने कानून की ऊपर लिखित दरार को बंद कर दिया) । यह था 1885 का काश्तकारी स्वत्वाधिकार कानून ।

इस कानून के फलस्वरूप कानूनन संरक्षित काश्तकारों का एक और वर्ग सामने आया । स्वाभाविक रूप से जो लोग खेती करके अपना पेट पालते थे उनमें से अधिकांश इस कानून के दायरे के बाहर रह गए । 1828 और 1838 में इसके दो संशोधन पास किए गए । इनसे भी बँटाईदारों की एक विशाल संख्या को कोई अधिकार प्राप्त नहीं हुआ । केवल अधिकार प्राप्त अथवा 'आकुपेंसी' रैयतों के नीचे जो उप-अधिकार प्राप्त रैयत थे उनका एक अत्यंत सीमित उप-स्वत्वाधिकार इस कानून में स्वीकार किया गया । पार्थ चट्टोपाध्याय ने दिखाया है कि किस प्रकार इन सब कानूनों के बनने से स्वामित्व तथा अधिकार प्राप्त वर्ग-स्वार्थों के

बीच समझौते की प्रक्रिया द्वारा अधिकारहीन, भूमिहीन किसान तथा बँटाईदार किसानों के स्वार्थ को तिलांजलि दी गई।

बंगाल के 1885 के काश्तकारी स्वत्वाधिकार कानून के अनुकरण पर 1887-1907 की अवधि में कानून बनाए गए उत्तरी मद्रास, मध्य प्रदेश और मलाबार आदि अंचलों में। वर्तमान पंजाब (1901), महाराष्ट्र (1879), उत्तर प्रदेश (1900) आदि अंचलों में कई किश्तों में एक दूसरे प्रकार का कानून तैयार हुआ, जिसका उद्देश्य था ऋण के कारण किसान के हाथ से जमीन का स्वामित्व महाजनों और बनियों के हाथ में न जाए। जमीन की बिक्री और ऋण के दावे के आधार पर क्रोक (साहूकार) का स्वामित्व कायम हो जाने को कानून के द्वारा नियंत्रित करने की कोशिश हुई, जिससे किसानों के हाथ से जमीन बनिये न ले सकें। इसका फल यह हुआ कि बनियों के बदले विकासमान किसानों को महाजनी कारोबार करने का और अधिक सुयोग मिला, क्योंकि उनके हाथों में खेतिहर जमीन के हस्तांतरण को सरकार और कानून गलत नहीं मानते थे। फलस्वरूप इस क्षेत्र में भी विकासमान किसान को जमीन के मालिक बनने, और छोटे-मोटे महाजन वर्ग के कृषकों को संपन्न होने का सुयोग मिला। काश्तकारी अथवा भू-हस्तांतरण कानून के द्वारा कृषि अर्थनीति पर नियंत्रण किस सीमा तक और किस दिशा में जाएगा, यह सवाल एक ओर जैसे अंग्रेज प्रशासकों के उपयोगितावादी तथा हस्तक्षेप-विरोधी नीतियों के प्रवक्ताओं के बीच तर्क-वितर्क का विषय था, उसी तरह दूसरी ओर शासित जाति के विभिन्न वर्ग-स्वार्थों (interest groups), राष्ट्रीय कांग्रेस, स्वराज पार्टी, जस्टिस पार्टी आदि दलों की राजनीति तथा क्रमशः बढ़ते हुए किसान आंदोलनों के पीछे निहित था। यह राजनीतिक इतिहास हमारी वर्तमान बहस की चौहद्दी के बाहर है।

अध्याय : पाँच

अनटन (अभाव), अनशन और अकाल

1943 के अकाल की छाया बंगाल की चेतना पर से आसानी से नहीं जाएगी। ''1943 के बंगाल का अकाल मनुष्य की भयंकर दुर्दशा और मृत्यु से परिचित हमारे समय में एक भयंकर दुःस्वप्न की तरह हमें याद रहता है। 10 से 20 लाख मनुष्य इस अकाल में और इसके पीछे-पीछे आनेवाली महामारी में मारे गए और बहुत सारे दूसरे लोग, जो मरे नहीं थे, रोटी के अभाव में महीने पर महीने तड़पते रहे, बीमारी तथा अन्य प्रकार की पीड़ाओं से पीड़ित रहे, जो अकाल के कारण छिन्न-भिन्न हुई जीवन-यात्रा का सहज परिणाम था।'' इस प्रकार शुरू होती है 1943 के अकाल के ऊपर सर जॉन उडहेड के नेतृत्व में सरकारी 'अकाल अनुसंधान परिषद्' की रिपोर्ट। यह विशेष रूप से पढ़े जाने योग्य एक दस्तावेज है, जिसमें सरकारी पक्ष की वकालत और तथ्यों के चुनाव में पक्षपात साफ झलकता है। प्रतिवेदन में अकाल का संक्षिप्त इतिहास इस प्रकार दिया गया है : ''1943 के आरंभ के महीनों में जिला प्रशासकों ने दुर्भिक्ष के आसार देखे। मई और जून महीने में नोआखाली और चटगाँव जिलों में अकाल प्रकट हुआ और जनता की मृत्यु-दर तेजी से बढ़ी। जुलाई महीने से पूरे बंगाल का ग्रामांचल अकाल से पीड़ित हो गया और मृत्यु-दर सामान्य से बहुत अधिक हो गई। तभी से मृत्युसंख्या बढ़ती रही और दिसंबर में सबसे अधिक हो गई। हालाँकि स्थानीय खाद्याभाव सभी जगह समान नहीं था पर पूरे प्रदेश में प्रायः सब जगह अस्वाभाविक वृद्धि के फलस्वरूप चावल का दाम गरीब आदमी की क्रय-शक्ति के बाहर हो गया, जिससे ऐसी कोई भी जगह या इलाका न रहा, जहाँ वे खाद्याभाव से राहत पाते। ... 1940 के अधिकांश समय मृत्यु-संख्या की दर बराबर ऊँची बनी रही ... हमारे हिसाब से जनसंख्या का दसवाँ हिस्सा – 60 लाख लोग – अकाल द्वारा गुरुतर रूप से क्षतिग्रस्त हुए। 1943 के शुरू के महीनों में जब चावल का दाम लगातार बढ़ रहा था उस समय जिनके पास पर्याप्त खाद्य पदार्थ नहीं था, वे सभी गरीब लोग खरीदकर खाने में असमर्थ हो गए। जो थोड़ा-बहुत अनाज जमा किया था उसे धीरे-धीरे खाते रहे। उसके बाद उनके पास जो भी संपत्ति थी उसे बेचकर क्रमशः बढ़ते हुए दाम

पर चावल खरीद कर खाते रहे । और फिर अनशन शुरू हुआ । अधिकांश लोग अपने-अपने स्थानों से चलकर अन्य स्थानों पर गए और उनमें से अनेक मृत्यु को प्राप्त हुए । बाक़ी लोग अपने गाँव से अनाज की खोज में निकल पड़े और इस भूखी और अनाथ जनता की यह यात्रा इस अकाल का सबसे मर्मांतक पक्ष था । हजारों-हजार लोग नगरों और महानगरों की तरफ चल पड़े । 1943 के अक्तूबर महीने में कलकत्ता में शरणार्थियों की संख्या कम से कम अंदाजन एक लाख हो गई…परिवार का ढाँचा चूर-चूर हो गया और मूल्यबोध नष्ट हो गया । दुखी मनुष्य अमानवीय स्तर पर पहुँच गया । निःसहाय और हताश यांत्रिक पुतलों की तरह वह केवल पाशविक भूख की ताड़ना से चलता रहा ।''

इस बात में संदेह करने का कारण मौजूद है कि सरकारी 'अकाल अनुसंधान परिषद्' के प्रतिवेदन में मृतकों की संख्या कम करके दिखाई गई है । दूसरे स्रोतों से वास्तविक संख्या 30 लाख से ज्यादा हो सकती है । उस समय के अखबारों आदि में छपी हुई खबरों के द्वारा अकाल की भीषणता का अंदाजा लगता है, पर उसका पूरा-पूरा पता नहीं लगता । बहुत-से लोग यह बात नहीं जानते कि ब्रिटिश सरकार ने बंगाल की अकाल से संबंधित खबरों को 1943 में जारी किए गए एक गुप्त सरकुलर द्वारा सेंसर के अधीन कर दिया था । इसके बावजूद अकाल की प्रत्यक्ष जानकारी पाई गई थी; विशेषकर कलकत्ता की सड़कों, गलियों और मैदानों में भूख से तिलमिलाते मनुष्यों की असंख्य भीड़ और क्रमशः बढ़ती हुई मृत्यु संख्या से । सितंबर-अक्तूबर 1943 में कलकत्ता में प्रति सप्ताह मृत्यु की दर 4312 थी, जहाँ पिछले कई वर्षों में प्रति वर्ष मृत्यु-दर 500 से 600 थी । इस जानकारी ने कलकत्ता और बंगाल के बुद्धिजीवियों को अत्यंत विचलित कर दिया, जिसका प्रमाण है जैनुल आबदीन की बनाई हुई तस्वीर, अथवा शंकु घोष की फिल्म अथवा सुकांत भट्टाचार्य की कविता और विभूति भूषण तथा ताराशंकर वंद्योपाध्याय और अनेक दूसरे साहित्यकारों का साहित्य ।

1943 के अकाल के कारण

सरकार के 'अकाल अनुसंधान परिषद्' के प्रतिवेदन और आधुनिक खोजों द्वारा जो जाना गया है उससे पता चलता है कि अकाल के अनेक कारण थे । 1942 के अंत में आमन धान और 1943 के बोरो और आऊस धान को मिलाकर बंगाल की जनसंख्या के लिए बयालीस अथवा तैंतालीस सप्ताह के लिए पर्याप्त खाद्य-पदार्थ उपलब्ध था, जिसे कम नहीं कहा जा सकता, क्योंकि इसके साथ खाद्य-पदार्थों के संभावित आयात और पिछले वर्ष की फसल में से बचे हुए अंश को भी इसमें जोड़ना होगा । 1943 की तुलना में 1941 में 39 सप्ताह के लिए पर्याप्त खाद्य-पदार्थ उपलब्ध था । 1936 में 44 सप्ताह के लिए पर्याप्त खाद्य-पदार्थ था किंतु इन वर्षों

में अकाल नहीं पड़ा। 1943 में और भी अनेक समस्याएँ सामने आईं : बर्मा पर जापानी अधिकार हो जाने के कारण वहाँ से चावल का आयात बंद हो गया; मिदनापुर, चौबीस परगना, खुलना, बाकरगंज आदि जिलों में 1942 से 'उगाहा हुआ धान' ब्रिटिश सेना के उपयोग के लिए सरकार खिसका ले गई। इसका एक उद्देश्य यह भी था कि बंगाल में जापानी सेनाओं के प्रवेश की स्थिति में उनके लिए भोजन उपलब्ध न हो। इसी उद्देश्य से ब्रिटिश सरकार ने उन सब अंचलों में 25 हजार से भी ज्यादा नौकाओं को नष्ट कर दिया और 20 हजार नौकाएँ दूसरे स्थानों पर भिजवा दीं, जिसके फलस्वरूप 70% नौकाएँ माल-परिवहन और मछली पकड़ने इत्यादि कामों से हटा दी गईं। युद्धकालीन सरकारी खाद्यनीति, विशेषकर अंतर-प्रादेशिक तथा आंचलिक खाद्य-पदार्थ चालान के ऊपर कंट्रोल से अनेक स्थानों पर खाद्याभाव पैदा हो गया और कालाबाजारी बढ़ गई। इंग्लैंड के राजनैतिक हलकों में यह मत प्रचलित था कि बंगाल की प्रादेशिक सरकार की प्रशासनिक भूल के कारण आंशिक खाद्याभाव ने भयानक अकाल का रूप धारण कर लिया। यद्यपि 'अकाल अनुसंधान परिषद्' के सदस्य के रूप में जनाब अफजल हुसैन साहब ने, जो मुस्लिम लीग के समर्थक थे, इस मत के विरुद्ध तरह-तरह के तर्क दिए थे।

इन सभी आंशिक कारणों के पीछे स्वाभाविक रूप से एक वृहत्तर समस्या आँखों से ओझल रह जाती है—बंगाल के किसानों में से अधिकांश का खाद्याभाव खाद्य-पदार्थों की मूल्य-वृद्धि के साथ-साथ उनकी कम होती गई क्रय-क्षमता के फलस्वरूप था। 1939 में भू-राजस्व कमीशन के प्रयास से सेटिलमेंट डिपार्टमेंट द्वारा जो अनुसंधान हुआ और 1941 की जनगणना से जो तथ्य सामने आए, उनसे हिसाब लगाया जा सकता है कि उस समय बंगाल प्रदेश में प्रायः 75 लाख कृषि निर्भर मनुष्यों में से 20 लाख से कम कृषिजीवियों के पास 5 एकड़ अथवा उससे अधिक जमीन थी; भू-राजस्व प्रतिवेदन के अनुसार एक परिवार के पूरे वर्ष के भरण-पोषण के लिए पाँच एकड़ जमीन नितांत आवश्यक है। (अगर जमीन सिर्फ आमन धान के लिए उपयोगी हो तो कम से कम आठ एकड़ जमीन चाहिए)। कुल तीस लाख लोग मूलतः बँटाईदारी और/अथवा भूमिहीन किसान के रूप में मजदूरी के ऊपर निर्भर थे। 'भू-राजस्व कमीशन' के प्रतिवेदन में कहा गया था कि 1939 में बंगाल में जमीन के लिए बहुत तेज भूख थी। इसके अलावा उपयुक्त विनियोग के अभाव में प्रति एकड़ उत्पादन-क्षमता में कमी के लक्षण दिखाई दे रहे थे। एक अन्य, प्रायः समकालीन, तथ्य स्मरण करने योग्य है। इंडियन मेडिकल सर्विस के डायरेक्टर की 1933 की जाँच के अनुसार बंगाल में 31% लोग अत्यंत कुपोषण के प्रभाव में थे (इसकी तुलना में अखिल भारतीय औसत 26% था)। और केवल 22% लोग पुष्टिकर भोजन पाने के कारण स्वस्थ थे। (अखिल भारतीय औसत

39% था) अर्थात् अकाल के बहुत पहले से ही बंगाल में, भारत-जैसे गरीब देश के औसत की तुलना में भी, कुपोषण की स्थिति और अधिक निचले स्तर पर थी।

इस परिप्रेक्ष्य में अध्यापक अमर्त्य कुमार सेन की, साधारण रूप से अकाल की प्रकृति के संबंध में और विशेष रूप से 1940-44 के बंगाल के अकाल के संबंध में—खोज ध्यान देने योग्य है। बंगाल के इस अकाल के अलावा 1970 के दशक में इथोपिया और बंगला देश के अकाल संबंधी तथ्यों की खोज में अमर्त्य सेन की नई चिंता का रुख—स्वामित्व-अधिकार के साथ विनिमय-अधिकार (Exchange entitlement) का सूत्र पकड़कर—इस बात को रेखांकित करने की कोशिश है कि अकाल किस वर्ग के लोगों को पीड़ित करता है। 'परिदान अधिकार' का अर्थ है, वह क्षमता, जिसके द्वारा लोग सामाजिक कानून के रास्ते से "खाद्य-पदार्थ का संग्रह करने में समर्थ होते हैं, जैसे उत्पादन करने का अधिकार, लेन-देन की व्यवस्था और सरकार से की गई माँग और दूसरे तरीकों से खाद्य-पदार्थों को संग्रह करने की प्रक्रिया।" एक ओर विनिमय की यह प्रक्रिया तथा दूसरी ओर स्वामित्व के रुझान को देखने की जरूरत है। केवल प्रति व्यक्ति कितना खाद्य-पदार्थ मौजूद है, इस औसत हिसाब से अकाल में लोग क्यों मरते हैं और कौन लोग मरते हैं—इसका उत्तर नहीं पाया जा सकता। वास्तविक रूप से अमर्त्य सेन के आँकड़ों के अनुसार, बंगाल प्रदेश में 1943 में खाद्य-भंडार में पिछले पाँच वर्षों के औसत से केवल 5 प्रतिशत कम और 1941 से 13% ज्यादा था। दरअसल 1942-44 में बंगाल के परिदान अधिकार में एक बड़ा विपर्यय उपस्थित हुआ था। युद्धकालीन अर्थनीति के कारण बहुत अधिक परिमाण में नोट छापे गए थे, जिसके फलस्वरूप मुद्रास्फीति आई थी। युद्धकालीन व्यय के फलस्वरूप कुछ लोगों के हाथों पैसे एकत्र हुए थे जिससे क्रय-क्षमता स्वाभाविक रूप से बढ़ गई थी। चावल के बाजार में सट्टेबाजी और गोदामों में रखे हुए चावल को रोक लेने से कालाबाजारी आदि बढ़ रहे थे। इसका कुल परिणाम यह था कि व्यवसायी वर्ग के लोगों का लाभ बढ़ रहा था, मजदूरी, खासकर खेत-मजदूर की मजदूरी नहीं बढ़ी, चावल का दाम छोटे किसान और खेत-मजदूर की क्रय-क्षमता के बाहर चला गया, शहरी वेतनभोगी वर्ग के लोग, चावल का दाम बढ़ जाने के बावजूद, सरकारी राशन-व्यवस्था की बदौलत किसी प्रकार बचे रहे। सामान्यतः कहा जा सकता है कि इस प्रकार विभिन्न वर्गों के विनिमय-अधिकार के विपर्यय के फलस्वरूप अथवा स्वामित्व के उलट-फेर के कारण विनिमय-अधिकार से महरूम अथवा स्वामित्व से महरूम वर्ग पहले अनटन (अभाव), फिर आधा पेट भोजन की स्थिति में और अंत में अकाल के मुँह में जा पड़ा। अकाल एक ऐसी घटना है जिसे इस वृहत्तर प्रक्रिया के अंग के रूप में देखने की जरूरत है।

यहाँ एक प्रासंगिक खोज उल्लेख योग्य है : 'आधुनिक बंगाल में संपन्नता और

अनटन (अभाव)' नामक पुस्तक में पॉल ग्रीनो ने 1943-44 के अकाल के संबंध में नृशास्त्रीय—ऐतिहासिक दृष्टिकोण से नई रोशनी डाली है। उनकी दृष्टि एक ओर गत एक सौ वर्षों की कृषि-व्यवस्था की क्रमिक अवनति के इतिहास की ओर, दूसरी तरफ बंगाली संस्कृति में किसी एक विगत संपन्नतावाले स्वर्णयुग में विश्वास, और धन-धान्य की धारणा तथा धान के प्रतीकात्मक व्यवहार आदि के ऐतिहासिक तात्पर्य की ओर थी। ग्रीनो के मतानुसार बंगाल की कृषि में क्रमिक अवनति की अंतिम मार थी 1943 का अकाल। बंगाल के सांस्कृतिक जीवन और लोकविश्वास में जड़ जमाए सोने के बंगाल (सोनार बांग्ला) की तत्कालीन छवि को उसने चूर-चूर कर दिया था। ग्रीनो की खोज में एक बहुत महत्त्वपूर्ण प्रश्न यह है कि अकाल से क्यों इतने बंगाली निरुपाय भाव से काल के गाल में समा गए? उन्होंने प्रतिवाद क्यों नहीं किया? उनके मतानुसार इसके लिए जिम्मेदार हैं बंगाली संस्कृति और लोकजीवन में राजा-प्रजा, रक्षक-रक्षणीय, दया-धर्म, कृपा-प्रार्थना जैसी धारणाओं का आधिपत्य। यह एक विचारणीय विषय है। अनेक लोगों ने लक्ष्य किया है कि जब हजारों लोग कलकत्ते के फुटपाथों पर मर रहे थे तो वे भीख माँगते हुए मर रहे थे, मगर जोर-जबरदस्ती कुछ छीन लेने की कोशिश नहीं करते थे। संभवतः ग्रीनो और दूसरे अनेक विद्वान प्रतिवाद के अभाव को बहुत बढ़ा-चढ़ाकर देखते हैं। बंगाल की खुफिया पुलिस के रिकार्डों से पता चलता है कि 1942 में धान के अनेक गोले लूट लिए गए थे (विशेषकर राजनैतिक चेतना के केंद्र-स्थल मेदिनीपुर में)। औस-धान की कटाई के बाद धान लूटने की 1943 में घटी घटनाओं को पुलिस के रोजनामचों में डकैती का नाम दिया गया था। यह भी याद रखना होगा कि पास में ही सेना की उपस्थिति और युद्धकालीन प्रशासनिक कठोरता के सामने किसानों और मजदूरों के लिए प्रतिवाद करना आसान न था। महायुद्धकालीन इस अस्वाभाविक अवस्था की समाप्ति के कुछ वर्षों बाद तेभागा आंदोलन में प्रतिवाद-मुखर किसानों की ओर देखकर अथवा 1942 में कांग्रेस द्वारा प्रेरणा प्राप्त मेदिनीपुर की ओर देखकर लगता है कि राजनैतिक चेतना पर निर्भर होकर सक्रिय होने की क्षमता बंगाली किसानों में थी; निश्चेष्ट सहनशीलता उनका चिरंतन चरित्र नहीं है।

II

अकाल, 1853-1943

दूसरे अध्याय में 19वीं शताब्दी में जनसंख्या पर अकाल के प्रकोप के बारे में बताया जा चुका है। अकाल की व्यापकता का कारण वर्षा न होना था। इसी कारण यह भाग्यवादी बात प्रचलित है कि "इस देश में खेती करना मौसम को लेकर जुआ

खेलने की तरह है।" साधारणतया अकाल के साथ-साथ महामारी, विशेषकर हैजा की तरह के आंत्रिक रोग दिखाई पड़ते हैं। टेबुल 5.1 से बड़े अकालों के कुफल का अंदाजा लगाया जा सकता है :

टेबुल 5.1
भारत में अकाल का प्रकोप, 1853-1943

वर्ष	अंचल	अकाल पीड़ित जनसंख्या (लाख में)	मृतकों की संख्या (लाख में)
1853-55	मद्रास, बंबई प्रेसीडेंसी, राजस्थान	200	अज्ञात
1860-61	पंजाब, राजस्थान, कच्छ, विशेषकर वर्तमान उत्तर प्रदेश का पश्चिमी भाग	130	20
1862	साधारणतया दक्षिणी भारत	अज्ञात	अज्ञात
1866-67	बिहार, मद्रास का उत्तरी भाग, हैदराबाद, दक्षिणी मैसूर, विशेष रूप से उड़ीसा	118	9.6
1868-70	गुजरात, बंबई, वर्तमान उत्तर प्रदेश का दक्षिणी भाग, विशेष रूप से राजस्थान, मध्यप्रदेश	210	4.2
1873-74	मध्यप्रदेश, बिहार, बंगाल	170	अज्ञात
1876-78	वर्तमान उत्तर प्रदेश, हैदराबाद, मैसूर, मद्रास, विशेषकर बंबई प्रेसीडेंसी	364	43
1877-78	कश्मीर, वर्तमान उत्तर प्रदेश	अज्ञात	12.5
1888-89	उड़ीसा, मद्रास का गंजाम जिला, बिहार	12.5	1.5
1896-97	राजस्थान, वर्तमान उत्तर प्रदेश का पश्चिमी भाग, बंबई, हैदराबाद, मद्रास, विशेषकर मध्यप्रदेश	969	51.5

1899-1900	मध्यप्रदेश, बंबई, हैदराबाद, राजस्थान, पूर्वी पंजाब, पश्चिमी भारत के देशी राज्य	595	10
1905-06	बंबई प्रेसीडेंसी	अज्ञात	0.2
1906-07	उत्तर बिहार	130	अज्ञात
1907-08	मद्रास, बंबई, विशेषरूप से उत्तर प्रदेश, मध्यप्रदेश	500	अज्ञात
1943-44	विशेष रूप से बंगाल, आंशिक रूप से उड़ीसा और मद्रास	600	20

(स्रोत: 'अकाल अनुसंधान परिषद्' का प्रतिवेदन आदि; प्रवीण बिसारिया द्वारा लिखित 'केम्ब्रिज इकोनामिक हिस्ट्री ऑफ़ इंडिया', भाग 2; उपरोक्त संख्याएँ तत्कालीन प्रशासन का अनुमान कही जा सकती हैं।)

अकाल के फलस्वरूप केवल मौत ही नहीं होती थी बल्कि कृषि-व्यवस्था कई सालों के लिए डावाँडोल हो जाती थी, जिसका कारण था खेती के काम में आनेवाले पशुओं की मृत्यु, उपजाऊ जमीन के परती पड़ जाने से होनेवाली क्षति और किसान की संचित पूँजी के नष्ट हो जाने से पूँजी-विनियोग में किसान की अक्षमता इत्यादि। इन सब दूरगामी परिणामों को सम्हाल पाने में अक्षम होते हुए भी 20वीं शताब्दी के आरंभिक वर्षों में देखा जाता है कि महामारी तथा भूख से अकाल-पीड़ितों को बचाने के लिए अंग्रेज सरकार ने एक व्यवस्थित कार्य-सूची (famine code) अपनाई। आजकल के दिनों में भी इस दुर्भिक्षकालीन प्रशासनिक कार्य-सूची को अपनाया जाता है। किंतु यह था दुर्भिक्ष का सामयिक समाधान। अकाल का प्रभाव बहुत गंभीर होता था। ये अकाल संकटकाल की तरह दिखाई देते हैं, किंतु इनके पीछे दैनंदिन अन्नाभाव है, जो समाचारपत्रों में अथवा सरकारी दस्तावेजों में उल्लेख करने योग्य नहीं माना जाता। दूसरे अध्याय में हमने देखा है कि औसत आय कितनी कम थी, जो अस्वास्थ्यकर परिस्थिति और पौष्टिक खाद्य-पदार्थों के अभाव का सूचक था। जहाँ पर प्रति व्यक्ति खाद्य-पदार्थ कम होता जा रहा हो, वहाँ पौष्टिक पदार्थों की संभावना कहाँ है ? (टेबिल 5.2)

टेबुल 5.2
खाद्य-पदार्थों की प्रति व्यक्ति वार्षिक आपूर्ति (टन के हिसाब से)

	1901	1911	1921	1931	1941	1946
जार्ज ब्लिन की गणना के अनुसार (ब्रिटिश भारत)	0.23	0.23	0.22	0.20	0.16	0.16
शिव सुब्रह्मण्यम की गणना के अनुसार (संपूर्ण भारत)	0.20	0.20	0.20	0.18	0.15	0.14
एलेन हेस्टन की गणना के अनुसार (संपूर्ण भारत)	0.17	0.18	0.18	0.17	0.15	0.16

(स्रोत: हेस्टन कृत 'केम्ब्रिज इकोनामिक हिस्ट्री ऑफ इंडिया' भाग 2, पृ. 460 एवं ब्लिन तथा शिव सुब्रह्मण्यम, पूर्वोल्लिखित ग्रंथसूची द्रष्टव्य)

उपरोक्त टेबुल में खाद्य-पदार्थों के रूप में चावल, गेहूँ, बाजरा, जौ, ज्वार, मक्का, चना, और दालों को गिना गया है। 1921 से 1946 के मध्य तक इन सब खाद्य-पदार्थों की प्रति व्यक्ति आपूर्ति 30% कम होते देखी गयी है। शिव सुब्रह्मण्यम की गणना में, हेस्टन की गणना में यह कमी 15% है, यद्यपि उत्पादन के सरकारी आँकड़ों के बारे में हेस्टन को संदेह है और मुझे हेस्टन की गणना के बारे में संदेह है। यहाँ पर मोटे तौर पर हेस्टन तथा दूसरे लोगों की गणनाओं में एक ही रुझान देखा जाता है। (हालाँकि खाद्य-पदार्थों की आपूर्ति किस परिमाण में कम हुई, इसे लेकर मतभेद है)। हेस्टन का अनुमान है कि खाद्य-पदार्थों की आपूर्ति कम होने की स्थिति में लोग उनके बदले फल और तरकारियाँ खरीदकर खा रहे थे। इस मंतव्य पर कोई टिप्पणी करना बेकार है।

तो फिर असल मुद्दा यह खड़ा होता है कि ब्रिटिश शासन काल के कुछ अंतिम वर्षों में प्रति व्यक्ति खाद्य-पदार्थों की आपूर्ति कम हो रही थी। हमने पहले ही लक्ष्य किया है कि इंडियन मेडिकल सर्विस के डायरेक्टर सर जान मेगा की खोज के अनुसार 1933 में ब्रिटिश भारत के गाँवों के 26% लोग अपौष्टिकता से पीड़ित थे। ये कौन लोग थे ? आइए, दुर्भिक्ष-आयोगों के एक-आध प्रतिवेदन देखें। 1860-61 में उत्तर भारत के संबंध में बेयर्ड स्मिथ के प्रतिवेदन के अनुसार ये थे भूमिहीन

खेतिहर मजदूर, तथाकथित छोटी जातियों के लोग जैसे चमार और जुलाहे। गृह-उद्योग के नष्ट हो जाने के फलस्वरूप जुलाहों की स्थिति कितनी गिर गई थी, यह हम पहले ही देख चुके हैं। विशेषकर 1860-64 के दिनों में उनकी हालत बहुत खराब हो गई थी, क्योंकि दुनिया के बाजार में रुई का दाम बढ़ जाने से प्रचुर परिमाण में रुई भारत से निर्यात हो रही थी। फलस्वरूप देशी जुलाहों के लिए कच्चे माल के रूप में रुई की आपूर्ति गिर गई थी और उसके दाम बढ़ गए थे। 1866-67 के अकाल से पीड़ित लोगों में ग्रामीण कारीगरों की संख्या बहुत बड़ी थी। विशेष-रूप से बिहार के नोनियाँ लोगों (ये गंधक का उत्पादन करते थे, निर्यात के फलस्वरूप इनका व्यवसाय नष्ट हो गया) की। 1873-74 के दुर्भिक्ष-आयोग के प्रतिवेदन में ग्रामीण कारीगर उपस्थित हैं। फिर भी सभी क्षेत्रों में भूमिहीन खेतिहर मजदूरों की संख्या सबसे अधिक है। 19वीं शताब्दी के मजूरी के आँकड़े पाना बहुत मुश्किल है। फिर भी लगता है यह खाद्य-पदार्थों के दामों के साथ ताल-मेल रखकर नहीं बढ़ी और कृषि-मजदूरों की संख्या 19वीं शताब्दी के अंतिम वर्षों में किस दर से बढ़ रही थी, यह हम जानते हैं। नृशास्त्री अध्यापक तारक दास ने हिसाब लगाया था कि 1943 के अकाल के समय कलकत्ते में पाए गए पीड़ितों के बीच 40% दैनिक मजदूर थे और 54% अनुसूचित जाति के अंतर्गत आनेवाले लोग थे।

III

अकालों पर बहस

हमने देखा कि अकाल एक अस्वाभाविक घटना है, मगर उसकी जड़ें स्वाभाविक अवस्था के भीतर निहित होती हैं। इस परिप्रेक्ष्य में भारत सरकार को संबोधित रमेश चंद्र दत्त के विख्यात प्रस्ताव (1900) पर ध्यान देना जरूरी है। हालाँकि बड़े लाट कर्जन साहब ने तुरंत इस प्रस्ताव को नामंजूर कर,दिया था और श्री दत्त के साथ वाद-विवाद का एक सिलसिला शुरू किया था, फिर भी इस प्रस्ताव का मूल्य यह हैं कि यह केवल सामयिक दुर्भिक्षकालीन सहायता-प्रस्ताव नहीं है, बल्कि अकाल के कारणों के बारे में भी यह हमें जानकारी देता है। रमेशचंद्र दत्त के अनुसार ये कारण इस प्रकार हैं : भू-राजस्व निर्धारण के स्थायित्व का अभाव, कृषि-उत्पादन की तुलना में भू-राजस्व का अन्यायपूर्ण ढंग से अधिक होना, जिसके फलस्वरूप अधिकांश किसानों का ऋणग्रस्त होना। उनका प्रस्ताव था कि भू-राजस्व के स्थायी बंदोबस्त की व्यवस्था की जाए एवं भू-राजस्व की उच्चतम सीमा जमीन मालिक के खेत में होनेवाले कुल उत्पादन के आधे के बराबर हो (अर्थात् उत्पादन की बाजार-दर से उत्पादन का खर्च निकालकर जो मूल्य आँका

जाए, उसका आधा) और भू-राजस्व की उच्चतम सीमा दूसरे कृषिजीवियों के लिए कुल उत्पादन का पाँचवा हिस्सा हो । कर्जन साहब ने यह स्वीकार नहीं किया कि भू-राजस्व का अधिक होना ही गाँव की दरिद्रता और अकाल का कारण है । उनका दावा था कि इसके विपरीत अंग्रेज सरकार ने अकाल का निवारण किया है । कुछ विदेशी गवेषणाओं में अंग्रेज सरकार के इस मत को आधुनिक युग में नई सजावट के साथ फिर से पेश किया जा रहा है । उदाहरण के लिए श्रीमती मिशेल मैकाल्पिन का शोध प्रबंध 'अकाल-पीड़ित पश्चिमी भारत में खाद्याभाव तथा आर्थिक परिवर्तन–1860-1920' (1983) । इस तर्क-प्रणाली को अच्छी तरह समझ लेना जरूरी है, क्योंकि सांस्कृतिक औपनिवेशिकता के कारण हमारी अनुकरणप्रियता बहुत प्रबल हो गई है और लगता है शीघ्र ही इस विचारधारा के अनुरूप गवेषणा हमारे अपने देश में पैदा होगी । मैकाल्पिन का वक्तव्य मोटे तौर पर निम्नलिखित है : (1) वर्षा, उत्पादन की दर, जनसंख्या आदि के आँकड़ों के आधार पर उन्होंने दिखाया है कि अकाल का कारण प्राकृतिक होता है अर्थात सूखा । (2) महाराष्ट्र में 1860-1920 की अवधि में भू-राजस्व का वास्तविक मूल्य क्रमशः कम हुआ है, जिसका कारण है कृषि-पदार्थों के मूल्य में क्रमिक वृद्धि । (3) इसके अलावा अंग्रेज सरकार ने राहत की व्यवस्था करके दुर्भिक्ष के प्रकोप को हल्का किया है । (4) रेल-पथों के निर्माण और विस्तार के साथ-साथ अकाल का प्रभाव सीमित हुआ है और किसानों की आमदनी में वृद्धि हुई है । (5) जो किसान जमीन के मालिक हैं उन्होंने कृषि के बाजार में वृद्धि और कृषि-पदार्थों के प्रसार के साथ तालमेल रखकर अपनी सुविधा के अनुसार फसलें पैदा की हैं और कृषियोग्य जमीन के परिमाण में वृद्धि की है। इस प्रकार समग्र रूप से ग्रामीण अर्थव्यवस्था की प्रगति हुई है। निश्चय ही इस प्रगति में भूमिहीन मजदूर भी शरीक हुए होंगे, क्योंकि विकासवान किसान की जमीन में भूमिहीन मजदूरों के लिए मजदूरी करने का अवसर प्राप्त हुआ और निश्चय ही मजदूरी बढ़ी होगी । (6) मैकाल्पिन स्वीकार करती हैं कि किसानों का ऋण-भाग तो बढ़ा है, किंतु वह स्वाभाविक है । यहाँ तक कि शायद इसे किसानों की संपन्नता का प्रमाण माना जा सकता है, क्योंकि अगर ऐसा न होता तो उन्हें इतना ऋण कैसे मिलता ।

उपरोक्त निष्कर्षों के समर्थन में तरह-तरह से आँकड़ों का कौशल दिखाया गया है, किंतु आँकड़ों की इस आधारशिला में बड़ी-बड़ी दरारें हैं और दूसरी बात यह है कि अनेक तथ्यों के सही होने पर भी उसके द्वारा निष्कर्षों का समर्थन नहीं होता । आँकड़ों के बारे में एक चिंता की बात यह है कि श्रीमती मैकाल्पिन ने 1856 से कृषि-उत्पादन इत्यादि के बारे में जो आँकड़े दिए हैं वे शायद सरकारी आँकड़ों का ही 'संशोधन' है (पृष्ठ 265), किंतु उन्होंने संशोधन-प्रणाली का कहीं उल्लेख नहीं किया है । इसके अलावा उन्होंने दुर्भिक्ष-कमीशन में दी गई मृत्यु- संख्या के

आँकड़ों को अस्वीकार कर दिया है और पंजीकृत मृत्यु के आँकड़े ही लिए हैं, जो जानी-मानी बात है कि ये वास्तविक मृत्यु संख्या से बहुत नीचे होते हैं। समीक्षकों ने और एक गड़बड़ की है। उनके हिसाब से 1850 के पहले भू-राजस्व कुल उत्पादन का 70 से 90% था और 1900 में 10 से 20% कम हो गया था। 1850 के पहले इतनी ऊँची दर पर राजस्व की संभावना संदेहास्पद है। समीक्षकों के मतानुसार इस बात की प्रबल संभावना है कि काफी कृषियोग्य जमीन सरकारी माप और राजस्व-बंदोबस्त के बाहर छूट गई हो अथवा प्रति एकड़ उत्पादन 1850 से पहले अधिक रहा हो। इन दोनों बातों की संभावना है और ये दोनों ही मैकाल्पिन के विरुद्ध जाती हैं। पहली संभावना अगर सच हो तो कहा जाएगा कि 1850 के बाद कृषियोग्य भूमि का विस्तार नहीं हुआ। केवल छूटी हुई कृषियोग्य जमीन सरकारी माप और सरकारी हिसाब में आई। किंतु मैकाल्पिन का वक्तव्य है कि 1860-1920 की अवधि में कृषियोग्य जमीन बढ़ी थी और यह कृषि की प्रगति का प्रमाण है। दूसरी संभावना अगर सच हो तो कहा जाएगा कि 1860-1920 की अवधि में प्रति एकड़ उत्पादन कम हुआ है, अर्थात् अगर कृषियोग्य भूमि का विस्तार भी हुआ हो तो भी प्रति एकड़ उत्पादन की क्रमिक अवनति के कारण कृषि की आय को एक अज्ञात विभाजक कम किए दे रहा है, अर्थात मैकाल्पिन का यह अनुमान गलत है कि कृषियोग्य जमीन की वृद्धि का सीधा अर्थ है किसान की संपन्नता।

इससे भी बड़ी समस्या यह है कि मैकाल्पिन के निष्कर्षों में कई दरारें हैं, जैसे वे कहती है कि बीसवीं शताब्दी में कृषि की बहुत बड़ी प्रगति हुई थी और अकाल का युग समाप्त हुआ था। "परिवहन व्यवस्था तैयार होने के कारण क्रम-वर्द्धमान अर्थनीतिक सुअवसर के विकास के कारण और अंग्रेज शासन-व्यवस्था की कोशिशों के कारण ऐसा हुआ था।" परिवहन की उन्नति होने से क्या किसान की आय बढ़ गई? मैकाल्पिन के मतानुसार, महाराष्ट्र में रेलपथ के आगमन के साथ-साथ किसान को "अतिरिक्त फसल बाज़ार में ले जाने का सुअवसर मिला।" और "हालाँकि किसानों को कितना दाम दिया जाता था इसके पर्याप्त तथ्य सामने नहीं हैं, फिर भी यह मान लेना युक्तियुक्त होगा कि परिवहन के खर्च में कमी होने के साथ-साथ किसानों को ज्यादा दाम दिया गया होगा।" (पृष्ठ 149)। उपरोक्त मंतव्य में जो बात मान ली गई है वह वास्तव में हुई थी कि नहीं इसमें संदेह है, क्योंकि किसी भी तर्क से वस्तुओं के बाजार में पहुँचने की प्रक्रिया में बनियों को हटा देना संभव नहीं है। और विशेषरूप से उनमें से जिन लोगों ने किसान को ऋण दिए थे अथवा बयाने दिए थे, फसलों का क्रय मूल्य उन्हीं के नियंत्रण में था। हमने पहले ही देखा है (अध्याय 4) कि कच्ची रुई के बाजार में इस नियंत्रण के अलावा विभिन्न स्तरों पर दलालों और व्यापारियों की पर्याप्त संख्या थी, जो लाभांश में हिस्सा लेते थे। नए तथ्यों के अभाव में सामान्यतया कृषकों की प्रगति का यह सिद्धांत प्रमाणों

के अभाव में माना नहीं जा सकता।

अगर शुद्ध रूप से तर्क की खातिर परिवहन और बाजार आदि के फलस्वरूप जमीन के मालिक किसानों की प्रगति को हम मान लें तो भी श्रीमती मैकाल्पिन के निष्कर्षों में से पाँचवा निष्कर्ष (उपरोक्त) प्रमाणित नहीं होता। क्या यह प्रमाणित होता है कि जमीन के मालिक संपन्न किसानों की प्रगति में कृषि मजदूर शरीक हुआ था? श्रीमती मैकाल्पिन ने श्रमिकों के वेतन-संबंधी कोई तथ्य प्रस्तुत नहीं किए हैं। उनका यह अनुमान है कि नए प्रकार की फसलों के उत्पादन के कारण "संभवत: मजदूरों के श्रम की माँग बढ़ी थी, इसीलिए उन्हें भी कृषि-आय में वृद्धि का एक अंश प्राप्त हुआ था" (पृष्ठ 158), मगर ऐसा होना एकदम जरूरी नहीं है। याद रखना होगा कि भूमिहीन किसानों की संख्या बढ़ रही थी, फलस्वरूप चाहे उनके श्रम की माँग बढ़ी हो, उसकी आपूर्ति भी बढ़ रही थी। अतएव वेतन-वृद्धि की तरफ रुझान बढ़ने की अपेक्षा कम होने की ज्यादा संभावना है। इसके अलावा अगर जमीन-मालिक किसानों की स्थिति में प्रगति हो रही थी तो क्या कारण था कि किसान अपनी भूमि खोकर भूमिहीन मजदूरों की संख्या बढ़ा रहे थे?

शायद ये सब समस्याएँ श्रीमती मैकाल्पिन की दृष्टि में नहीं आईं, क्योंकि उन्होंने भूमिहीन मजदूरों की ओर प्राय: ध्यान ही नहीं दिया, हालाँकि यही लोग अकाल के शिकार हुए थे। भूमिहीन मजदूरों की ओर ध्यान न देकर उन्होंने कृषियोग्य भूमि के विस्तार और नए कृषि-उत्पादनों के ऊपर जोर दिया है, किंतु लगान (रैयतवारी प्रथावाले इलाके में भी काश्तकार लोग जमींदार को जो लगान देते थे) और सूद (जो ऋणग्रस्त किसान द्वारा महाजन अथवा विकासमान किसान को दिया जाता था) के रूप में किसान की आमदनी का जो हिस्सा निकल जाता था उसकी तरफ इन्होंने विशेष ध्यान नहीं दिया। उन्होंने भूमिहीन किसान की ओर जरा भी ध्यान नहीं दिया, क्योंकि उनका अनुमान था कि ये बड़े किसानों की संपन्नता में शरीक थे। इसमें संदेह नहीं कि विकासशील किसानों की एक श्रेणी तैयार हो रही थी, किंतु इसी से सभी कृषिजीवी लोगों की आर्थिक स्थिति के संबंध में साधारणीकरण करना उचित नहीं है। श्रीमती मैकाल्पिन के साथ यहाँ तक सहमत हुआ जा सकता है कि विकासशील किसान की आय के साथ ऋण लेने की उसकी क्षमता भी बढ़ती है, अतएव सभी मामलों में ऋणग्रस्त होने का मतलब आर्थिक विपन्नता नहीं है। गरीब किसानों में प्रति व्यक्ति ऋण का परिमाण कम है, क्योंकि उसकी आय और उसकी संपत्ति भी कम है, बंधक रखने के लिए जमीन भी उसके पास कम है, ऋण चुकाने की उसकी क्षमता भी सीमित है, इसलिए महाजन उसे ज्यादा ऋण नहीं देगा। किंतु प्रश्न यह है कि किसान का ऋण-भार उसकी आय और उसकी संपत्ति की तुलना में कितना है? और जो पैसा वह उधार ले रहा है वह उत्पादन में विनियोजित होकर वापस आ रहा है अथवा केवल उसके

पेट भरने के काम में खर्च हो रहा है ? विभिन्न स्तर के किसानों के लिए इस प्रश्न का, विभिन्न परिस्थिति में, उत्तर किस प्रकार भिन्न-भिन्न होगा, इस ओर ध्यान न देकर, रमेश दत्त आदि ने जो मंतव्य प्रकट किए थे उन्हें श्रीमती मैकाल्पिन यों ही उड़ा नहीं सकतीं ।

अतएव हम देखते हैं कि श्रीमती मैकाल्पिन द्वारा प्रतिपादित अधिकांश निष्कर्ष विवेचन में टिक नहीं पाते । केवल उनके एक और दो नंबर निष्कर्ष स्वीकार किए जा सकते हैं । रमेशचंद्र दत्त और राष्ट्रीयतावादी इतिहासकारों में से अनेक ने इस बात की ओर उतना ध्यान नहीं दिया कि भू-राजस्व का भार क्रमशः कृषि के विस्तार तथा उत्पादन-मूल्य की तुलना में कम हो सकता है । मैकाल्पिन ने हमें दिखाया है कि बीसवीं शताब्दी के आरंभ में महाराष्ट्र में ऐसा हुआ था, परंतु उन्होंने वह प्रश्न नहीं उठाया जो ज्यादा महत्त्वपूर्ण था । वह प्रश्न है : राजस्व का अनुपात कम होने के फलस्वरूप किसान के हाथ में कितना पैसा आया और लाभ का कितना गुड़ बनिया रूपी चींटियों ने खा लिया; जिनमें महाजन, खुदरा विक्रेता, फटकेबाज; और खुदरा खरीद करनेवाले दलाल आदि शामिल हैं । दूसरा निष्कर्ष कि अकाल का एक कारण सूखा है, इसे सभी मानते हैं । रमेशचंद्र दत्त भी । यह तर्क का विषय नहीं है ।

अध्याय : छह

औपनिवेशिक निरुद्योगीकरण और कुटीर उद्योग का हाल

निरुद्योगीकरण का अर्थ है उद्योग का पतन अथवा उद्योगीकरण के विपरीत स्थिति। उद्योगीकरण का लक्षण है कृषिकर्म से उत्पन्न राष्ट्रीय आय की तुलना में आनुपातिक रूप में शिल्पकर्म से उत्पन्न अंश में वृद्धि और शिल्पकर्म में नियोजित जनसंख्या का कृषिकर्म में नियोजित मनुष्यों के अनुपात में बढ़ना। अगर इसके विपरीत होता है, अर्थात अगर देशवासी शिल्पकर्म छोड़कर खेती को जीविका अर्जन करने का आधार बनाना शुरू करें अथवा राष्ट्रीय आय में कृषि का अंश बढ़ता रहे और शिल्प का अंश कम होता रहे तो उसे निरुद्योगीकरण (de-industrialisation) कहा जा सकता है।

राष्ट्रीयतावादी अर्थशास्त्रियों ने अंग्रेजी शासन में इस प्रवृत्ति के ऊपर बहुत जोर दिया था। इनमें प्रमुख थे—रमेशचंद्र दत्त, महादेव गोविंद राणाडे, मदन मोहन मालवीय इत्यादि। राजनीतिकर्मियों के बीच बंग-भंग आंदोलन के समय विलायती कपड़ा छोड़कर "माँ का दिया मोटा कपड़ा" पहनने और ग्रामीण उद्योग तथा हस्तशिल्प के बारे में गाँधी जी की चिंता के पीछे यही भाव था। दूसरी ओर अनेक अर्थशास्त्री, विशेषकर विदेशी अर्थशास्त्री, जो निरुद्योगीकरण के मामले को दूसरे रूप में देखते हैं, उनमें से एक दल कहता है कि निरुद्योगीकरण हुआ ही नहीं। एक दूसरा दल कहता है कि हुआ था, किंतु उससे विशेष नुकसान नहीं हुआ क्योंकि भारत कृषिप्रधान देश है और शिल्प की प्रतियोगिता में उसकी हार निश्चित थी।

I

राष्ट्रीयतावादी मत

आइए, पहले हम राष्ट्रीयतावादी अर्थशास्त्रियों के तर्क को देखें। उन्होंने तत्कालीन अंग्रेज प्रशासकों के प्रतिवेदन, विदेशी पर्यटकों के भ्रमणवृत्तांत,

सरकारी अर्थनीतिक जाँचों इत्यादि के आधार पर 18वीं शताब्दी तक कुटीर उद्योग की जो अवस्था थी, उसमें 19वीं शताब्दी के शुरू से क्रमशः अवनति दिखाई है। इस विचारधारा से संबंधित आलोचना इतनी परिचित है—मसलन रोम साम्राज्य से लेकर ब्रिटिश साम्राज्य तक बंगाल के उत्कृष्ट सूती कपड़ों की माँग इत्यादि, कि उसको फिर से दुहराना मैं बेकार समझता हूँ। इस तरह के वक्तव्य निश्चय ही अधिकांशतः आँकड़ाविहीन हैं अर्थात इनसे ठीक-ठीक हिसाब लगाना मुश्किल है कि उद्योग में, विशेषकर पूरे भारत के परिप्रेक्ष्य में, कितनी अवनति हुई थी, किंतु रमेशचंद्र दत्त अथवा मदनमोहन मालवीय ने अपने वक्तव्य आँकड़ों के आधार पर प्रस्तुत किए हैं। 19वीं शताब्दी के आरंभ से आयात-निर्यात के हिसाब में देखा जा सकता है कि कुटीर उद्योग में पैदा होनेवाले शिल्प पदार्थों का निर्यात एक ओर कम हुआ है तो दूसरी ओर इंग्लैंड के शिल्प पदार्थों का आयात बढ़ा है, विशेषकर सूती कपड़ों के आयात में बढ़ोतरी लक्ष्य करने योग्य है : 1860 (मूल्य 96 लाख पौंड स्टर्लिंग) से 1880 के बीच तक (एक करोड़ 70 लाख पौंड स्टर्लिंग) और 1900 में (27 करोड़ पौंड स्टर्लिंग)। रमेशचंद्र दत्त आदि कहते हैं कि निर्यात में कमी का अर्थ है देशी शिल्प पदार्थों की माँग का विदेशी बाजार में 19वीं शताब्दी के आरंभ में कम होना और आयात बढ़ने का अर्थ है, देश के बाजारों से भी देशी शिल्प पदार्थों को उखाड़ बाहर किया जाना।

इस निरुद्योगीकरण में हमारे बाबू वर्ग और काले साहबों का योगदान भी कम नहीं है। धनंजय रामचंद्र गाडगील ने अपनी खोज में दिखाया है कि 19वीं शताब्दी में इन्होंने किस प्रकार साहबों के अनुकरण में विलायती कपड़े और आयातित विलास-सामग्री की तरफ अपना झुकाव दिखाया, जिसके फलस्वरूप देश के उच्च स्तर के और शहरी शिल्प पदार्थों का बाजार कम हो गया। इसके विपरीत ग्रामीण शिल्पी वर्ग के लोग गाँवों के अपने गरीब खरीददारों के हित में और ज्यादा प्रवृत्त रहे। कुल मिलाकर हुआ यह कि भारत ने अपना शिल्पकर्म और उद्योग खो दिया और इंग्लैंड के शिल्प पदार्थों के बाजार के रूप में परिणत हो गया। वह केवल कृषि के ऊपर निर्भर होकर इंग्लैंड के बाजार के रूप में बदल गया।

19वीं शताब्दी की इस प्रवृत्ति के पीछे के इतिहास की भी एक झलक देख लेना ठीक होगा। 17वीं-18वीं शताब्दी में इंग्लैंड की ईस्ट इंडिया कंपनी के अलावा फ्रांसीसी, पुर्तगाली आदि कंपनियाँ भी प्रचुर भारतीय शिल्प पदार्थ—जैसे सूती और रेशमी कपड़े, नील, तरह-तरह के कुटीर उद्योग में उत्पन्न होनेवाली विलास-सामग्री—भारत से निर्यात करती थीं, अपने-अपने देशों में उनकी माँग की आपूर्ति के लिए। कोई-कोई भारतीय शिल्प पदार्थ, जो ऊँचे दाम का था—जैसे कुछ बहुत महीन सूती कपड़े। यूरोप का शिल्प उद्योग उसके साथ प्रतियोगिता नहीं कर पा रहा था इसलिए कानून बनाकर भारत से उन सब पदार्थों का आयात बंद

कर दिया गया। कुछ इतिहासकारों ने यह भी लिखा है कि अंग्रेजों ने भारतीय शिल्प उद्योग को नष्ट करने के लिए षड्यंत्र किया था, जैसे बंगाल के जुलाहों के अँगूठे काटकर उन्हें बुनाई के अयोग्य बना देना। लगता है यह सच नहीं है, क्योंकि अंग्रेज कंपनी के लाभ का स्रोत था कारीगरों का उत्पादन। भारत की असली मुश्किल वह नहीं थी। मुश्किल यह थी कि भारत में सस्ती दर पर खरीदकर यूरोप में बिक्री करने के लोभ में ईस्ट इंडिया कंपनी आदि ने परंपरागत भारतीय कारीगरों के ऊपर दबाव डालना शुरू किया—कपड़ा सस्ता दो, कंपनी का संरक्षण स्वीकार करो, कंपनी को छोड़कर और किसी को माल की बिक्री न करो और अगर तुम यह सब नहीं करोगे तो कंपनी के लठैतों और गुमाश्तों और साहबों के जूते खाओ। नरेंद्र कृष्णसिंह ने दिखाया है कि मुक्त वाणिज्य के समर्थक इंग्लैंड के अधीन होते हुए भी ईस्ट इंडिया कंपनी ने वास्तव में डंडे के जोर पर बंगाल के जुलाहों को एकाधिकारी व्यापार के जाल में फँसा रखा था। इस प्रकार के अत्यधिक शोषण के फलस्वरूप जुलाहों की हालत संकटग्रस्त हो गई थी और सूती कपड़ा उद्योग में देशी पूँजी सीमित होती जा रही थी। इसके फलस्वरूप देशी शिल्प-उद्योग की जो दुरवस्था थी, उसका हाल अनेक शोधकर्ताओं—मद्रास में सरदा राजू, आंध्र प्रदेश में रमनराव, गुजरात और महाराष्ट्र में आर. वी. चौकसी, बंगाल-बिहार में हरिरंजन घोषाल ने इसके विवरण दिए हैं। ऐसे में भारतीय शिल्प उद्योग को एक दूसरा बड़ा आघात लगा। वह था यूरोप की औद्योगिक क्रांति। यहाँ स्मरण रखना जरूरी है कि 19वीं शताब्दी के अंतिम दिनों में इंग्लैंड के शिल्प उद्योग का सबसे अग्रगामी भाग सूती कपड़ा उद्योग था। हाथ से बने सूती कपड़े की तुलना में मशीन से बने सूत और कपड़े उतने महीन न होते हुए भी बड़े परिमाण में उत्पादन के कारण बहुत सस्ते थे और अंग्रेज लोग अपने उपनिवेशों से कच्चा माल बहुत कम दाम में आयात कर लेते थे। औद्योगिक क्रांति के फलस्वरूप इंग्लैंड का आर्थिक हित भारत से सूती और रेशमी कपड़ों के आयात में नहीं रह गया था, बल्कि भारत से कच्चे माल का आयात और औद्योगिक माल के वहाँ निर्यात में निहित था। 19वीं शताब्दी के मध्य से, जिस समय की बात हम यहाँ कर रहे हैं, इंग्लैंड से भारत के औद्योगिक संबंध की यही मुख्य धारा थी।

II

क्या वास्तव में निरुद्योगीकरण हुआ?

राष्ट्रीयतावादी अर्थशास्त्रियों और हाल के भारतीय इतिहासकारों के द्वारा भारत में निरुद्योगीकरण की यह जो तस्वीर बनी थी, उसके विरोध में आजकल अनेक मत खोजकर्ताओं द्वारा पत्र-पत्रिकाओं में व्यक्त किए गए हैं। ये विरोधी मत मोटे तौर

पर निम्नलिखित प्रकार के हैं : (1) संभवतः 19वीं शताब्दी के आरंभ में भारत में निरुद्योगीकरण हुआ था, किंतु उसके बाद भारत में कल-कारखाने खुल गए थे और उस शताब्दी के अंत तथा बीसवीं शताब्दी के आरंभ में उक्त निरुद्योगीकरण का कोई प्रमाण नहीं मिलता; (2) निरुद्योगीकरण एकदम नहीं हुआ; (3) निरुद्योगीकरण हुआ तो था, मगर कृषि प्रधान भारत और उद्योग प्रधान इंग्लैंड के बीच अंतर्राष्ट्रीय श्रम विभाजन (division of labour) होना स्वाभाविक था और परस्पर लाभ के लिए था। ये मत स्वीकार्य हैं अथवा नहीं, इस पर हम संक्षेप में यहाँ चर्चा करेंगे।

उपरोक्त प्रथम मत के प्रवक्ता हैं श्री डैनियल थार्नर। उनका वक्तव्य यह है कि 1881 से 1931 के बीच भारतीय जनगणना के आँकड़ों में कृषि और उद्योग कर्म में नियोजित मनुष्यों के आँकड़ों से यह प्रमाणित नहीं होता कि निरुद्योगीकरण की प्रक्रिया शुरू हुई थी। ऊपरी तौर से देखने पर यह लग सकता है कि 1881 से 1931 के बीच कृषिकर्म में नियोजित मनुष्यों की संख्या बढ़ी थी (7.17 करोड़ से 10.02 करोड़) और उद्योग में कम हुई थी (2.11 करोड़ से 1.29 करोड़), जो कि निरुद्योगीकरण का प्रमाण है। आइए, हम नीचे की सारणी में 1881, 1901 और 1931 के वर्षों में आनुपातिक भाव से विभिन्न कामों में लगे हुए लोगों (कुल संख्या के शतांश के हिसाब से) का जायजा लिया जाय :

टेबुल नं. 6.1 : कार्य सूची (%)

	1881	**1901**	**1931**
	पुरुष/स्त्री	पुरुष/स्त्री	पुरुष/स्त्री
कृषिकर्म	65/57	68/68	72/70
साधारण मजदूरी	9/15	6/9	4/8
उद्योग	16/24	11/12	9/9
व्यापार	2/1	5/5	6/5
परिवहन	8/3	10/6	9/8

(स्रोत : डैनियल थार्नर, 'लैंड एंड लेबर इन इंडिया')

इससे लगता है कि प्रतिशत के हिसाब से कृषिकर्म में लोग बढे थे और उद्योग में कम हुए थे। यहाँ बता देना उचित है कि इन सब आँकड़ों में भी उद्योग में खनिज और निर्माण (Construction) अंतर्भुक्त हैं और कृषि में मछली मारना और वन-उत्पादन पर निर्भर लोग भी अंतर्भुक्त हैं।

थार्नर के अनुसार वास्तव में यह हिसाब इतना आसान नहीं है। इस मोटे

हिसाब के भीतर झाँककर थार्नर यह देखते हैं कि : (1) स्त्री-कर्मियों के संबंध में दिए गए आँकड़े समान रूप से निर्भर योग्य नहीं हैं। मर्दुमशुमारी अथवा जनगणना के अधिकारियों के प्रतिवेदन में कहा गया है कि स्त्री-कर्मियों में अधिकांश केवल नाम गिनाने को हैं, क्योंकि वे लोहार, कुम्हार अथवा मोची जाति की थीं और अपने पतियों के पेशे का अनुगमन करती थीं, अतएव स्त्री-कर्मियों के आँकड़ों को अस्वीकार कर दिया गया। (2) मर्दुमशुमारी में 'कृषि मजदूर' और 'साधारण मजदूर' (general labour) के पेशे के हिसाब से जिस तरह मनुष्यों की गणना होती थी, वह काम की नहीं है, क्योंकि यह 'साधारण मजदूरी' का मामला अस्पष्ट लगता है। मूलतः यह कृषि में लगे हुए मनुष्यों का ही एक नाम है। जनगणना के दौरान अलग-अलग समय पर अलग-अलग रूपों से 'साधारण मजदूर' के अंतर्गत वर्गीकरण किया गया है; हालाँकि प्रायः सभी साधारण मजदूर कृषि कर्म में नियोजित थे। अतएव साधारण मजदूर और कृषिजीवी मजदूर नामक मर्दुमशुमारी में दिखाई गई दोनों श्रेणियों के लोगों को जोड़कर एक श्रेणी मानी जा सकती है। (3) मर्दुमशुमारी के वर्गीकरण के संबंध में थार्नर ने यह भी प्रस्ताव किया है कि 'उद्योगकर्मी' और 'व्यापारी' कहकर जो वर्ग-विभेद किया गया है वह भी किसी काम का नहीं है। भारत में इतना सूक्ष्म वर्ग-विभाजन नहीं था। बहुत से उद्योगकर्मी अपनी चीजों को रास्ता-घाट और बाजार में खुद ही बेचते थे, अतएव इन दो श्रेणियों के लोगों को जोड़कर एक में रखा जा सकता है।

अगर थार्नर के उपरोक्त तीन प्रकार के वर्गीकरण को मान लिया जाए तो उपरोक्त सारणी का स्वरूप एकदम बदल जाएगा।

टेबुल 6.2

कार्य-सूची (पुरुष) : प्रतिशत के हिसाब से

	1881 पुरुष	1901 पुरुष	1931 पुरुष
कृषि-कर्म और साधारण मजदूरी	65+9=74	68+6=74	72+4=76
उद्योग और व्यापार	16+2=18	11+5=16	9+6 =15
परिवहन	8	10	9

(स्रोतः डैनियल थार्नर, पूर्वोक्त)

इससे जो चीजें सामने आ रही हैं वे बड़ी मजेदार हैं : जनगणना के हिसाब से पहली सारणी दिखा रही है कि 1881-1931 में कृषि-कर्म में 6% (पुरुष) और

13% (स्त्री) की वृद्धि हुई है और उद्योग-कर्म में 9% (पुरुष) और 15% (स्त्री) की कमी हुई है। उन्हीं तथ्यों को दूसरे ढंग से सजाकर रखने पर दूसरी सारणी दिखा रही है कि कृषि और साधारण मजदूरी में 1881-1931 के बीच केवल 2% (पुरुष) की वृद्धि हुई है और उद्योग तथा व्यवसाय में केवल 30% का ह्रास हुआ। इन्हीं मजेदार निष्कर्षों के कारण यहाँ पर थार्नर के वक्तव्य का थोड़ा विस्तार से उल्लेख किया गया है। संक्षेप में उनका अभिमत यह है कि 1881 से बहुत मामूली निरुद्योगीकरण हुआ है।

इस मत के विरोध में कहा गया कि (क) महिला कर्मियों के हिसाब को अग्राह्य नहीं किया जा सकता। यह ठीक है कि जनगणना करनेवालों ने इस हिसाब में भूल की संभावना तो स्वीकार की है, मगर भूल की सीमा का हिसाब नहीं किया। इस प्रकार ठीक-ठीक आँकड़े प्राप्त करने की कोशिश न करके थार्नर ने महिलाओं की पूरी संख्या को अग्राह्य कर और भी बड़ी भूल की है। स्वाभाविक रूप से हमारे समाज में अगर उद्योग से संबंधित श्रम की माँग कम हो तब पहले-पहल महिलाएँ काम न पाकर केवल घर-गृहस्थी के काम में लग जाती हैं, अर्थात् उद्योग में स्त्री-कर्मियों की संख्या में कमी को किसी भी तरह लापरवाही से नहीं लिया जाना चाहिए। (ख) केवल उद्योग या कृषि कर्म में कितने लोग जीविका उपार्जन कर रहे हैं, इस बात की मर्दुमशुमारी निरुद्योगीकरण के तर्क की अंतिम बात नहीं; प्रति व्यक्ति उत्पादन में तकनीकी (technological) परिवर्तन के अनुरूप बढ़त या कमी आती है और इसी प्रकार कृषि अथवा उद्योग का उत्पादन ज्यादा या कम हो सकता है, भले ही कर्मियों की संख्या के आँकड़े कुछ भी हों। उत्पादन के इस आँकड़े अर्थात राष्ट्रीय आय में उद्योगजन्य अथवा कृषिजन्य आय के अंश को न जानने से बाद में निरुद्योगीकरण के संबंध में कोई निश्चित मत बनाना संभव नहीं होता। (ग) मूलतः 1800-1865 के बीच निरुद्योगीकरण हुआ था और थार्नर के तथ्य 1880 के परवर्ती काल के बारे में हैं। निश्चय ही थार्नर ने इस बात को स्वीकार किया है।

III

नए सिद्धांतों की समीक्षा

कुछ इतिहासकार, डेविड मौरिस की नकल करते हुए समझते हैं कि निरुद्योगीकरण कभी आया ही नहीं; 19वीं शताब्दी में भी नहीं। मौरिस का तर्क है : राष्ट्रीयतावादी इतिहासकारों ने औद्योगिक पदार्थों के आयात में वृद्धि को निरुद्योगीकरण मानने की भूल की है। यदि जनसंख्या और राष्ट्रीय आय बढ़ती है तो देशी उद्योग अक्षुण्ण रहा, आय भी बढ़ी, ऐसा भी तो हो सकता है। दूसरे, मौरिस ने दिखाया है कि

औद्योगिक पदार्थों के आयात से जैसे एक देशी उद्योग को क्षति हो सकती है, उसी प्रकार किसी अन्य देशी उद्योग की उन्नति भी हो सकती है। जैसे कि कच्चे लोहे के आयात से खनिज लौह अयस्क से लोहा तैयार करनेवाले उद्योग का विनाश हुआ, मगर लोहे की मशीनें और बर्तन सामग्री आदि तैयार करने का काम कारीगरों के हाथ में आया। कारण यह कि सस्ते दर का लोहा प्रचुर परिमाण में बाजार में उपलब्ध था। अथवा 19वीं शताब्दी के आरंभ में सूत के आयात से सूत कातने वाले कारीगरों को आघात लगा, किंतु जुलाहों को सस्ते दर पर सूत मिला और वे सस्ते कपड़े बना सके और विदेशी कपड़े के साथ प्रतियोगिता में उतर सके। इसी को औद्योगिक आयात का क्षतिपूरक प्रभाव (compensatory effect) कहा जाता है। तीसरे, मौरिस के मतानुसार ढेर सारे प्राचीन कुटीर उद्योग मैनचेस्टर, बर्मिंघम और शेफील्ड के उत्पादनों के आयात के बावजूद बड़े आराम से चलते रहे, क्योंकि कुटीर उद्योग का एक विशेष (निजी) बाजार था, जहाँ विदेशी प्रतियोगिता नहीं थी। जैसे कि मान लीजिए जिन मशीनों पर कीमती साड़ियाँ नहीं तैयार होती थीं अथवा पटसन के कपड़े, जिनका व्यवहार शास्त्रीय क्रिया-कलापों में होता था अथवा मोटा कपड़ा, जिसका मैनचेस्टर से आयात करना अलाभकारक होता--आदि क्षेत्रों में कुटीर उद्योग टिका हुआ था। ऐसा अगर न होता तो इतने दशकों के निरुद्योगीकरण के बाद भी कुटीर-शिल्प के कारीगर कैसे बचे रहते?

मौरिस के तर्क में आरंभ में ही एक त्रुटि है। इस बात का प्रमाण कहाँ है कि जनसंख्या तथा प्रति व्यक्ति औसत राष्ट्रीय आय की वृद्धि के फलस्वरूप 19वीं शताब्दी में बाजार का आयतन बड़ा होने से आयातित और देशी उद्योग पदार्थों—दोनों के लिए अवकाश था? और देशी उद्योग क्षतिग्रस्त नहीं हुआ? फिर भी इस मूल तर्क को अस्वीकार करने के बावजूद यह माना जाएगा कि मौरिस ने एक छोटे-मोटे सवाल का आंशिक समाधान प्रस्तुत किया, जो बहुत नया नहीं है। वह प्रश्न है : कुटीर उद्योगों की कारीगरी की अनग्रसरता, राष्ट्र की प्रतिकूलता और आयातित मशीनों द्वारा तैयार किए गए पदार्थों के साथ प्रतियोगिता के बावजूद कुटीर उद्योग कैसे टिका हुआ था?

इस प्रश्न का मौरिस ने जो उत्तर दिया है वह हम ऊपर देख चुके हैं, मगर लगता है, उत्तर आंशिक है। असल मामला यह है कि कुटीर उद्योग के कारीगरों के टिके रहने की क्षमता का उत्स है अपनी क्रमिक आर्थिक अवनति को स्वीकार करते हुए अपने जातिगत व्यवसाय में लगे रहने का उसका गहरा रुझान। इसका एक कारण है जातिगत व्यवसाय के प्रति उसकी भक्ति। दूसरा कारण है अपनी जीविका उपार्जन करने के किसी और रास्ते का न होना और सबसे ऊपर है कर्ज में फँसे हुए कुटीर उद्योग के कारीगर का महाजन के हाथों में जकड़ा होना। यह अंतिम मामला वर्गीय शोषण की समस्या है जो राष्ट्रीयतावादी अर्थशास्त्रियों की

नजर में उतना महत्त्व न पा सका, किंतु इसमें संदेह नहीं कि औपनिवेशिक अर्थनीति के बँधे हुए पानी में कीड़ों की तरह महाजनी पूँजी बज-बजा रही थी : उत्पादन में वृद्धि की तरफ विनियोग न करके केवल महाजनी और खरीद-बिक्री के व्यवसाय में विनियोजित इस पूँजी के लाभ का एक बड़ा स्रोत था कुटीर उद्योग में लगे कारीगरों को कर्ज अथवा बयाना देकर उन्हें सूद के जाल में फँसाए रखना और उनके उत्पादनों के विपणन (marketing) के रास्ते में दलाल के रूप में उनका लाभ वसूल करना। इस राष्ट्रीय अविकसित पूँजीवाद के जाल में फँसे हुए कुटीर उद्योग के कारीगर अपना कर्ज चुकाने में ही हमेशा व्यस्त रहते थे। विपणन के मामले में महाजन पर निर्भर होने के कारण वे कम दाम में अपने उत्पादनों को छोड़ने के लिए बाध्य थे। लाभांश प्रायः सारा का सारा महाजन के हाथ में चला जाता था इसलिए वे पूँजी जमा करने (capital accumulation) में असमर्थ थे और पूँजी के अभाव में स्थायी रूप से महाजन की गुलामी करने को बाध्य थे। कुटीर उद्योग क्यों टिका रहता है, इस प्रश्न के तमाम उत्तरों के बीच लगता है यही सबसे महत्त्वपूर्ण उत्तर है। इस विषय में मौरिस एकदम चुप हैं।

IV

समाहार

और अंत में, आइए एक और दृष्टिकोण की ओर नजर डालें, जो 19वीं शताब्दी के आरंभ के रिचर्ड कॉबडेन, जान ब्राइट-जैसे प्रमुख विचारकों से लेकर आधुनिक युग के सर थियोडोर मॉरिसन, यहाँ तक कि लार्ड जॉन मेनार्ड केइंस तक का समर्थन पाए हुए है। इस दृष्टिकोण का आरंभिक तर्क यह है कि अर्थनीतिक प्रगति का रास्ता है श्रम-विभाजन। जैसे अनेक लोग श्रम-विभाजन के फलस्वरूप अलग-अलग कामों में लाभप्रद विशेषज्ञता अर्जित करते हैं, जैसे इंग्लैंड के दक्षिण में खेती और पशुपालन और उत्तर में कल-कारखाने बनाकर अगर स्थानीय श्रम-विभाजन लाभप्रद होता है, तो अंतर्राष्ट्रीय क्षेत्र में भी इसके अनुरूप श्रम-विभाजन लाभप्रद होने को बाध्य है। जिन-जिन देशों अथवा प्रदेशों के राष्ट्रीय उत्पादन में (कृषि अथवा उद्योग) स्वाभाविक सुअवसर प्राप्त है, वह उसी राष्ट्रीय उत्पादन में नियोजित होकर बाद में नियोजित पूँजी, श्रम इत्यादि सबसे अधिक लाभ वाणिज्य-विनिमय के द्वारा वसूल कर सकता है। अगर ऐसा हो तो इंग्लैंड के उद्योग-प्रधान और भारत जैसे उपनिवेश के कृषि-प्रधान होने से श्रम-विभाजन के सिद्धांत के अनुसार दोनों ही पक्षों को लाभ है। संक्षेप में, इसे तुलनामूलक सुविधा (comparative advantage) कहा जा सकता है, जिसके मूल में होता है अंतर्राष्ट्रीय श्रम-विभाजन (international division of labour)।

क्या यह मामला इतना ही आसान है? ऐडम स्मिथ की 1776 में लिखी विख्यात पुस्तक 'वेल्थ आफ नेशंस' के समय से लेकर यह मान लिया गया है कि श्रम-विभाजन अर्थनीतिक प्रगति के लिए अपरिहार्य है। प्रश्न यह है कि पराधीन और प्रभुत्वशाली देश के बीच श्रम-विभाजन और लोहार तथा किसान, अथवा लंकाशायर और एसेक्स प्रदेश के बीच श्रम-विभाजन क्या एक ही बात है? अगर अनेक देशों के अनेक लोग विश्वबाजार में कृषि पदार्थ बेचें और एक अथवा कई देशों के कारखानों में मालिक लोग उन्हें खरीदें, तो उचित दाम पाया जा सकेगा अथवा नहीं, क्या इसमें संदेह हो सकता है? जहाँ पर कारखाना-मालिक का रंग सफेद और कृषि-प्रधान देश के सरकारी प्रशासकों का रंग भी सफेद होता है, वहाँ सरकारी दबाव में वाणिज्य के खेल में काले आदमी के ठगे जाने की संभावना क्या नहीं है? सबसे बड़ी बात यह है कि अगर हम मान लें कि कृषि-प्रधान उपनिवेश, जो औद्योगिक पदार्थ उनको चाहिए, सब आयात करने की सुविधा पा रहे हैं तो भी उपनिवेशों के लोग उद्योगीकरण के दूर तक प्रसारित विकासोन्मुख प्रभाव का लाभ नहीं उठा सकेंगे—कारीगरी की कुशलता से उत्पन्न लाभ, नए-नए तरीके के व्यावसायिक उद्यम, प्रत्येक औद्योगिक पदार्थ के उत्पादन के चारों ओर अन्य उत्पादनों और उद्योगों का असर (linkage effect), और सबसे ऊपर उत्पादन में देशी आत्मनिर्भरता।

राष्ट्रीयतावादी नेताओं ने ये सारे तर्क बार-बार दिए हैं, किंतु यह अंतर्राष्ट्रीय श्रम-विभाजन—कृषि-निर्भर उपनिवेश और औद्योगिक रूप से समृद्ध इंग्लैंड के बीच का श्रम-विभाजन—अंग्रेज शासकों की किताबों के पन्नों के अलावा भी उनके स्वार्थ के शिकंजों में इस प्रकार जकड़ा हुआ था कि यह नीति मुक्त व्यापार नीति (laissez faire) के नाम से राष्ट्रीय नीति के सभी स्तरों पर अपना प्रभाव डाल रही थी। इस विषय में और अधिक विश्लेषण अंतिम परिच्छेद में किया जाएगा। भारत के प्राचीन कुटीर उद्योग की अवनति का प्रश्न बार-बार भिन्न-भिन्न तरीकों से लौट आता है। राष्ट्रीयतावादी दृष्टि से इस निरुद्योगीकरण ने अंग्रेजी शासन के स्वरूप का उद्घाटन किया था। बीसवीं शताब्दी के आरंभ में विकासशील मध्यवित्त और व्यवसायी श्रेणी के लोगों में औद्योगिक प्रगति की भूख बहुत प्रबल थी, इसीलिए प्राचीन काल के उद्योग की उन्नत स्थिति, देश में और विदेश में उसकी माँग और उसके बाहरी वाणिज्य द्वारा प्रभूत परिमाण में सोने-चाँदी का आना; यह तस्वीर भूखे के मन में खाने के सपने की तरह बार-बार लौट आती थी। इसमें कुछ अवास्तविकता थी—प्राचीन शिल्प और उद्योग, कारीगरी-कौशल इत्यादि के बीच उपनिवेशपूर्ण अर्थनीति के परिप्रेक्ष्य में देखने से यूरोपीय औद्योगिक क्रांति की कोंपल को देखा नहीं जा सकता, यह बात इरफ़ान हबीब आदि अधिकांश विशेषज्ञ मान लेते हैं, किंतु निरुद्योगीकरण के इतिहास में उद्योगीकरण

की ओर उन्मुख देशी पूँजी के प्रवक्ता राष्ट्रीयतावादी अर्थशास्त्रियों की चिंता का अत्यंत महत्त्वपूर्ण अंश था। इसके बीच फिर गाँधीवाद में उद्योग के विकेंद्रीकरण, ग्रामीण उद्योग के पुनर्जीवन, स्वाधीनता आंदोलन के प्रतीक के रूप में चर्खा तथा खादी को महत्त्व देने के इतिहास—आदि कारणों ने कुटीर उद्योग को एक विशेष स्थान दिलाया था। दूसरी ओर मार्क्सवादी विचारधारा में भी निरुद्योगीकरण के मसले ने बहुत बड़ा स्थान ग्रहण किया था—1857 के विद्रोह के समय के मार्क्स के निबंधों से शुरू करके 1948 के रजनीपाम दत्त के ग्रंथ में और उनके बाद उनके परवर्ती लेखकों के चिंतन में भी इसे महत्त्व मिला था। उपनिवेशपूर्व भारतीय गाँवों की आत्मनिर्भरता, ग्रामीण अर्थनीति में उद्योग और कृषि के सम्मिलन, पूँजीवादी औपनिवेशिक शासन काल में औद्योगिक पदार्थों और रेलवे के आयात के फलस्वरूप इस सम्मिलन का अवसान—आदि धारणाओं ने राष्ट्रीयतावादियों के बीच नेहरू इत्यादि को प्रभावित किया था, अर्थात् निरुद्योगीकरण की धारणा ने वाम और दक्षिण दोनों ही राष्ट्रीय राजनैतिक विचारधाराओं में महत्त्व प्राप्त किया था। दूसरी ओर साम्राज्यवादी दृष्टिकोण से अनेक ने निरुद्योगीकरण की धारणा और उसकी ऐतिहासिकता के बारे में संदेह प्रगट किया है। इसीलिए इस विषय में बहुत तर्क-वितर्क हुआ है।

अध्याय : सात

इस देश में विदेशी पूँजी

भारत में औपनिवेशिकता के स्वरूप को समझने के लिए इस देश में कितनी विदेशी पूँजी आई-गई, केवल इसी बात का हिसाब-किताब रखना जरूरी नहीं है, बल्कि इस बात का गुणात्मक मूल्याकन करना भी जरूरी है कि उस पूँजी का आर्थिक चरित्र किस प्रकार का है। इंग्लैंड के पूँजीपतियों के हित और साम्राज्य को लेकर विभिन्न अध्यायों में आलोचना की गई है और सरकारी नीति के संबंध में बाद में एक अध्याय में बातचीत की गई है, क्योंकि यह औपनिवेशिकता का मौलिक उपादान है, जो नाना रूपों में समूची अर्थव्यवस्था में बिखरा हुआ है। निरुद्योगीकरण के द्वारा भारत में औद्योगिक पदार्थों के बाजार पर दखल करने के लिए, कृषि पदार्थों के वाणिज्य में कच्चे माल की आपूर्ति बनाए रखने के लिए, वाणिज्य शुल्क तथा अन्य सरकारी नीतियों को इंग्लैंड के उद्योगपतियों के हित के अनुरूप रखने के लिए—आदि मामलों में अंग्रेज पूँजीपतियों के कारनामे दूसरे स्थान पर दिखाए गए हैं। यहाँ पर सबसे पहले हम देखेंगे कि इस देश में विदेशी पूँजी के विनियोग का क्या स्वरूप था।

विदेशी पूँजी कितनी थी?

हमने पहले ही देखा है कि सबसे आधुनिक खोज के अनुसार ब्रिटिश पूँजी के विश्वव्यापी विनियोग के मानचित्र में एशिया का स्थान आनुपातिक रूप से उत्तर और दक्षिण अमेरिका तथा यूरोप की अपेक्षा काफी कम है। सारी दुनिया में विनियोजित ब्रिटिश पूँजी का केवल 14% एशिया में आया था और 40% ब्रिटिश साम्राज्य के विभिन्न भागों में। इसका मतलब यह नहीं है कि एशिया तथा भारत का इंग्लैंड की पूँजी के हितों के लिए वजन कम था; कम से कम 19वीं शताब्दी में तो नहीं ही। भारत के संबंध में जो आँकड़े मिलते हैं उनके आधार पर श्री लेलैंड जेंक्स का अनुमान है कि 1854-70 की अवधि में 15 करोड़ पौंड स्टर्लिंग का विनियोजन भारत में हुआ, जिसका आधा रेल कंपनी में लगा। यह बहुत सटीक अनुमान नहीं है। 1909-10 में भारत में (वर्तमान बांग्लादेश, पाकिस्तान, श्रीलंका, बर्मा सहित) ब्रिटिश पूँजी का एक हिसाब सर जार्ज पैश ने दिया है।

टेबुल 7.1

भारत में ब्रिटिश पूँजी का विनियोग (लाख पौंड स्टर्लिंग में)

1909-10	
सरकारी और म्युनिसिपल ऋण	1824
रेल कंपनी तथा अन्य परिवहन	1415
बिजली, गैस, जल, टेलीफोन कंपनियाँ	27
खनिज और पेट्रोल	74
चाय, कॉफी, और रबड़ के बागीचे	242
व्यापारिक कंपनियाँ और कारखाने	26
बैंक	34
विविध ऋण, जमीन इत्यादि	18
	कुल = 3660

(स्रोत : जार्ज पैश, ग्रंथसूची द्रष्टव्य)

इन आँकड़ों में निम्नलिखित पूँजी को भी जोड़ा जाना चाहिए था जो कि नहीं जोड़ी गई : अंग्रेजों द्वारा भारत में अर्जित पूँजी जो भारत में अंग्रेजी कंपनियों में लगी हुई थी, शेयर बाजार के मार्फत नहीं बल्कि व्यक्तिगत रूप से अंग्रेजों ने जो पैसा व्यापार अथवा बैंकिंग कंपनियों में अथवा जहाज कंपनियों और बीमा कंपनियों आदि में लगाया था। अतएव कहा जा सकता है कि यह आँकड़ा वास्तविकता से कम है।

पैश के आँकड़ों की अच्छाई यह है कि विनियोजन की प्रकृति क्या है, अर्थात वह पैसा उद्योग में लगा है या सरकारी ऋण में या व्यापार में, इसका पता उससे चलता है।

इस सारणी से यह भी पता चलता है कि विदेशी पूँजी विनियोजन का रुझान इस प्रकार का है कि उससे देश के सर्वतोमुखी आर्थिक, विशेषकर औद्योगिक विकास में उतनी सहायता नहीं मिलती है जितनी विदेशी माँग की आपूर्ति के लिए किए जानेवाले निर्यात में; और अधिकांश मामलों में यह विनियोजन विदेशी हितों, बल्कि सीधे-सीधे ब्रिटिश-भारत सरकार के हित में था। 19वीं शताब्दी के इस रुझान के परिणाम हैं : औद्योगिक पदार्थों के निर्माण के कारखानों में पूँजी का विनियोजन नगण्य है। प्रायः आधी पूँजी ब्रिटिश-भारत सरकार को ऋण के रूप में दी गई है। प्राय 39% पूँजी रेल कंपनी में लगाई गई है, जिस पर सरकार के साथ किए गए अनुबंध के फलस्वरूप 5% की दर से सूद मिलता था, चाहे रेल कंपनी को

नुकसान क्यों न हो। इसके अलावा चाय के बागीचों इत्यादि में 7% पूँजी और कोयला-पेट्रोल इत्यादि की खुदाई में 2% पूँजी लगी हुई थी। इस देश में कोयला-खानों अथवा चाय के बागीचों अथवा पटसन, रुई इत्यादि के निर्यात के लिए अंग्रेज कंपनियों को बैंक, व्यापारिक कार्यालय, बीमा, शहरों के लिए बिजली और टेलीफोन की जरूरत थी। इन सब आनुषंगिक कार्यों में सामान्य पूँजी लगाई हुई थी।

इसके बाद 1919 में घनश्याम दास बिड़ला, फिंडले साइरस और वी. के. आर. वी. राव ने अपने-अपने तरीके से विदेशी पूँजी का हिसाब लगाया। इनमें से श्री राव का हिसाब ही निर्भर योग्य है।

टेबुल 7.2

भारत में विनियोजित विदेशी पूँजी 1929 (लाख पौंड स्टर्लिंग में)

सरकारी ऋण और रेल कंपनी	3394
म्युनिस्पैलिटी और पोर्ट ट्रस्ट	130
भारत में पंजीकृत कंपनियाँ	425
भारत में व्यापार करनेवाली, किंतु विदेश में पंजीकृत कंपनियाँ	1677
अन्य	809
	कुल = 6435

(स्रोत : वी. के. आर. वी. राव, ग्रंथसूची द्रष्टव्य)

अन्यान्य विनियोगों से प्रायः भारतीय सिक्योरटी और जमीन के स्वामित्व में, अकेले या संयुक्त रूप से प्राइवेट कंपनियों के स्वामित्व में और उन सब बैंकों और बीमा कंपनियों में जिनका भारत में आंशिक व्यवसाय था (अंश का हिसाब आनुमानिक) आदि में लगी हुई विदेशी पूँजी को यहाँ पर अंतर्भुक्त किया गया है। श्री राव और पैश साहब के आँकड़ों की तुलना करना मुश्किल है। कुल अंक बीस वर्ष के बाद बहुत अधिक बड़ा दिखाई पड़ रहा है, मगर लगता है इसका कारण उपरोक्त हिसाबों में पद्धति का पार्थक्य है, जिससे, विशेषकर राव ने भारत में पंजीकृत कंपनियों, विदेशी बीमा कंपनियों आदि की पूँजी को अपने आँकड़ों में शामिल किया है। इससे पता चलता है कि सरकार को पौंड स्टर्लिंग में दिए गए ऋण और सरकार समर्थित रेल कंपनियों और अर्धसरकारी म्युनिसिपल ऋण आदि में आधी पूँजी लगी हुई थी। एक और चीज लक्ष्य करने लायक है कि भारत में पंजीकृत कंपनियों में विदेशी पूँजी कम नहीं लगी हुई है और उन विदेशी कंपनियों में मोटी पूँजी लगी हुई है, जिनका व्यापार-क्षेत्र भारत है। पैश साहब ने अपने

हिसाब में इस पूँजी को स्थान नहीं दिया है।

इस प्रकार के आँकड़े व्यक्तिगत कोशिशों से पूरे नहीं होते। सरकार के सहयोग से ही स्वाधीनता के बाद भारतीय रिर्जव बैंक द्वारा सही हिसाब लगाया गया।

टेबुल 7.3

1948 में भारत में विदेशी पूँजी का विनियोग, बैंकों को छोड़कर (करोड़ रुपयों में)

औद्योगिक पदार्थों का निर्माण	719
व्यापार, मर्चेंट कंपनियाँ	643
परिवहन, बिजली इत्यादि	312
खनिज निकालना	115
चाय, काफी, रबड़ के बागीचे	523
अन्य	246
	कुल = 2558

(स्रोत : रिजर्व बैंक ऑफ इंडिया, ग्रंथसूची द्रष्टव्य)

हमारी पहली सारणी से चार दशक बाद थोड़ा परिवर्तन देखा जाता है। प्रायः 28% पूँजी औद्योगिक पदार्थों के निर्माण में, अधिकांश तंबाकू, पेट्रोल, बिजली के यंत्र, पटसन, मूँगफली का तेल इत्यादि खाद्य पदार्थों, औषधियों आदि में लगी हुई है। 25% पूँजी व्यापार अथवा शुद्ध रूप से खरीद-बिक्री के काम में लगी हुई है, जिसे उद्योग कहना मुश्किल है। बाकी पूँजी परिवहन, विद्युत-उत्पादन, खनिज निष्कासन इत्यादि में लगी हुई है।

हालाँकि देखा जाता है कि 1948 में उद्योग में विनियोग बढ़ा है, फिर भी 19वीं शताब्दी की पूँजी-विनियोग की औपनिवेशिक धारा का रुझान अभी भी बरकरार है। एक दूसरे हिसाब के अनुसार 1948 में विदेशी पूँजी का 74% निर्यातमुखी व्यवसाय में लगा हुआ था, केवल 26% भारतीय बाजारों में। इसके अलावा विदेशी पूँजीपतियों ने कभी भी भारी उद्योग के नजदीक जाने की कोशिश नहीं की। उनकी अधिकांश गतिविधियाँ कृषि-पदार्थों को लेकर थीं।

II

विदेशी पूँजी की प्रकृति

हमने देखा कि भारत में विदेशी पूँजी का ढाँचा अभी भी औपनिवेशिक था, जो पूर्वी एशिया, पूर्वी अफ्रीका अथवा दक्षिण अमेरिका के अन्य उपनिवेशों में देखा जाता है : (i) रेल कंपनियों की तरह के राष्ट्रीय परिवहन विनियोग, जिनसे देश के बाजार में औद्योगिक पदार्थों का आयात और विदेश में कच्चे माल का निर्यात हो सके; (2) प्राकृतिक दान, जैसे खनिज और खासकर बागीचों के उत्पादन जैसे चाय, काफी, रबड़ आदि का देश से निर्यात करना; (3) व्यापारिक कारोबार जैसे बैंक, बीमा कंपनियाँ आदि, जो विदेशोन्मुख व्यापार को चालू रखने के लिए जरूरी है; (4) सरकारी व अर्द्ध-सरकारी संस्थाओं को ऋण देना; (5) और सबसे अंत में कुछ हल्के उद्योगों में पूँजी लगाना जो ज्यादातर निर्यात योग्य होते हैं ।

अंग्रेजी पूँजी का काम ही था उपनिवेश को अपने देश के हित में इस्तेमाल करना । यहाँ दो प्रश्न उठते हैं : और विदेशी पूँजी यहाँ क्यों नहीं आई ? और जो आई थी वह बंबई अथवा अहमदाबाद के सूती मिलों अथवा जमशेदपुर के इस्पात कारखाने में क्यों नहीं गई ?

दूसरे प्रश्न का उत्तर अमर्त्य सेन ने इस प्रकार दिया है : शायद शुरू में लाभ का हिसाब करके अंग्रेजों ने चाय, कॉफी, कोयला अथवा पटसन में पैसा लगाया था, किंतु अगर लाभ का हिसाब ही मूल कारण होता तो जब देशी पूँजी भारतीय सूती मिलों अथवा इस्पात कारखानों में जा रही थी तब अंग्रेजों की पूँजी के वहाँ जाने का भी यथेष्ट कारण था, किंतु ऐसा नहीं हुआ । क्योंकि केवल लाभ के लोभ से नहीं, समग्र रूप से अंग्रेज पूँजीपतियों के आकांक्षित उद्देश्यों में यह भी निहित था कि उनका अपना उद्योग मार न खाय और अंततः उनके अपने देश के उद्योगों के साथ उनकी पूँजी प्रतियोगिता में न उतरे । भारत में सूती मिलें निर्मित करने के काम में अंग्रेज पूँजी नहीं लगी, क्योंकि मैनचेस्टर में इसी बीच बहुत बड़ा वस्त्र उद्योग तैयार हो रहा था । इसी प्रकार भारत में इस्पात के कारखाने लगाने के लिए अंग्रेज अपनी पूँजी क्यों लगाता ? हाँ, एक क्षेत्र है जहाँ यह प्रतियोगिता हुई थी—डैंडी में ब्रिटेन के जूट मिलों का केंद्र था और कलकत्ते के पास ही ब्रिटिश पूँजी से तैयार जूट मिलें देखी जाती हैं, पर शायद इसका कारण यह है कि जूट उद्योग इन दोनों स्थानों पर प्रायः एक ही समय में विकसित हुआ । जिस समय स्काटलैंड के अंग्रेज हुगली के किनारे जूट मिलों के निर्माण में लगे हुए थे, उस समय तक डैंडी में जूट उद्योग बहुत विकसित नहीं हुआ था । अतएव कहा जा सकता है कि अपने देश के उद्योग अथवा पूँजी के साथ प्रतियोगिता से बचना अंग्रेजी पूँजी विनियोग संस्थानों का एक मूलभूत कौशल था ।

और ज्यादा विदेशी पूँजी भारत में क्यों नहीं आई ? यहाँ पहले ही बता देना जरूरी है कि विदेशी पूँजी के हिसाब में, विशेषकर 19वीं शताब्दी में, एक बड़ा भाग पकड़ में नहीं आता । जो पैसा अंग्रेज इस देश में कमाता था अथवा जिस प्रकार से भी हथिया कर इस देश में ही अंग्रेजी कंपनियों में लगाता था, उस पैसे का कोई हिसाब नहीं मिलता । श्री अमलेश त्रिपाठी ने दिखाया है कि कैसे 19वीं शताब्दी के आरंभिक वर्षों में इंग्लैंड से पैसे न लाकर, यहीं पर अर्जित पैसों से व्यापार करना ईस्ट इंडिया कंपनी के कर्मचारियों और स्वतंत्र व्यवसायियों की एक सामान्य रीति थी । क्लाइव के शासन काल से ही कंपनी के कर्मचारियों के व्यक्तिगत व्यापार के मुनाफे, घूस, लूट का माल, इत्यादि अंग्रेजी एजेंसियों में जमा होते थे । बाद में यही सब एजेंसी हाउस मिलकर कलकत्ते की विराट मैनेजिंग एजेंसी के रूप में परिणत हो गए । यह था विदेशियों के हाथ में इस देश में संचित पैसा । यदि मछली के तेल में कुछ मछलियाँ तल ली जाएँ तो तेल के हिसाब में गड़बड़ी होगी ही, पर यह सच है कि दक्षिण अफ्रीका या कनाडा या आस्ट्रेलिया जैसे अन्य विदेशी उपनिवेशों की तुलना में भारत में ब्रिटिश पूँजी कम ही आई । इसका सबसे बड़ा कारण माँग का अभाव था । भारत जैसे अविकसित आर्थिक स्थिति वाले देश में, जहाँ गरीबी के कारण चीजों की माँग कम थी, पूँजी विनियोग का सुअवसर कहाँ था ? इसके अलावा विदेशी पूँजी के भारतीय उद्योग में विनियोजित न होने का एक बड़ा कारण था, अबाध वाणिज्य नीति । भारत में आयात शुल्क की छाया में उद्योगों के जन्म लेने और विकसित होने का उतना सुयोग न था (कम से कम 1930 के दशक तक) । जब कॉमनवेल्थ के कनाडा, आस्ट्रेलिया आदि देशों ने स्वाधीनता अर्जित करके उस दिशा में अपना काम सँभाल लिया, तो औद्योगिक निर्माण में पूँजी उन सब देशों में गई जहाँ आयात शुल्क के माध्यम से उद्योग संरक्षण की नीति लागू थी ।

श्री अमिय बागची आदि अर्थनीतिक इतिहासकारों ने दिखाया है कि विदेशी पूँजी का आधिपत्य ठीक उसके परिमाप के ऊपर निर्भर नहीं है । इस आधिपत्य का मूल औपनिवेशिक अर्थनीति के गठन एवं शासन-व्यवस्था के बीच निहित है । अंग्रेज व्यापारीवर्ग ने नाना तरीकों से एकाधिपत्य का निर्माण किया था, विशेषकर 20वीं शताब्दी के तीसरे दशक तक पूर्वी भारत में । (1) कलकत्ते की 'अंग्रेज वाणिज्य समिति' (बंगाल चैंबर ऑफ कामर्स) और कुछ दूसरी व्यापारिक समितियों, जैसे जूट मिल मालिकों की 'इंडियन जूट मिल एसोसियेशन' और चाय बागान मालिकों की 'टी-प्लांटर्स एसोसियेशन', के बीच साठ-गाँठ करके कच्चे माल के दाम और वेतन की दरों में कमी करके, कम उत्पादन करके और बाजार भाव को चढ़ाकर, अर्थात् समष्टिगत रूप से उन्होंने एकाधिकारी व्यापार की सुविधा प्राप्त कर ली थी । (2) इन समितियों के सदस्य ऊँचे पदों पर स्थित अंग्रेज

सरकारी अधिकारियों के साथ सामाजिक आदान-प्रदान करके उन्हें सरकारी नीति को प्रभावित करने के लिए उनका इस्तेमाल करते थे, विशेषकर विदेशी वाणिज्य शुल्क के मामले में। चाय बागानों के लिए सस्ती जमीन खरीदने, श्रमिक कल्याण के कानूनों को लटकाए रखने, चाय बागानों के लिए अधिवासी कुलियों के आयात में सरकारी सहयोग प्राप्त करने आदि के मामलों में ये लोग खूब चालाकी दिखाते थे। (3) मैनेजिंग एजेंसी व्यवस्था एकाधिपत्य कायम होने का एक कारण थी। एन्ड्रूयूल शा वैलेस, डंकन ब्रदर्स, आक्टेवियस स्टील, बर्ड कंपनी आदि सात बड़ी एजेंसियों ने चाय, कोयला और जूट कंपनियों के क्रमशः 61%, 46% और 55% पर नियंत्रण प्राप्त कर लिया था। बड़ी मैनेजिंग कंपनियों के मालिक मुट्ठी-भर लोग अनेक कंपनियों के डायरेक्टर के रूप में उनका काम-धाम देखते थे। विशेषकर बैंकों में उनके डायरेक्टर के रूप में नियुक्त होने से अपने व्यापार को बढ़ाने में उन्हें खूब सुविधा होती थी। (4) बैंकों के स्थापना-काल से ही बंगाल प्रेसीडेंसी बैंक केवल गोरे लोगों के आधिपत्य में था। देशी बैंकों की पूँजी कम थी। 1910 तक देश के सभी बैंकों में अमानत के तौर पर जो थोड़ा-सा पैसा जमा था उसका पाँचवाँ हिस्सा ही भारतीय बैंकों में जमा था। विदेशी मुद्रा में कारोबार करने की क्षमता भारतीय संचालन के अधीन किसी बैंक में नहीं थी। फलस्वरूप विदेशी वाणिज्य में लगे हुए देशी व्यापारी वर्ग को असुविधा होती थी। सन 1931 में स्वयं घनश्यामदास बिड़ला ने सरकार की बैंक अनुसंधान कमेटी के सामने इस मामले में एक अभियोग पत्र पेश किया था और यह भी कि इंपीरियल बैंक के एजेंट ने सेठ बिड़ला को बैठने के लिए कुर्सी नहीं दी थी। दूसरी ओर गोरी चमड़ी के व्यवसायी बैंक ऋण, विदेशी हुंडी, बैंक गारंटी आदि मामलों में सुविधा पाते थे। (5) इसी कारण विदेशी वाणिज्य और जहाज कंपनी आदि अंग्रेजों के एकाधिपत्य के कारण विदेशी आधिपत्य में कायम हुई। सिंधिया कंपनी जैसी छोटी-मोटी दो-एक देशी जहाज कंपनियाँ बड़ी मुश्किल से सिर्फ कराची से लेकर रंगून तक के समुद्री तट पर माल ढोने के काम में उतर सकी थीं। बड़े स्तर के आयात-निर्यात व्यवसाय मूलतः अंग्रेज व्यापारी कंपनियों के हाथ में थे, कम से कम 1930 के दशक तक।

पूर्व भारत और उसके केंद्र स्थल कलकत्ते के इस स्थिति में होने के बावजूद पश्चिमी भारत का जहाँ तक संबंध है, अंग्रेजी पूँजी का आधिपत्य उतना प्रबल तथा वैसा न था। मराठों के लबे संग्राम के फलस्वरूप महाराष्ट्र के अनेक इलाके बंगाल की तुलना में बहुत बाद में ब्रिटिश साम्राज्य में शामिल हुए थे। फलस्वरूप अंग्रेजी शासन और शोषण का अपेक्षाकृत कम समय तक उन्होंने सामना किया था। चीन को अफीम भेजने और इंग्लैंड को रुई भेजने आदि के व्यापार में पारसी और गुजराती बनिये 19वीं शताब्दी से ही लगे हुए थे। 1860-64 से, अमेरिका में

गृहयुद्ध के काल में, रुई के व्यापार में जो तेजी आई थी उसका फायदा उठाकर उन्होंने पूँजी इकट्ठा की थी। इन सब कारणों से उन इलाकों में देशी व्यवसायी वर्ग मजबूत था। बंबई की वाणिज्य समिति में वे अंग्रेजों के समकक्ष थे। कानून बनाने वाली समितियों आदि में उन्हें 1919 से प्रतिनिधित्व मिला हुआ था। बंबई-अहमदाबाद में सूती मिलें खोलकर उन्होंने इसी देश में अंग्रेजों को अँगूठा दिखा दिया था और उन्हीं में से एक जमशेद जी नौशेरवान जी टाटा ने टाटा इस्पात कारखाने का निर्माण करके मैनचेस्टर के साथ प्रतियोगिता करते हुए प्रथम महायुद्ध के समय से ही भारत सरकार को योगदान दिया था। कलकत्ता, मद्रास, कराँची और कानपुर की तुलना में बंबई एक व्यतिक्रम था।

III

विदेशी बनाम भारतीय पूँजी

संक्षेप में, बंबई के व्यतिक्रम को छोड़ दें, तो पूरे भारत की तस्वीर यह बनती है कि कम से कम द्वितीय महायुद्ध तक विदेशी पूँजी का वर्चस्व कायम था। इंडोनेशिया की औपनिवेशिक अवस्था का वर्णन करते हुए हालैंडवासी किसी अर्थशास्त्री ने बताया है कि वहाँ एक द्वि-स्तरीय अर्थनीति तैयार हुई थी। यह तर्क भारत के लिए भी उपयोगी है। ऊपर के स्तर पर ज्वाइंट स्टाफ कंपनियाँ थीं, शेयर बाजार, मैनेजिंग एजेंसी, बैंक, बीमा कपंनियाँ, विदेशी जहाज, आयात-निर्यात के व्यापारिक कार्यालय, डबल एन्ट्री हिसाब, वाणिज्य समितियाँ, गवर्नर की कोठी पर भोज, सफेद चमड़ीवाले क्लबों में सिफारिश की घूस और आदान-प्रदान--इन सब इलाकों में अंग्रेजी पूँजी का आधिपत्य था। निचले स्तर पर थे: निजी अथवा प्राइवेट व्यवसाय, बैंक के स्थान पर महाजन तथा अन्य सूदखोर, मैनचेस्टर के कपड़ों और सूत की बिक्री, कच्चे माल के निर्यात का खुदरा कारोबार, और खुदरा बिक्री के फड़ पर आढ़तियों की भीड़, महाजनी अक्षरों में लिखी गई रोकड़-बही, बनियों की पंचायत और साहबों के पास आवेदन (पिटीशन)।

कई बार दो-स्तरीय अर्थनीति के इस पार्थक्य को अर्थनीति में सुसंगठित एव असंगठित (unorganised sector) नाम दिया जाता है। इससे यह गलत धारणा बन सकती है कि संगठन का अभाव ही देशी व्यापार का चलन था। ऐसा एकदम नहीं है। केवल उसका स्वरूप उस प्रकार का था, जिस प्रकार का विदेशी पूँजी के आधिपत्य में संभव एवं उपयोगी था। इस एक स्तर के बाशिंदों को जरूरत थी दूसरे स्तर पर कारोबार चालू रखने की, जिससे पहले स्तर से उठकर, जहाँ लाभांश कम था और पूँजी-संचय घट रहा था, कोई-कोई देशी बनिया द्वितीय स्तर की व्यवस्था की तालीम पाएगा और विदेशी प्रतियोगिता और सरकारी असहयोग के

बावजूद दूसरे स्तर पर अपने लिए जगह बना लेगा। 1921-35 की अवधि में एच. वेंकटसुब्बैया के हिसाब के अनुसार भारत में ज्वाइंट स्टाक कंपनियों में देशी पूंजी 55% तक जा पहुँची थी अर्थात विदेशी पूँजी कमोबेश 45% थी। अवश्य ही यह हिसाब बहुत मोटा है। एक अन्य हिसाब के अनुसार 1943 में बड़े कारखानों (जहाँ एक हजार से अधिक मजदूर काम करते थे) के स्वामित्व में देशी पूँजी आगे बढ़ रही थी। इन सब कारखानों में श्रमिकों का 58% देशी पूँजिपतियों के कारखानों से वेतन पाता था। कहना न होगा कि छोटे कारखानों में देशी पूँजी की मात्रा और भी बड़ी थी।

निश्चय ही देशी-विदेशी पूँजी के अंश को अलग-अलग करना मुश्किल है, क्योंकि प्रथम महायुद्ध के समय से ही साहबों द्वारा परिचालित कंपनियों में देशी पूँजी का विनियोग शुरू हो गया था। शेयर बाजार के लेन-देन का हिसाब करना मुश्किल है, फिर भी अगर तरह-तरह की खबरों के टुकड़ों को जोड़कर देखा जाए तो देशी शेयर होल्डरों के विदेशी कंपनी में प्रवेश के संबंध में श्री अमिय बागची और अरुण कुमार बंद्योपाध्याय के मतानुसार द्वितीय महायुद्ध के अंत तक अंग्रेज मैनेजिंग एजेंटों ने अपनी कंपनियों पर नियंत्रण बनाए रखा था। (बंद्योपाध्याय के अनुसार विदेशी पूँजी 1922 से 1938 की अवधि में बढ़कर 708 करोड़ रुपए से 885 करोड़ रुपए हो गई थी)। केवल द्वितीय महायुद्ध के बाद देशी शेयर होल्डरों ने इन सब कंपनियों में बहुमत प्राप्त किया। अवश्य ही जो नए उद्योग खड़े हो रहे थे, जैसे जलविद्युत अथवा सीमेंट, और दूसरे प्रतिष्ठित उद्योगों में, जैसे चीनी या कागज, नई कंपनियाँ द्वितीय महायुद्ध के पहले ही देशी पूँजी द्वारा निर्मित हुई थीं।

देशी पूँजी के पहले तल्ले से दूसरे तल्ले पर उत्तीर्ण होने का इतिहास एक और अध्याय में दिया जाएगा। यहाँ सिर्फ इतना कहने की जरूरत है कि 1939-1947 की अवधि में विदेशी पूँजी में एक बड़ा परिवर्तन हुआ। (1) अध्यापक आन्द्रे गुंडर फ्रैंक के एक सिद्धांत को सभी मानते हैं। पूँजीवादी दुनिया के संकट-काल में (जैसे 1929 की मंदी और द्वितीय विश्वयुद्ध) औपनिवेशिक देश विकास का अवसर पाते हैं। साम्राज्यवादी पूँजी के संकट का सीधा अर्थ है पराधीन देशों के पूँजीपतियों का उत्थान। अवश्य ही एक तरह से व्याख्या के नाम पर यह पुनरुक्ति (tautology) है, फिर भी कमजोर होने के बावजूद इस सिद्धांत के उदाहरण काफी मात्रा में मिल जाते हैं। 1929 की मंदी और 1939 से महायुद्ध के आरंभ के फलस्वरूप देशी-विदेशी पूँजी के संबंध में उसके पर्याप्त प्रमाण मिलते हैं। 1929 की मंदी के आघात के बावजूद अंग्रेज व्यापारियों ने अपना वर्चस्व बनाए रखा। द्वितीय महायुद्ध दूसरे तरह का संकट ले आया। युद्ध के बाजार में इंग्लैंड के साथ आर्थिक लेन-देन के बहीखाते में भारत की एक बड़ी अतिरिक्त पूँजी तैयार हो गई थी। इस देश में ब्रिटिश सरकार का युद्धकालीन अर्थ-व्यय, काफी ऊँचे दामों पर निर्यात से

भारत को होनेवाली मोटी आय, इसके कारण थे। इसके फलस्वरूप इंग्लैंड में भारत के पौंड स्टर्लिंग के ऋण को (रेल कंपनी के ऋण समेत) चुकाना संभव हो सका। केवल इतना ही नहीं, युद्ध के बाद भारत की स्टर्लिंग में अतिरिक्त पूँजी का अंक बहुत बड़ा हो गया। (1945-46 में 2733 करोड़ रुपए मूल्य का)। यह एक बड़ी घटना है, विशेष सौभाग्य की बात है, क्योंकि 1947 के बाद की खींचतान के दिनों में इसी पूँजी को भुनाकर खाना पड़ा था। जो भी हो, व्यक्तिगत पूँजी के क्षेत्र में 1939-47 की अवधि में अंग्रेज कंपनियाँ थोड़ा पीछे हट रही थीं और भारतीय कंपनियाँ तेजी से विस्तार कर रही थीं। प्रोफेसर अलेक्जांडर लेवकोव्सकी के अनुसार बड़ी-बड़ी 32 ब्रिटिश मैनेजिंग एजेंसियों के द्वारा नियंत्रित कंपनियों की संख्या 701 थी। 1948 में यह बढ़कर 712 हो गई। भारतीय मैनेजिंग एजेंसियों में सर्वोच्च 44 एजेंसियों द्वारा नियंत्रित कंपनियों की संख्या एक साथ 239 से बढ़कर 626 हो गई। अर्थात प्रायः ढाई गुना बढ़ गई। निश्चय ही पूँजी का हिसाब सामने न होने से, बाद में, इस प्रकार के अंकों का पूरा महत्त्व नहीं समझा जाता। फिर भी इस बात में संदेह की कोई गुंजाइश नहीं कि अंग्रेजों का व्यवसाय पहले की तरह उन्नतिशील नहीं रह गया था। और ऐसा सोचने का कारण है कि भले ही उनके हाथ में पूँजी बढ़ रही थी, किंतु उस पूँजी का मालिक अभिकांश में भारतीय व्यवसायी था। इन्हीं दिनों चटकल, चाय और रबड़ के बागानों के ढेर सारे शेयर साहब लोगों के हाथ से निकलकर अश्वेत लोगों के हाथ में आए। कुछ ब्रिटिश मैनेजिंग एजेंसियाँ इन्हीं दिनों भारत में पंजीकृत हुईं और कलकत्ता में उनके डायरेक्टरों के बीच कुछ मारवाड़ी और बंगाली नाम भी दिखाई देने लगे। याद रखना होगा कि इन सभी घटनाओं के पीछे केवल महायुद्ध का दबाव और संकट नहीं था। भारतीय स्वाधीनता संग्राम का क्या परिणाम होगा, मित्र शक्तियों के युद्धोत्तर भारत के संबंध में क्या मतामत होंगे, ब्रिटिश सरकार सत्ता के हस्तांतरण के बारे में क्या रुख अपनाएगी, इन सब प्रश्नों के संबंध में संशय और उद्वेग बना हुआ था।

अनेक लोग समझते हैं और राष्ट्रवादी इतिहासकारों की दृष्टि में 1931 का धक्का, 1939-47 में पीछे हटने को बाध्य ब्रिटिश पूँजी के विरुद्ध विजय की सूचक है। मोटे तौर पर यह सही है, क्योंकि इस बीच ढेर सारी भारतीय पूँजी ने विदेशी पूँजी का स्थान ग्रहण किया, किंतु इस समय का अंग्रेजों का इतिहास क्या केवल पीछे हटने का इतिहास है, अथवा एक नई परिकल्पना के अनुसार अंग्रेज अपनी पूँजी को नए व्यवसाय में ढालकर उसे एक नया रूप दे रहा था, पुराने व्यवसायों से पीछे हट कर अंग्रेज, सेठ ज़ी लोगों के लिए जगह छोड़ रहा था—जैसे चटकल, अथवा चाय के बागान अथवा कोयले की खानें।

उपरोक्त व्यवसायों की तुलना में कहीं ज्यादा उज्ज्वल भविष्य दूसरे व्यवसायों

का था, जैसे सिगरेट, मूँगफली का तेल, दवाइयाँ इत्यादि, जहाँ नई अंग्रेज कंपनियाँ और बहुराष्ट्रीय कंपनियाँ सामने आ रही थीं। पुरानी मैनेजिंग एजेंसियाँ गिरावट की दिशा में जा रही थीं, किंतु इंग्लैंड के बड़े-बड़े व्यापारिक प्रतिष्ठान इस देश में अपनी कंपनियों की 'इंडिया लिमिटेड' शाखाएँ खोल रहे थे। और यह भी देखा जाता है कि इंग्लैंड के पूँजीपति भारत के पूँजीपति से मिलकर कारोबार शुरू कर रहे हैं। 1944 में दोराब जी टाटा, घनश्यामदास बिड़ला, कस्तूर भाई लाल भाई और सेठ सिंघानिया को इंग्लैंड आमंत्रित किया गया और 1945 से इन लोगों के साथ मिलकर कुछ कारोबार शुरू किया गया। इसका एक बड़ा उदाहरण है बिड़ला और 'मौरिस' मोटर गाड़ी के निर्माता लार्ड मौरिस तथा आई. सी. आई. (इम्पीरियल कैमिकल इंडस्ट्रीज़) और टाटा के मिलकर खड़े किए गए उद्योग। इस प्रकार पुराने साम्राज्यवाद के साथ विवाह-विच्छेद के बाद अंग्रेजी पूँजी के द्वारा नए ढंग के उद्योगों की आधारशिला रखी जा रही थी। 1947 के बाद के नए परिवेश के लिए अंग्रेज पूँजीपति वर्ग की यह तैयारी थी। हर खेल के अपने नियम होते हैं।

अध्याय : आठ

देशी व्यापारी वर्ग का उत्थान, और उत्थान

भारत की औपनिवेशिक पृष्ठभूमि में देशी व्यापारी वर्ग की भूमिका साधारणतः एक नायक के रूप में उभरी। अंग्रेजों के विरुद्ध सभी प्रकार की विपरीत स्थितियों के बावजूद संघर्ष करनेवाले और अंत में अंकों के आधार पर विजयी घोषित किए जाने वाले नायक के रूप में। आधुनिक भारतीय पूँजीपतियों के जन्म के पहले ही 1860 के दशक से आर्थिक राष्ट्रवाद का यह चरित्र बुद्धिजीवियों की मानसिकता को पूरी तरह घेरे हुए था। कारण यह कि राष्ट्रवाद में एक ओर जैसे उपनिवेशवाद का विरोध है, उसी तरह दूसरी ओर भारतीय धनिक तंत्र के विकास के पक्ष में समर्थन भी है। इसके अलावा उद्योगी पुरुष-सिंह को लक्ष्मी प्राप्त होती है। इस किंवदंती के प्रभाव से जनता के दिलों में द्वारकानाथ ठाकुर अथवा जमशेद जी टाटा अथवा देशी उद्योग के जनक अन्य व्यापारियों ने एक न्यायोचित स्थान पा लिया था। और फिर, अपनी वर्तमान दीन-हीन अवस्था के बीच प्राक्-आधुनिक काल की व्यापारिक समृद्धि की कल्पना उस काल में बारे में एक ऐसी किंवदंती हैं,जो हमारी आंतरिक आकांक्षा से प्रसूत है। बंगाल में इस चीज को देखा जा सकता है। इन सब कारणों से भारत के व्यापारी वर्ग के इतिहास में तथ्यों में से मिलावट को अलग करना जरूरी है। इस संबंध में इतिहासकारों का काम ज्यादा आगे नहीं बढ़ा है। फिर भी मोटे तौर पर 19वीं शताब्दी के मध्य से आज तक देशी व्यापारियों के इतिहास का पता चलता है।

ब्रिटिश-पूर्व व्यापारी पूँजी

18वीं शताब्दी के मानचित्र में कितने ही स्थानों पर पुराने जमाने के व्यापारी वर्ग की जिनका जातिगत पेशा व्यापार था, प्रधानता देखी जाती है। बंगाल में गंध वणिक और सुवर्ण के व्यापारियों का इतिहास बहुत पुराना है। मद्रास के समुद्र तटवर्ती स्थानों में चेट्टी जाति के लोगों का प्राधान्य था। (संस्कृत के श्रेष्ठी शब्द से चेट्टी शब्द

का जन्म हुआ।) इनमें से नाडूकोटाई लोग कम से कम 16वीं-17वीं शताब्दी से ही धनवान थे और मिट्टी के (नाडू) किलों में (कोटाई) अपनी संपत्ति की रक्षा करते थे। मद्रास के अंतर्गत वर्तमान आंध्र प्रदेश में कोमती चेट्टियों का बोलबाला था। हम और दक्षिण चलें तो वर्तमान केरल में मुख्य व्यापारी थे मपिल्ला अथवा मोपला (अरब बनियों और स्थानीय बाशिंदों के मिश्रण से पैदा हुई जाति, जो धर्म से मुसलमान थी) सीरियाई, ईसाई (स्थानीय बाशिंदे जिनमें से अधिकांश तथाकथित उच्च जाति के थे और जिन्होंने ईसाई धर्म स्वीकार कर लिया था); यहूदी (जो बाहर से आए थे और न जाने कब से अपनी अस्मिता को बनाए हुए कोचीन में रह रहे थे)—इन सभी जातियों को विदेशी व्यापार में अनेक शताब्दियों का अनुभव था। समुद्र तट को पकड़कर और आगे जाने पर हम वर्तमान महाराष्ट्र में पहुँचते हैं। यहाँ विदेशी व्यापार का एक बड़ा केंद्र 19वीं शताब्दी से ही बंबई था। यह व्यापार हिंदू और जैन, गुजराती बनियों, पारसियों आदि बाहर से आए लोगों के हाथ में था। भीतरी महाराष्ट्र में प्रतिष्ठित जाति बनियों की थी, इसे बताने की जरूरत नहीं हैं। मराठी लोगों में अनेक ब्राह्मण महाजनी करते थे और कुछ राजस्थान से आए हुए बनिये थे। पश्चिमी तट के विदेश व्यापार की दौलत गुजराती जैन और हिंदू बनियों, वोहरा मुसलमान बनियों, कोंकणी सौदागरों आदि के हाथ में थी, जो यहाँ कई शताब्दियों से जड़ जमाए बैठे थे। व्यापार के प्रमुख केंद्र सूरत से जो रास्ता मुगलों के शासन के केंद्र आगरा-दिल्ली की ओर गया था, वह राजस्थान के बीच से होकर गुजरता था। राजस्थान के बनियों ने, विशेषकर जो लोग मारवाड़ प्रदेश के और शेखावटी अंचल के थे उन्होंने, देशी व्यापार और महाजनी के कारोबार में सफलता पाई थी और वहाँ से दोनों दिशाओं में फैल गए थे—वर्तमान उत्तर प्रदेश और बिहार होते हुए बंगाल तक और दूसरी ओर मध्य प्रदेश तथा महाराष्ट्र के अंचल में; और भी उत्तर में पंजाब में और सिंधु नदी के पार स्थल मार्ग द्वारा पश्चिम और मध्य एशिया के साथ व्यापार के मार्गों पर खत्री और लोहना आदि जाति के लोग थे।

चटपट बनाए गए इस मानचित्र में थोड़ी-सी फाँक रह गई है। पर मोटे तौर पर पुराने, जाति पर आधारित, व्यवसायी वर्ग इसी प्रकार विभिन्न दिशाओं में फैले थे। यह याद रखना होगा कि केवल यही जातियाँ व्यापार में नहीं लगी हुई थीं, फिर भी इन्हीं की प्रधानता थी। 18वीं शताब्दी के अंत और 19वीं शताब्दी के आरंभ में दूसरी कितनी ही जातियों के लोग, विदेशी कंपनियों अथवा अंग्रेज साहबों के व्यक्तिगत व्यापार की पूँछ पकड़कर पुराने व्यापारी वर्ग को पीछे छोड़ गए थे। बंगाल में इसके पर्याप्त उदाहरण पाए जाते हैं, पर सबसे बड़ा उदाहरण है पारसियों का। फारस देश द्वारा मुस्लिम धर्म अंगीकार कर लेने के बाद वहाँ से पुराणपंथी अग्निपूजक लोग शरणार्थी होकर आए और गुजरात में बस गए। कई

शताब्दियों तक ये किसानी, कारीगरी और व्यापार में लगे रहे। बंबई में अंग्रेजों के व्यापारिक केंद्र बन जाने का फायदा उठाकर इन्होंने व्यापार में खूब उन्नति की, पर इनकी कहानी हम बाद में बताएँगे।

19वीं शताब्दी के मध्य से पुराने व्यापार पर अंग्रेजों के हमले जोरदार हो उठे। क्रमशः देशी व्यापारियों की जो हालत हो रही थी, उसका संक्षेप में वर्णन करना जरूरी है। लगता है इसी समय से विदेशी व्यापार और मिले-जुले कारोबार में प्रतियोगिता-मूलक व्यवस्था की जगह एकाधिकार की तरफ झुकाव की मूल प्रवृत्ति दिखाई दी। प्लासी के युद्ध के बाद के समय में बंगाल में जो हुआ उससे यह अंदाजा लगाने की कोशिश की जा सकती है कि बहाव किस ओर को था। कंपनी का शासन काल हालाँकि इस पुस्तक की सीमा के बाहर है, फिर भी इस बहाव की जानकारी हमारे लिए जरूरी है।

II

ईस्ट इंडिया कंपनी और देशी पूँजी

यह स्वतः प्रमाणित तथ्य है कि व्यापारी पूँजी का लाभ और वृद्धि सस्ती दर पर माल खरीदने और महँगे दामों पर बेचने से होती है और एकाधिकारी खरीददार कम दाम में खरीद सकता है और अधिक दाम में बेच सकता है। ईस्ट इंडिया कंपनी आदि में यही प्रवृत्ति भारत में निर्यात के लिए खरीद के मामले में 18वीं शताब्दी तक बनी रही। बड़ी-बड़ी पुर्तगाली, अंग्रेज और फ्रांसीसी कंपनियाँ तो एक-दूसरे के साथ प्रतिद्वंद्विता कर ही रही थीं, इसके अलावा देशी बनियों के माध्यम से कारीगरों को दादन (अग्रिम) देना होता था, इसलिए उनकी भी एक बड़ी भूमिका थी। और देशी बनियों की पूँजी का तथा कभी-कभी राजनीतिक खूँटे का जोर भी कम नहीं था। यह बात हाल की खोजों से सामने आई है। यद्यपि शुरुआती दौर में विदेशी व्यापार विषयक खोजों में ईस्ट इंडिया कंपनी आदि के ऊपर ही ध्यान केंद्रित किया गया था, इस कारण कुछ वर्ष पहले तक एक विपरीत धारणा प्रचलित थी।

19वीं शताब्दी में क्रमशः प्रतिद्वंद्विता का वातावरण—जो देशी बनियों और जुलाहों के लिए सुविधाजनक था—बदलने लगा। पुर्तगालियों और फ्रांसीसियों को दबोचकर अंग्रेजों ने जो व्यावसायिक सुविधा प्राप्त की थी, वह देशी राजाओं की दुर्बलता के कारण और जोरदार हो उठी। इसका एक नमूना सूबा बंगाल के नवाबों की स्थिति, अव्यवस्थितचित्तता और कंपनी के बढ़ाव को रोकने में उनकी अक्षमता थी। (यहाँ एक छोटा समाचार प्रासंगिक है : प्लासी के युद्ध में अंग्रेजों के पक्ष के मृतकों की संख्या केवल 29 थी और उसमें से भी सोलह मृतक देशी सिपाही थे)।

सबसे बड़ी बात यह है कि अंग्रेज कंपनी ने क्रमशः निर्यात-योग्य पदार्थों की खरीद के लिए जो यंत्र तैयार किया, उससे देशी बनियों के सामने केवल दो ही रास्ते रह गए—या तो उन्हें अपने को आंतरिक व्यापार में ही सीमित रखना होगा अथवा बाहरी व्यापार के एकमात्र बड़े व्यापारी अंग्रेजों के अधीन रहना होगा।

1753 से अंग्रेज कंपनी ने गुमाश्ता व्यवस्था अथवा एजेंसी व्यवस्था द्वारा क्रय योग्य पदार्थों, प्रधान रूप से सूती कपड़े के संग्रह का काम शुरू किया। पहले के स्वाधीन देशी दादनी बनिए की जगह आया अंग्रेजों की व्यवस्था के अधीन कमीशन खानेवाला गुमाश्ता। जुलाहे अपने कपड़े किसे बेचेंगे, इस बारे में उनकी स्वतंत्रता भी समाप्त हो गई। कपड़े खरीदने के व्यापार में तरह-तरह की कारगुजारियाँ शुरू हुईं (जैसे महीन और अच्छे कपड़े को मोटे कपड़े के दाम पर खरीदना, जोर-जबरदस्ती अग्रिम राशि देकर कपड़े पर कब्जा करना, इत्यादि)। इस मामले में काफी खोज हुई है और इसमें सबसे उल्लेखनीय तथा अत्यंत परिश्रम से लिखी गई नरेंद्र कृष्णसिंह की पुस्तक है, जिसमें तत्कालीन दस्तावेजों का सही-सही अर्थ बताया गया है। उन्होंने दिखाया है कि 1757 के राजनैतिक परिवर्तन के बाद जुलाहों के ऊपर अंग्रेजों द्वारा नियुक्त गुमाश्तों का अत्याचार बढ़ गया और कंपनी के लिए कपड़े खरीदने का अधिकार केवल अंग्रेजों अथवा उनके द्वारा बेनामी किए गए उनके कुछ देशी अनुचर बनियों को मिलने लगा। अंग्रेज और कपड़े के कारीगरों के बीच देशी बनियों को लाभ कमाने का सुयोग कम होता गया।

1771 में कंपनी के उच्चतम नीति-निर्देशक 'कोर्ट आफ डायरेक्टर्स' ने घोषणा की कि बंगाल में ठेकेदारी प्रथा लागू करनी होगी। एक-दो साल के बाद ही हेस्टिंग्स ने इस आशय की चिट्ठी लिखी। ऐसा क्यों किया गया? क्या इसका मतलब यह है कि व्यापारी कंपनी स्वेच्छा से अपने एकाधिकार को छोड़े दे रही थी? इसका उत्तर संभवतः यह है कि नहीं, ऐसा नहीं था। 1770 के अकाल में—बंकिमचंद्र के उपन्यास (आनंद मठ) की जो पृष्ठभूमि है—बंगाल के एक तिहाई आदमी मौत के मुँह में चले गए, जिनमें किसान और जुलाहे शामिल थे। इसके फलस्वरूप बाजार में कपड़ा आना बहुत कम हो गया, कंपनी की इस आकस्मिक उदारता के पीछे यही कारण था। पर कुछ ही वर्षों में यह उदार नीति मुहाफिजखाने में इतिहासकारों के लिए खोज का विषय हो गई और एकाधिकार वापस आ गया। 1774-1778 के दौरान इसका नाम था—ठेकेदारी व्यवस्था। लार्ड कार्नवालिस ने 1788 में एजेंसी व्यवस्था को फिर से बहाल किया, पर विदेशी व्यापार से जुड़े व्यवसाय में देशी बनियों को अपनी जगह फिर से प्राप्त नहीं हुई।

अंग्रेज कंपनी की इस एकाधिकार नीति का अर्थ निश्चय ही यह नहीं था कि अर्थशास्त्र की पाठ्य पुस्तकों में जिस अर्थ में एकाधिकार शब्द का प्रयोग होता है,

हूबहू उन्हीं अर्थों में इसे ग्रहण किया जाए। इस मामले में कहा जा सकता है कि कंपनी ने कपड़े और रेशम के बाजार में सबसे बड़े खरीदार के रूप में अधिकार ग्रहण किया, किंतु बाजार में दूसरे खरीदार भी थे—जैसे कंपनी के वे नौकर जो अपना खुद का व्यापार करते थे। कंपनी की छत्रछाया के बाहर कुछ अलग-अलग श्वेत व्यापारी (जो बाद में चलकर मैनेजिंग एजेंसी के जन्मदाता बने) और देश के भीतर व्यापार करने के लिए देशी बनिये भी सक्रिय थे (जैसे उत्तर भारत में रेशम के चालान, यानी बाहर भेजने का कारोबार)। फिर भी अनेक क्षेत्रों में ऊपरी तौर पर देखने से प्रतिद्वंद्विता की स्थिति के बावजूद, देशी कारीगरों के समक्ष चीजें खरीदने के कारोबार में खरीदारों के बीच मिली-भगत के फलस्वरूप सामूहिक एकाधिकार (Collective monopoly) का जन्म हुआ और कंपनी तथा उसके नौकरों के हाथों में 1757 के बाद से जो अधिकार इकट्ठे हुए, उनका उपयोग वे व्यापार को केंद्रीभूत करने के काम में भी करने लगे।

मूल बात यह है कि विदेशी व्यापार में देशी व्यापारियों की भूमिका क्रमशः संकुचित होकर करीब-करीब समाप्त हो गई। क्लाइव से लेकर कार्नवालिस तक के शासन-काल में यह प्रक्रिया पूरी हुई। अंग्रेज वाणिज्य के क्षेत्र में उनके लिए जो जगह बाकी बची, 19वीं शताब्दी के शुरू के वर्षों में वह थी बनियागिरी, नमक की दीवानी, अंग्रेज व्यापारी को पैसों की जरूरत पड़ने पर किसी लाभदायक अनुग्रह के बदले में ऊँचे सूद पर पैसे उधार देना, और 'कंपनी के खातों में' अलग से पूँजी का विनियोग। उन दिनों व्यवसाय का उभार तथाकथित अनधिकारी (interloper) व्यापारियों के हाथों में था, न कि ईस्ट इंडिया कंपनी के हाथों में। इन अनधिकारी व्यवसायियों, स्वतंत्र अंग्रेज व्यापारियों और उनके हाथों में जो पूँजी थी उसका एक बड़ा हिस्सा पुराने और नए कंपनी के कर्मचारियों द्वारा अर्जित अथवा लूटा हुआ था। प्रोफेसर कमलेश त्रिपाठी ने दिखाया है कि कैसे इस वर्ग के अंग्रेज बनियों ने मुक्त व्यापार (Free Trade) की पताका फहराते हुए ईस्ट इंडिया कंपनी द्वारा प्राप्त एकाधिकार को 1813 में खत्म कर दिया। मजे की बात यह है कि इस मुक्त व्यापार के ध्वजाधारी अंग्रेज व्यापारी वर्ग ने पहले उल्लिखित श्वेत व्यापारी वर्ग के एकाधिकारवाद को कायम रखा और इस देश में विदेशी पूँजी के प्रारंभिक संचय का उत्स बना।

विदेशी व्यापार में देशी बनियों की भागीदारी एकदम नहीं थी, ऐसा भी नहीं है; पर वह अत्यंत गौण थी, विशेषकर रामदुलाल डे और मतिलाल शील (गिरीश चंद्र घोष तथा किशोरीलाल मित्र द्वारा लिखित जीवनी के प्रकाशन के बाद से) की बंगला शहरी किंवदंतियों के बीच, किंतु विदेशी व्यापार के भागीदार और जहाज के मालिक के रूप में इस तरह के बंगाली व्यापारियों का महत्त्व कितना था, इस बारे में बहुत संदेह है। कलकत्ता बंदरगाह में पंजीकृत जहाजों के हिसाब-किताब

से पता चलता है कि सभी भारतीय व्यापारियों के भाग को जोड़ दिया जाए तो वह जहाजों के कुल टनेज (tonnage) के 5 से 10 प्रतिशत के बीच था। तिस पर भारतीय बनियों की इस सामान्य भागीदारी के बीच बंगाली हिंदू बनियों का अंश कभी चालीस प्रतिशत तक नहीं पहुँचा। दूसरी ओर कुछ अंग्रेज एजेंसी हाउसों ने अधिकांश जहाजों को हस्तगत कर लिया। 1830 के एक सरकारी प्रतिवेदन से पता चलता है कि सिर्फ छह अंग्रेजी हाउसों ने कलकत्ता बंदरगाह में पंजीकृत कुल जहाजों के 65% का स्वामित्व प्राप्त कर लिया था। यहाँ भी अंग्रेजों का एकाधिकार बन रहा था।

पिछले दिनों प्रकाशित अमिय बागची द्वारा लिखित 'स्टेट बैंक के इतिहास' से पता चलता है कि बैंक-व्यवस्था में देशी बनियों की भूमिका 'बैंक ऑफ बंगाल' के स्थापना काल (1808) से ही क्रमशः कमजोर होती जा रही थी। बैंक से जिन्हें ऋण मिलता था, उनमें भारतीयों का नाम बहुत विरल था। 30 के दशक में एजेंसी हाउसों के व्यापार में मंदी के कारण बंगाल के बनियों को बहुत अधिक खामियाजा भुगतना पड़ा और वे अंग्रेजों द्वारा परिचालित व्यापार से दूर हटने लगे। एक अन्य शोधकर्ता के अनुसार बैंक-व्यवस्था के बाहर वित्त के बाजार में भी देशी पूँजी की हालत खराब हो रही थी और इसके लिए जिम्मेदार था अंग्रेजी पूँजी के हित में कंपनी सरकार का हस्तक्षेप। बहुत बार कंपनी सरकार ने अंग्रेज बनियों को राजस्व से मामूली सूद पर पैसे उधार दिए। और यह उन्हीं दिनों घटित हुआ जब पूँजी के बाजार में खींच-तान होने के कारण देशी बनियों को ऊँची दर पर सूद कमाने का अवसर मिला। अर्थात अंग्रेज एजेंसी हाउस असुविधाजनक स्थिति में जा पहुँचे। यह अंग्रेज पूँजी और अंग्रेज सरकार की एकता का एक और उदाहरण है।

19वीं शताब्दी के पहले भाग में कलकत्ते में देशी, विशेषकर बंगाली, व्यापारी वर्ग के पतन ने परवर्ती काल में पूर्वी भारत में विदेशी पूँजी के आधिपत्य के लिए जमीन तैयार की। किंतु कलकत्ता-केंद्रित बंगाल के वाणिज्य में देशी बनिये 19वीं शताब्दी के प्रथम भाग में जिस प्रकार एक कोने में डाल दिए गए वैसा बंबई में नहीं हुआ। बंगाल के साथ बंबई का एक अंतर यह था कि पश्चिमी समुद्र-तट के लोगों में सागर के उस पार जहाज द्वारा यातायात करने और व्यापार करने का अभ्यास बचा हुआ था, जो बंगाल में नहीं था। इसके अलावा पश्चिमी भारत में मराठों के दबाव के फलस्वरूप अंग्रेजों का शासन बहुत बाद में, और किस्तों में कायम हुआ। बंबई के पीछे की ओर रुई और अफीम जैसे पदार्थों के उत्पादन-केंद्र कुछ देशी राज्य तब भी बचे हुए थे। मसलन, देशी राज्य में अफीम का उत्पादन होने पर देशी बनियों को थोड़ी सुविधा होती है, कम से कम आंतरिक व्यापार में, जैसे कि मालवा अंचल के कुछ देशी बनिये अफीम का चालान बंबई न करके सीधे चीन के

लिए करते थे। इसके अलावा जिस प्रकार बंगाल 1757 से 1857 तक धन-निर्गम (drain of wealth) का शिकार हुआ था, वैसा महाराष्ट्र अंचल बहुत दिनों तक नहीं हुआ।

इंग्लैंड में औद्योगिक क्रांति के प्रथम चरण में सूती कपड़ा बनाने का काम मुख्य था, इसलिए वहाँ रुई की खूब माँग थी। दक्षिणी भारत की काली मिट्टी में रुई की पैदावार बहुत अच्छी होती है। 1860-64 में जब संयुक्त राज्य अमेरिका में नीग्रो अर्थात अश्वेत अमरीकियों की गुलामी को खत्म करने के मसले को लेकर गृहयुद्ध होने के कारण स्थिति अस्त-व्यस्त थी, तब सारी दुनिया के बाजार में अमरीकी रुई के न पहुँचने के फलस्वरूप रुई का दाम बढ़ा और उन्हीं दिनों बंबई के देशी व्यापारियों को खूब मुनाफा हुआ। संभवतः यह समय बंबई में प्रारंभिक पूँजी संचय का एक महत्त्वपूर्ण काल था। देशी बनियों के बीच पुराने व्यापारियों की अपेक्षा नए ढंग के उद्योग में पहल करने की प्रवृत्ति पारसी व्यापारियों में अधिक थी। शायद अग्निपूजक इन अन्यधर्मी लोगों के लिए समाज में उन्नति के अन्य रास्ते बंद होने से नए रास्तों की तरफ बढ़ने की प्रवृत्ति बढ़ी, जो प्रतिष्ठित व्यापारी वर्ग के लिए आकर्षण का केंद्र नहीं था। व्यापार के इतिहासकार एवरेट हेगेन का यही मत है। उनके मत की पुष्टि दूसरे देशों के उदाहरणों से की जा सकती है, जैसे फ्रांस के प्रोटेस्टेंट अथवा मध्य यूरोप के यहूदी अथवा उत्तरी इंग्लैंड के नानकन्फर्मिस्ट संप्रदाय के लोग, जिनमें इसी तरह के नवोन्मेषशाली उद्यम (innovative enterpreneurship) की प्रवृत्ति देखी जाती है। पारसियों की व्यापारिक सफलता के कारणों की खोज करते हुए कैनेडी ने जरथुस्त्र के आदिग्रंथ तक का हवाला देकर यह प्रमाणित करने की कोशिश की है कि जातिभेद का अभाव, पुराने वणिक संप्रदाय के लंबे इतिहास से पैदा होनेवाले विधि-निषेधों का अभाव, हिंदू समाज के विपरीत व्यक्ति-स्वातंत्र्य आदि पारसियों के नए-नए व्यापार में सफलता के मूल कारण हैं। यह सब मैक्स वेबर के सिद्धांत का अवदान है। इसे प्रमाणित करना भी मुश्किल है और अप्रमाणित करना भी। जो भी हो, पारसियों में पश्चिमी तौर-तरीकों को आत्मसात करने और नए व्यापार का सुअवसर पाते ही उन तौर-तरीकों को काम में लाने की निपुणता, अंग्रेज शासित बंबई के नए परिवेश में अपने को खपा लेने की उनकी क्षमता में साफ-साफ देखी जाती है। 19वीं शताब्दी के पूर्वार्द्ध में इस क्षेत्र में उनके नेतृत्व के फलस्वरूप उस शताब्दी के उत्तरार्द्ध में औद्योगीकरण के समय उनको अच्छी सफलता मिली।

19वीं शताब्दी के शुरू से बंगाली व्यापारियों की असफलता के अनेक कारण बताए जाते हैं। अध्यापक नरेंद्र कृष्ण सिंह का मत यह है कि इस्तमरारी बंदोबस्त के फलस्वरूप और सामाजिक प्रतिष्ठा के आकर्षण में जो धनवान थे, उन्होंने जमींदारियाँ खरीदीं, जिसके फलस्वरूप पूँजी का व्यापार से अपसरण हुआ।

कलकत्ते की अदालत के 19वीं शताब्दी के एक दस्तावेज से उन्होंने अपना मत बनाया कि साधारणतः धनी परिवारों में संपत्ति के बँटवारे को लेकर कलह और अदालती खर्च में होनेवाली अर्थहानि उनके सर्वनाश का एक प्रमुख कारण है। एक तीसरा मत भी प्रचलित है कि बंगाल में विरासत कानून ऐसा है कि मालिक के कार्यों और संपत्ति पर उसके अधिकार को चुनौती नहीं दी जा सकती। भारत में अन्य स्थानों पर जहाँ 'मिताक्षर कानून' लागू है वहाँ केवल जन्म लेने से पुरुष-संतान को पारिवारिक संपत्ति में आंशिक अधिकार मिल जाता है। इसके फलस्वरूप बंगाल के विरासत कानून के तहत जिनका पालन-पोषण होता है उनमें व्यक्ति-स्वातंत्र्य की, कुछ नया करने और लाभ के लिए जोखिम उठाने की मानसिकता तैयार नहीं होती। गृहस्वामी की छत्रछाया में पुराने ढर्रे पर जीने के कारण वे अपना उद्यम खो बैठते हैं।

अंतिम सिद्धांत मैक्स वेबर की विचारधारा का अनुसरण करता है। मैं पहले ही कह चुका हूँ कि इसे प्रमाणित करना उतना ही कठिन है जितना अप्रमाणित करना। पहली और दूसरी व्याख्या के पक्ष में अनेक दलीलें हैं, किंतु इनका कार्य-कारण संबंध स्पष्ट नहीं है। संपत्तिशाली परिवारों का पतन तो होता ही रहता है, इससे दूसरों के उत्थान का बोध नहीं होता और इससे एक वर्ग या जाति के समष्टिगत भाग्य का निर्धारण भी नहीं होता। इनमें से पहला मत बहुत प्रचलित है, किंतु इसको पुष्ट करने के लिए जिस तरह के प्रमाणों की जरूरत है उसका अभाव है। इसके अलावा सिराजुल इस्लाम ने दिखाया है कि 1790 से 1819 तक जमींदारी खरीदनेवालों के बीच व्यापारियों की संख्या कम थी। ज्यादातर खरीददार दूसरे जमींदार या नायब अमला वर्ग के लोग थे। परवर्ती काल में अगर व्यावसायिक पूँजी का जमींदारी की खरीद में और अधिक मात्रा में झुकाव हुआ था तो इसका कारण व्यावसायिक असफलता अथवा विनियोग के अवसर का अभाव भी हो सकता है। अर्थात कार्य-कारण संबंध उल्लिखित सिद्धांत के ठीक विपरीत भी हो सकता है। लगता है इन सब व्याख्यानों के बीच जो सबसे ज्यादा ग्रहण करने योग्य है और सबसे सहज है, वह यह है कि बंबई की तुलना में पूर्व भारत में और कलकत्ता में विदेशी पूँजी का दबाव बहुत प्रबल था।

स्थिति के दबाव में अनेक पुराने व्यापारी परिवारों के बाबू लोग आलसी हो गए। इसका एक चित्र यहाँ प्रस्तुत है। यह चित्र 'आलालेर घरेरदुलाल' (बड़े घर के दुलरुआ) की बजाय 'कलकातार नुकोचुरि' (कलकत्ते की लुकाचोरी) 1869 से दिया जा रहा है : ''पामरलाल मित्र बाबू बहुत बड़े घर के नाती थे। वे हम यारों के यार थे। बाबू का बैठकखाना हमेशा गुलजार रहता था, ओल्सन के खाने और पेइन कंपनी की शराब से सराबोर रहता था··· बाबू पांचूहरि कंपनी के एजेंट हुए और मैं सदरमेठ हुआ। काम के बीच आफिस में जाकर मैं 'हवा कर रे' कहकर लेट जाता

था । आयात-निर्यात धीरे-धीरे बढ़ने लगा । और साहेब को बहुत अधिक रुपए एडवांस करने पड़े । साहेब बड़ा भलामानुष था, मगर विलायत में बहुत बड़ा अकाल पड़ने से रुई को बहुत नुकसान हुआ । साहेब का तो दीवाला निकल ही गया, हम भी बेमौत मारे गए । जो व्यक्ति किसी चीज को नहीं जानता, उसके लिए उस काम में शामिल होना किसी प्रकार उचित नहीं है ।"

III

देशी व्यापारियों का उदय

ऐसा नहीं है कि औपनिवेशिक अर्थनीति में देशी बनियों के लिए कोई जगह न थी । विदेशी पूँजी की बगल में उनके लिए एक छोटी-सी भूमिका थी । हमने पहले के एक अध्याय में देखा है कि कृषि-बाजार में उन्नति के साथ-साथ फसल को बाजार में पहुँचाने के लिए बिचौलियों का काम करना, क्षेत्रीय विशेषज्ञता के फलस्वरूप भीतरी व्यापार, नगदी फसल (Commercial Crop) के अलावा अन्य कृषि-पदार्थों के बीच बिचौलियों की भूमिका, मालगुजारी देने के लिए उधार देना, किसान को खाने-पहनने के लिए उधार देना, फसल के लिए दादन या अग्रिम राशि देना आदि क्षेत्रों में छोटे-बड़े बनियों, महाजनों और सेठों की भूमिका क्रमशः बढ़ती गई । इसी प्रकार निरुद्योगीकरण के बाद भी जो छोटे-मोटे कुटीर उद्योग बाकी थे उनमें भी सौदागरी या महाजनी पूँजी की एक बड़ी भूमिका रह गई थी । इन दो क्षेत्रों में भी पूँजी का संचय मध्य और निम्नवर्गीय कृषकों और कारीगरों के हाथों में न होकर उत्पादन-व्यवस्था के बाहर स्थित महाजनी अथवा सौदागरी कारोबारियों के हाथ में होने लगा, जिसके फलस्वरूप उत्पादन के लिए विनियोग और उत्पादन-वृद्धि की संभावना नष्ट हो गई अथवा बाधित हुई । इन बातों की चर्चा हम पहले ही कर चुके हैं ।

विदेशी व्यापारिक हित चाहेगा कि देशी व्यापारी कृषि-पदार्थों का संग्रह करें और उसे निर्यात-योग्य बना दें, आयातित औद्योगिक पदार्थों को बाजार में पहुँचाएँ, बैंक व्यवस्था के बाहर के क्षेत्र में पैसों के जुगाड़ में लगे रहें, कृषि-उत्पादों और राजस्व-संग्रह के लिए विराट परिमाण में पैसों का जो मौसमी ज्वार-भाटा पूरे देश के पैमाने पर चलता है उसकी व्यवस्था करें, इत्यादि । औपनिवेशिक दुतल्ला अर्थव्यवस्था (dual economy) और उसके निचले तल्ले के कारोबार आदि के बारे में मैं पहले ही बता चुका हूँ, पर देशी व्यापारी हमेशा के लिए उसी निचले तल्ले पर क्यों बना रहेगा ? बंबई में जो घटित हुआ वह 1850 के दशक से किस्तों में अन्य स्थानों पर भी घटित हुआ, इसीलिए बंबई में देशी व्यापारियों के दूसरे

तल्ले पर चढ़ने के मामलों को थोड़ा गहराई से देखा जाए।

19वीं शताब्दी के आरंभ में अफीम तथा रुई के निर्यात के व्यापार में उन्होंने, विशेषकर पारसियों ने, अंग्रेजों की पूँछ बनकर काम शुरू किया। (इन्हें कई बार चीन में पुर्तगाली भाषा के एक शब्द को उधार लेकर Comprador कहा जाता है)। किंतु ये देशी बनिये वहीं पर नहीं रुके रहे। रुई के निर्यात-व्यापार में, विशेषकर 1860-68 के वर्षों में, जिन्होंने हिस्सा लिया वे इस बात का पता पाने में सफल हुए कि मैनचेस्टर में किस तरह की रुई की जरूरत है और कारखानों की हकीकत तथा औद्योगिक जगत की कारगुजारियों का भी उन्हें पता चल गया। इनमें से अनेक ने, जैसे नौशेरवान जी टाटा के सुपुत्र जमशेद जी, निर्यात-व्यापार की जानकारी के लिए इंग्लैंड गए और अपनी आँखों सबकुछ देखकर जानकारी हासिल की। दक्षिणी भारत से विदेशों को रुई के निर्यात के लिए अंग्रेजों ने रेल और सड़कों का निर्माण किया, किंतु इससे बंबई में स्थापित सूती मिलों के लिए कच्चे माल की आपूर्त्ति में भी बड़ी सुविधा हुई। कच्चे माल का स्रोत अत्यंत निकट था, और फिर बंदरगाह होने की वजह से बंबई के सूती कारखानों में तैयार माल भेजने में भी सुविधा हुई। (स्वाभाविक रूप से शुरू के वर्षों में बंबई के सूती मिलों का मुख्य बाजार विदेश में, पूर्वी एशिया में था।) बंबई की एक और सुविधा थी उसकी आबो-हवा। गीली आबो-हवा सूत तैयार करने के लिए उपयोगी है। आर्द्रता के अभाव में सूत्र टूट जाते थे। (आजकल ह्यूमिडिफायर अथवा गीला करनेवाले यंत्र बन गए हैं।) एकमात्र व्यावहारिक असुविधा यह थी कि सूती मिलों को चलाने के लिए कोयले की जरूरत पड़ती थी, जिसका स्रोत वहाँ से बहुत दूर बंगाल-बिहार के अंचलों में था, मगर शुरू-शुरू में कोयला विदेशों से निर्यात किया गया। फिर बाद में जल विद्युत-शक्ति का व्यवहार करके इस समस्या का समाधान किया गया। यह भी ध्यान में रखना होगा कि बंबई शहर में सूती मिल खोलने की इन सब स्थानीय सुविधाओं के अलावा भी साधारणतः सूती वस्त्र-उद्योग के पक्ष में जानेवाले अनेक उपादान भारत के अर्थनैतिक परिवेश में विद्यमान थे। सूत के खरीददार विदेशी कंपनियाँ तथा देशी जुलाहे थे और कपड़े के खरीददार थे साधारण लोग, न कि अंग्रेज सरकार जो देश के औद्योगीकरण के खिलाफ थी। (लोहा, इस्पात-उद्योग में अवस्था ठीक इसके विपरीत थी, इसीलिए उसका विकास देर से हुआ)। दूसरे, सूती कारखाने खोलने में पूँजी कम लगती है, छोटा उद्योग होने के कारण ऊँचे स्तर की तकनीक या कौशल की जरूरत नहीं पड़ती। तीसरे, जहाँ पर अधिकांश औद्योगिक पदार्थों की माँग देश के औसतन कम आय वर्ग में सीमाबद्ध होती है, वहाँ भी सूती कपड़े का दाम कुछ इतना ज्यादा नहीं होता कि एक बड़ी बाधा साबित हो।

इन्हीं सब कारणों से सूती कपड़ा उद्योग की स्थापना बंबई के देशी बनियों के

लिए सहज हुई थी और इसीलिए बंबई के कारखाना मालिक देशी उद्योग-धंधों के अग्रदूत माने जाते हैं। 1853 में कावस जी नाना जी दावर नाम के पारसी ने जो रास्ता दिखाया, उस पर चलकर बहुत बड़ी देशी पूँजी उद्योग में नियोजित हुई। मगर वह इतिहास एक अन्य अध्याय में बताया जाएगा। पूर्वी भारत में तस्वीर एकदम उलटी थी। चाय के बागानों में सरकारी अनुकूलता के कारण सरकारी पैसे से 'आसाम चाय कंपनी' तैयार हुई और उसने चाय के बागान अपने हाथ में लिए, (द्वारकानाथ ठाकुर तथा अन्यान्य संभाव्य खरीदारों के आवेदन नामंजूर करके)। इसके बाद अनेक अंग्रेजी कंपनियों को बिना मालगुजारी के सरकार द्वारा बड़ी-बड़ी जमीनें मिलीं। चटकल अर्थात जूट उद्योग में शुरू से ही स्काटलैंड-वासियों का आधिपत्य था। सिर्फ कोयले की खानों में जमीन के स्वामित्व आदि कारणों से देशी पूँजी काफी परिमाण में लगी हुई थी, यद्यपि उनका उत्पादन उनकी संख्या की तुलना में साहबों की कंपनियों से काफी कम था। सूती मिल बनाने में अंग्रेजों को कोई उत्साह नहीं था, (20वीं शताब्दी में थोड़ा उत्साह देखा गया) क्योंकि मैनचेस्टर के साथ प्रतियोगिता अंग्रेजों और उनकी सरकार को मंजूर न थी। फलस्वरूप वस्त्र-उद्योग में देशी पूँजी के ऊपर विदेशी पूँजी का दबाव नहीं पड़ा। दबाव आया था भारत सरकार की ओर से, मैनचेस्टर के दबाव में तैयार की गई शुल्क नीति के रूप में। (देखिए, अध्याय 10)।

देशी व्यापारी औद्योगीकरण और बड़े कारोबारों की दिशा में आगे बढ़े, तथाकथित संगठित सेक्टर (organised sector) के अधीन बैंक शेयर मार्केट ज्वाइंट स्टाक कंपनी की दुनिया में। आज हम सीमित दायित्व (limited liability) वाली कंपनियों के अभ्यस्त हो चुके हैं, किंतु इंग्लैंड में भी 19वीं शताब्दी के मध्य में और ब्रिटिश भारत में 1857 में ही यह चीज कानूनी हो पाई। सभी जानते हैं कि इस व्यवस्था की सुविधा यह है कि भागीदार अथवा शेयर होल्डर केवल उनके अंश के अनुपात में कंपनी के ऋण के लिए जिम्मेदार होते हैं, अथवा उसी अनुपात में लाभ का दावा करते हैं। यह कानून बनने के पहले व्यापार की और उससे जुड़े लोगों की, विशेषकर देशी बनियों की, जो अंग्रेजों के साथ जुड़े हुए थे, हालत खस्ता थी; क्योंकि संयुक्त व्यापार का ऋण देशी व्यापारी के ऊपर लदता था और साहेब को इंग्लैंड में भागकर छुपने की जगह थी। इसके अलावा राधेश्याम रूँगटा ने दिखाया है कि कैसे लिमिटेड कंपनी चालू होने के पहले थोड़े-से शेयर होल्डर बाकी के शेयर होल्डरों को ठग सकते थे (जैसे 1849 में बैंक ऑफ बनारस का दीवाला निकलने की घटना)। सबसे बड़ी बात यह है कि सीमित उत्तरदायित्व कानून के न होने पर किसी व्यापारी के लिए विभिन्न उद्योगों में पैसा लगाना कठिन था। कारण यह कि प्रत्येक कंपनी में उसका उत्तरदायित्व सीमित नहीं था। 1857 से यहाँ सुपरिचित सीमित उत्तरदायित्ववाली 'ज्वाइंट स्टाक कंपनियाँ' शुरू हुईं,

पहले अंग्रेजों द्वारा और बाद में व्यापक रूप से देशी व्यापारियों द्वारा। 1880-81 में इस तरह की कंपनियों की संख्या 475 थी। (कुल पूँजी 14.9 करोड़ रुपए), 1899-1900 में उनकी संख्या 1340 हो गई (कुल पूँजी 35.4 करोड़ रुपए), 1913-14 में उनकी संख्या बढ़कर 2744 हो गई (कुल पूँजी 76.6 करोड़ रुपए)। इसमें देशी पूँजी का अनुपात क्या था इसका ठीक पता नहीं है, मगर वेंकटसुब्बैया के अनुसार 1930 में 'ज्वाइंट स्टाक कंपनियों' में भारतीय पूँजी कुल पूँजी की 53.3% थी।

अंग्रेजों के कानून और पद्धति के अनुसार निर्मित व्यापारिक प्रतिष्ठानों में देशी व्यापारी एक निजी और खास तरह का दबाव बनाने में सफल हुए। जैसे मैनेजिंग एजेंसी—यह अंग्रेजों द्वारा बनाई हुई थी। (यद्यपि रूँगटा और ब्लेयर क्लिग के बीच इस विषय में मतभेद है) 19वीं शताब्दी के पहले दशक में बीमा कंपनियों में और उसके बाद कोयला तथा जहाज कंपनियों में; फिर जब जूट मिल और चाय के बागीचे शुरू हुए उस समय शेयर खरीदनेवालों के मन में आस्था पैदा करने के लिए नामी-गिरामी मैनेजिंग एजेंसी की जरूरत पड़ती थी। इसके अलावा एक ही एजेंसी विभिन्न प्रकार के व्यापारों और विभिन्न कंपनियों पर नियंत्रण रखकर उनके बीच लाभकारी संयुक्ति (Combination) लाने में समर्थ होती थी, जैसे एंड्रूविल मैनेजिंग एजेंसी कोयला कंपनी के कोयले, स्टीमर कंपनी के जहाजों, चाय अथवा जूट कंपनियों के माल और अपनी निर्यात कंपनी के माल इत्यादि पर लाभजनक संयुक्त नियंत्रण रखती थी। तीसरे, एजेंटों की एक बड़ी भूमिका व्यापार चलाने के लिए बैंकों से ऋण संग्रह करने के मामले में थी। इस काम में नामी-गिरामी एजेंट की गारंटी अनिवार्य थी और बड़े एजेंटों में से अनेक एजेंट तथा बैंकों के डायरेक्टर आपस के समझौते द्वारा एक दूसरे को सुविधा प्रदान करते थे।

देशी पूँजीपतियों के हाथ में मैनेजिंग एजेंसी-व्यवस्था का स्वरूप थोड़ा भिन्न था। सबसे पहले तो अधिकांश देशी मैनेजिंग एजेंट छोटे-छोटे थे। कलकत्ते के अंग्रेज एजेंटों की तरह अनेक कंपनियों के संचालक नहीं थे। बंबई के सूती उद्योग में एक-एक एजेंट एक या दो कारखाने चलाते थे। बीसवीं शताब्दी के आरंभिक वर्षों तक यही स्थिति थी। इसके बाद अवश्य थोड़ा केंद्रीकरण हुआ और 1927 में शुल्क कमिश्नर के अनुसार दो बड़े एजेंट 23 कारखानों के संचालक थे। बाकी साठ कारखानों के संचालक छोटे-छोटे एजेंट थे। दूसरे, देशी मैनेजिंग एजेंसियों में वंश-परंपरा के अनुसार, किसी विशेष कौशल की अपेक्षा न रखते हुए, संचालन उत्तराधिकार में प्राप्त होता था। तीसरे, एस. डी. मेहता ने दिखाया है कि कैसे मैनेजिंग एजेंट लोग कारखाने के शेयर होल्डरों को वंचित करके तरह-तरह के पारिश्रमिक और दस्तूरी लिया करते थे। निश्चय ही अंग्रेज एजेंट भी ऐसा करते थे। 1913 में शेयर होल्डरों के हितों की रक्षा के लिए कंपनी कानून पास हुआ।

मगर एजेंटों पर नियंत्रण नहीं किया जा सका। 1936 में इस कानून में एक संशोधन के द्वारा यह कोशिश की गई कि एजेंटों द्वारा नियंत्रित कंपनियों में संचालकों के मनोनयन और दस्तूरी आदि के मामले में अनुचित शोषण न होने पाए, किंतु यह कानून देशी-विदेशी मैनेजिंग एजेंसियों के दबाव और सरकार की लापरवाही के कारण प्रायः विफल रहा। 1956 में नए कंपनी कानून ने इस एजेंसी व्यवस्था के ऊपर कठोर नियंत्रण लगाया और यहीं से इस व्यवस्था के क्रमिक अवसान का आरंभ हुआ।

IV

पारंपरिक और आधुनिक व्यापार

देशी व्यापारी ज्वाइंट स्टाक कंपनी, मैनेजिंग कंपनी आदि प्रतिष्ठानों को अपने कब्जे में तो कर रहे थे पर दूसरी ओर उनके परंपरागत दृष्टिकोण, विभिन्न संप्रदायों का इतिहास और उनका आंचलिक वैशिष्ट्य उनके उद्योगों के गठन और व्यवहार पर अपना दबाव डाल रहे थे, जैसे उदाहरण के लिए हम 'चेंबर ऑफ कामर्स' को ले सकते हैं। पहले देशी चेंबरों का निर्माण एकजुट होकर अंग्रेज चैंबरों के एकाधिकार को हटाने के लिए हुआ। इस एकाधिकार के कारण 'बंगाल चेंबर ऑफ कामर्स', राष्ट्रीय अंग्रेज व्यापारी दल विधानसभा में अपने हित के अनुकूल शुल्क नीति, कच्चे माल के बाजार में अपनी सुविधा के अनुसार रेट तय करने, परिवहन के मामले में सरकार को अपने उद्योगों के अनुकूल ले चलने आदि मामले में एक स्वार्थ गोष्ठी (interest group) के रूप में सफल हुए थे। इस प्रवृत्ति को रोकने के लिए बंगाल नेशनल चेंबर ऑफ कामर्स की स्थापना (1887) हुई जो भारतीय राष्ट्रीय कांग्रेस की समसामयिक थी। इसी प्रकार 'इंडियन मर्चेंट्स चेंबर' बंबई में (1907) और 'सदर्न इंडिया चेंबर ऑफ कामर्स' मद्रास (1909) में स्थापित हुई, मगर जल्दी ही इसके आसपास ही अलग से मारवाड़ी, मुसलमान, चेट्टी, भाटिया आदि सांप्रदायिक चेंबर भी गठित हुए। ऐसा क्यों? अपने-अपने संप्रदाय के लोगों को यह बढ़ावा क्यों? अथवा आधुनिक उद्योगों के साथ-साथ पुरानी मनोवृत्ति और परिवार-व्यवस्था तथा व्यावसायिक व्यवहार कैसे एक हो गए? इसकी अर्थनीतिक व्याख्या के साथ-साथ देशी व्यापारिक घरानों के सामाजिक और सांस्कृतिक उपादानों की ओर भी नजर रखनी होगी।

मारवाड़ी संप्रदाय के बारे में यह बात टॉम टिंबर्ग की खोजों से स्पष्ट होती है। 19वीं शताब्दी के पहले ही मारवाड़ के बनियों ने सूरत-आगरा-दिल्ली के वाणिज्य पथ पर स्थित होने के कारण खूब पैसा कमाया था। उन्होंने राजपूत सामंतों के

महाजन के रूप में तथा सेना के मोदी या सप्लायर के रूप में अथवा राजकोष तथा राजस्व के संग्रह का भार लेकर यह संपत्ति अर्जित की थी। आगरा-दिल्ली का राजपाट बाद में समाप्त हो गया, सूरत विदेशी व्यापार का केंद्र नहीं रहा, और राजस्थान के सामंत अंग्रेजों के पाँव तले दबे हुए थे—पुराने व्यापार का सुअवसर अब राजस्थान में ज्यादा नहीं था। फलस्वरूप मारवाड़ के बनिये, विशेषकर शेखावटी अंचल के अग्रवाल और ओसवाल आदि, नए व्यापार के क्षेत्र में प्रविष्ट हुए। दक्षिण और गांगेय क्षेत्रों में 19वीं शताब्दी के पहले आए हुए मारवाड़ी छोटे-बड़े महाजनी और हुंडी के कारोबार में स्थापित थे। जो लोग 19वीं शताब्दी में आए उन्होंने खुदरा खरीद, दलाली-जैसी भूमिकाओं में आधुनिक निर्यात व्यापार के देश के भीतरी कार्यकलापों में अपनी जगह बनाई। इसका उदाहरण है बिड़ला परिवार। 1857 में शिव नारायण बिड़ला (1838-1901) पिलानी से ऊँट पर सवार होकर अहमदाबाद पहुँचे और वहाँ से रेल पर सवार होकर बंबई। 1863-64 में, जब अमेरिकी गृहयुद्ध के फलस्वरूप रुई के बाजार में तेजी थी, शिव नारायण ने, रुई और अफीम की दलाली में बहुत लाभ कमाया। 1898-1901 में बंबई में प्लेग फैला, जिससे डरकर अनेक लोग वहाँ से खिसक गए। उन्हीं दिनों अपने पारिवारिक मित्र ताराचंद्र घनश्याम दास सेठ की मदद से बिड़लाओं ने भी कलकत्ता आकर कच्चे जूट और अफीम के व्यापार में प्रवेश किया। शिव नारायण के लड़के बलदेव दास (1864-1956) और पोते जुगल किशोर और घनश्याम दास प्रथम महायुद्ध के समय जूट की माँग बहुत बढ़ जाने पर अपनी पूँजी को प्रायः चार गुना करने में सफल हुए। इसी बीच उन्होंने एंड्रूविल मैनेजिंग एजेंसी के दलाल के रूप में इस कंपनी के कारखानों के बारे में जानकारी प्राप्त की। 1918 में पहले-पहल एक लिमिटेड कंपनी के रूप में बिड़ला ब्रदर्स की स्थापना हुई। 1919 में बिड़ला जूट कंपनी और 1920 में ग्वालियर में जियाजी राव सूती कारखाना खुला। इस प्रकार प्रथम महायुद्ध के बाद खुदरा खरीददारी करके कच्चा माल जुटाने और दलाली करनेवाले बिड़ला परिवार ने उद्योग के क्षेत्र में प्रवेश किया। घनश्याम दास बिड़ला (1894-1983) ने अंग्रेज कंपनियों से अनेक चालू कारखाने खरीदकर अपने व्यवसाय को बढ़ाया, जैसे एंड्रूविल से केशव राम कॉटन मिल और मार्टन से चीनी के कारखाने। द्वितीय महायुद्ध और उसके पहले 30 के दशक में विश्वव्यापी मंदी के दौरान बिड़लाओं के हाथ में चीनी, बीमा और कागज की कंपनियाँ आईं। उन्हीं दिनों घनश्याम दास के नेतृत्व में 'भारत चेंबर्स ऑफ कामर्स' और बाद में 'फेडरेशन ऑफ इंडियन चेंबर्स ऑफ कामर्स' की स्थापना से बिड़लाओं की प्रतिष्ठा और बढ़ी और राष्ट्रीयतावादी नेतृत्व वर्ग का उनके साथ घनिष्ठ संबंध स्थापित हुआ। स्वाधीनता के बाद भारी उद्योगों में बिड़लाओं का विनियोग बढ़ने लगा और उनका व्यापार नए-नए क्षेत्रों में फैला। 1948 में

बिड़लाओं के हाथ में 128 कंपनियाँ थी जिनकी कुल संगृहीत पूँजी (paid up Capital) 20.6 करोड़ रुपए थी।

बिड़ला परिवार की तरह ही मारवाड़ी उद्योग काफी धीरे-धीरे और विलंब से औद्योगीकरण की दिशा में आगे बढ़े। बंबई में पारसियों के उद्योग इस उदाहरण के विपरीत हैं। उन्होंने चालू कारखाने खरीदकर अपना उद्योग नहीं शुरू किया। इसके विपरीत 1850 के दशक से उन्होंने नए उद्योगों की स्थापना की। इतने से ही उनकी क्षमता समाप्त नहीं हुई, जैसे टाटा परिवार के नौशेरवान जी टाटा और कल्याण दास की भागीदारी में दलाली करके और 1860-64 के वर्षों में बंबई को रुई का चालान करके जो धन इकट्ठा हुआ था, वह 1864 में अमेरीकी गृहयुद्ध समाप्त होने के फलस्वरूप आनेवाली आकस्मिक मंदी में नष्ट हो गया। इस बीच नौशेरवान जी खुद जापान घूम आए थे और उन्होंने हांगकांग तथा शंघाई में अपने दफ्तर खोल लिए थे और अपने बेटे जमशेद जी को उन्होंने काम सीखने के लिए इंग्लैंड भेजा था। 1867-68 में इथोपिया के युद्ध में ठेकेदारी करके कुछ ही दिनों पहले दीवालिया हुए नौशेरवान जी के हाथ में पैसे आ गए। दो साल बाद उनके लड़के जमशेद जी (1839-1904) ने उन्हीं पैसों से सूती कपड़े की मिल—एलेक्जांड्रा मिल की स्थापना की। 1877 में उन्होंने नागपुर में अत्यंत आधुनिक तकनीक के आधार पर इंप्रेस मिल शुरू की। इसके बाद जल विद्युत-उत्पादन, आधुनिक होटल व्यवसाय और सर्वोपरि इस्पात और इंजीनियरी उद्योगों में टाटा परिवार ने एकदम नए उद्योगों की नींव डाली।

भारतीय व्यापार के कुछ इतिहासकारों के अनुसार पुरानी किस्म की जाति-प्रथा पर आधारित बनिये, जिनमें अपने नए उद्योग खड़ा करने की मनोवृत्ति नहीं थी, और औद्योगीकरण की तरफ जिनका झुकाव नहीं था, वे सौदागरी और पैसों का लेनदेन करके मुनाफा कमाने के काम में लगे हुए थे, जो कि औद्योगिक क्रांति के पहले की मानसिकता थी। इसके विपरीत मानसिकता का उदाहरण पारसी व्यापारियों का है। भारत के पुराने बनियों की-सी मनोवृत्ति जापान में भी देखी जाती है। हार्शमायर के अनुसार, मेइजी प्रत्यावर्तन (Meiji Restoration) के युग में उद्योगों की स्थापना करनेवालों के बीच केवल 25% शोनिन अथवा बनिया संप्रदाय के थे, 45% अभिजात सामुराई वर्ग के और बाकी दूसरे गैर-बनिया संप्रदाय के थे।

मगर इसका मतलब यह नहीं है कि पुराने बनियों ने हमेशा नए उद्योगों और उद्योगीकरण की तरफ से मुँह फेरे रखा। बंबई में पारसियों की देखा-देखी गुजराती बनियों के भी सूती कारखाने खुलते देखे गए। अहमदाबाद में शुरू-शुरू में रणछोड़ लाल छोटालाल ने उद्योग की स्थापना की। वे नागर ब्राह्मण थे और व्यावसायिक जगत से संबंधित नहीं थे, बल्कि सरकारी नौकरी में थे। शीघ्र ही

बनियों ने उनकी व्यापारिक सफलता का अनुकरण किया। 1891 में वहाँ के नौ कारखानों में से पाँच कारखाने पारंपरिक बनियों के थे, 1920 में 51 कारखानों में से 30 उनके थे। मारवाड़ी व्यापारी वर्ग ने थोड़ा विलंब से हल्के उद्योग में पूर्वी भारत में प्रवेश किया और इस विलंब का शायद एक कारण यह था कि वहाँ पर अंग्रेज पूँजी का एकाधिपत्य था।

संक्षेप में, परंपरागत बनिया वर्ग अपने पुराने जाने-पहचाने व्यवसाय के नए रास्ते पर चलने में लंबे समय तक मानसिक ऊहापोह में पड़ा हुआ दिखाई नहीं देता। विभिन्न अंचलों में थोड़ा हेर-फेर दिखाई देता है, जिसकी जिम्मेदारी आंचलिक सुविधाओं और सुअवसरों पर है। अतएव बनियों की क्षमताओं की अर्थनीतिक व्याख्या संभव है। इसी के बीच उस वर्ग का अपना इतिहास तरह-तरह से प्रगट हुआ है, जैसे सांप्रदायिक आधार पर 'चेंबर्स ऑफ कामर्स' अथवा व्यापारी संगठनों का निर्माण, मसलन महाराष्ट्र के मारवाड़ियों में आपस में बाजार की सूद-दर से नीची दर पर ऋण का आदान-प्रदान होता था—जैसे संयुक्त परिवार के ढाँचे को आधुनिक कंपनियों के गठन के साथ मिला लेने की उनकी कोशिश में देखा जाता है। और अंत में यह बता देना भी जरूरी है कि इस प्रकार का रुझान आधुनिक पूँजीवाद उद्योगों के लिए उपयुक्त नहीं, ऐसा भी नहीं है। जापानी अर्थशास्त्री शोजी इटो ने दिखाया है कि मद्रास के संयुक्त चेट्टी परिवारों ने वास्तव में नए उद्योगों को मदद पहुँचाई थी, क्योंकि अंग्रेजी बैंकों की मदद के बिना, औद्योगिक बैंकों (industrial banks) की मदद के बिना और कमजोर शेयर बाजार की मदद के अभाव में संयुक्त परिवार की पूँजी को इकट्ठा करके उद्योग खड़ा करने का रास्ता ही एकमात्र रास्ता उनके सामने रह गया था। जापान में भी बड़े 'जाइवाटसुर' (अर्थात विराट व्यापार-समूह जैसे मित्सुई, मित्सूविशी आदि) के इतिहास में भी पारिवारिक ढाँचों की रचनात्मक भूमिका देखी जाती है।

इस अध्याय में हमने संक्षेप में देखा कि देशी पूँजी ने पुरानी सौदागरी और महाजनी से उद्योगपतियों की भूमिका में, कैसे प्रवेश किया। निश्चय ही इस इतिहास के टुकड़े इस पुस्तक के अन्य अध्यायों में भी फैले हुए हैं, क्योंकि हाल के इतिहास का एक मूल उपादान है—देशी पूँजीपति वर्ग का उत्थान, और उत्थान।

अध्याय : नौ

औद्योगीकरण, कारखाने और शहर

हमने देखा कि 19वीं शताब्दी के प्रथम दशक में औपनिवेशिकता के दबाव से पहले घरेलू उद्योग नष्ट हुए अथवा निरुद्योगीकरण हुआ। इसके बाद एक नव-औद्योगीकरण-जैसी चीज शुरू हुई। विदेशी तकनीक के आधार पर नए कल-कारखाने खुले। पहले-पहल उद्योग थोड़ा पीछे हटा। फिर दूसरे चरण में लँगड़ाता हुआ आगे बढ़ा। औद्योगीकरण की इस धीमी प्रगति का अंदाज राष्ट्रीय आय में औद्योगिक क्षेत्र के प्रतिशत के अनुपात से चलता है : 1900-04 में राष्ट्रीय आय के सौ पैसों में से उद्योग से आनेवाली आय 13 पैसे से भी कम थी, 1925-29 में 16 पैसे से भी कम और 1940 से 44 तक 17 पैसे से भी नीचे थी। जहाँ भारत में 1900-04 में राष्ट्रीय आय का 13% ही औद्योगिक क्षेत्र से आता था, वहाँ इंग्लैंड में इसके एक सौ साल पहले, 1801 में यह अनुपात 23% था। इस हिसाब में औद्योगिक क्षेत्र से होनेवाली आय में कुटीर तथा छोटे उद्योग और आधुनिक कल-कारखाने दोनों को ही गिना गया है। इन दोनों को अलग कर दिया जाए तो भारत में आधुनिक औद्योगिक उत्पादन की दर और नीचे चली जाएगी।

टेबुल 9.1

कारखानों तथा छोटे उद्योगों से होनेवाली राष्ट्रीय आय, 10 वर्षों के अंतर पर (करोड़ रुपयों में)

वर्ष	कारखाना	लघु उद्योग
1900/01	29.8	125.1
1910/11	57.0	156.5
1920/21	72.9	133.7
1930/31	97.9	223.3
1940/41	117.9	196.3
1945/46	274.9	184.0

(स्रोत : शिवसुब्रह्मण्यम, 'इंडियन इकोनामिक एंड सोशल हिस्ट्री रिव्यू,' खंड 14, अक 4 : ये आँकड़े 1938-39 के मूल्यमान पर आधारित हैं।)

1941-42 से कारखाना उद्योग से होनेवाली आय ने छोटे उद्योगों को पीछे छोड़ दिया। इसके पहले हमेशा ही छोटे उद्योगों का हिस्सा बड़ा होता था। निश्चय ही छोटे उद्योगों में ऐसे उद्योग भी शामिल थे, जिनमें छोटे आकार की मशीनें प्रयोग में आती थीं; सारा का सारा पुराने ढंग का घरेलू उद्योग नहीं था। फिर भी इन आँकड़ों से यह समझ में आ जाता है कि नव-औद्योगीकरण कितना सीमित था।

संपूर्ण अर्थव्यवस्था की तुलना में औद्योगिक उत्पादन कम था और उसमें भी बड़े कारखानों का उत्पादन और भी कम था। फिर भी औद्योगीकरण की गति धीरे-धीरे किस प्रकार इस शताब्दी में बढ़ रही थी, इसका अंदाजा हमें टेबुल नंबर 9.2 से मिलेगा। सामान्यत: 1900 से लेकर 1947 तक औद्योगिक उत्पादन-वृद्धि की दर 1.82% थी।

टेबुल 9.2

कारखाना उद्योग में कर्मचारियों की संख्या और नेट उत्पादन
(पाँच वर्ष के अंतर पर)

वर्ष	कर्मचारी संख्या (लाखों में)	उत्पादन (करोड़ों में)
1900/01	5.4	29.8
1905/06	7.5	61.6
1910/11	8.7	57.0
1915/16	9.7	70.5
1920/21	12.5	72.9
1925/26	14.3	84.5
1930/31	15.1	97.9
1935/36	15.7	128.8
1940/41	19.6	177.9
1945/46	29.5	274.9

(स्रोत : शिवसुब्रह्मण्यम के आँकड़े, टेबुल नं. 9.1 में उल्लिखित, उत्पादन का हिसाब 1938-39 के मूल्यमान पर आधारित। जो कारखाने पूरे वर्ष नहीं चलते उनके कारण कर्मचारियों की संख्या के आँकड़ों में संशोधन किया गया है।)

टेबुल संख्या 9.3 (नीचे उद्धृत) से एक सामान्य धारणा बनती है कि राष्ट्रीय अर्थव्यवस्था में किस उद्योग का क्या मूल्य है। देखा जाता है कि सूती धागे और कपड़ा

उद्योग ने शुरू में बढ़त बनाए रखी थी। शुरू-शुरू में पूरे औद्योगिक उत्पादन में इसका हिस्सा एक तिहाई था और बाद में भी काफी बड़ा था। सूती मिलों के बाद ही जूट मिलों और चीनी मिलों का स्थान था। लोहा और इस्पात मिलें देरी से शुरू हुई थीं, लेकिन यह बहुत तेजी से ऊँची कूद लगाकर उत्पादन में आगे बढ़ी थीं। बाकी बचे कागज, सीमेंट, रेशम, माचिस उद्योग आदि—ये सब नेट औद्योगिक उत्पादन के बहुत छोटे-छोटे हिस्सेदार थे।

टेबुल 9.3

प्रधान कारखाना उद्योग का नेट उत्पादन (करोड़ों में)

उद्योग	1900/01	1925/26	1945/46
सूती धागे और कपड़े	10.2	26.5	58.3
जूट	5.2	11.6	10.7
चीनी	0.7	2.2	8.2
कागज	0.2	0.4	1.6
सीमेंट	×	0.4	2.8
रेशम	0.1	0.7	1.5
लोहा और इस्पात	×	3.4	7.8
माचिस	×	1.1	2.3

(स्रोत : शिवसुब्रह्मणयम, पूर्वोल्लिखित, 1938-39 के मूल्यमान पर आधारित, × = शून्य अथवा नगण्य।)

सूती मिल उद्योग का उदाहरण

अब हम औद्योगिक उत्पादन के महत्त्वपूर्ण पक्ष को लेकर बातचीत करेंगे, विशेषकर इसलिए कि सूती कपड़ा उद्योग का लंबा इतिहास 19वीं शताब्दी के मध्य से ही शुरू हो जाता है। पुराने छोटे उद्योगों के साथ सूती मिलों के उद्योग की प्रतिद्वंद्विता देखने लायक है। देशी पूँजी ही इस उद्योग का प्रधान उद्योक्ता थी और राष्ट्रीयतावादी आंदोलन के साथ इस उद्योग के गहरे संबंधों के कारण इस इतिहास का एक राजनीतिक महत्त्व भी है। इन्हीं कारणों से अगर प्रतिनिधि रूप में चुना जाए तो समीक्षा के लिए बड़े उद्योगों में सूती धागे तथा सूती कपड़ा उद्योग और छोटे उद्योगों में हथकरघा उद्योग को चुन सकते हैं।

देशी व्यापारियों के संबंध में पिछले एक अध्याय में हमने देखा है कि कैसे बंबई में पारसी, गुजराती और बोहरा मुसलमान आदि जातियों के लोग सूती धागे, और सूती कपड़े तैयार करनेवाले आधुनिक कारखानों के निर्माण में लग गए थे। पारसी कावस जी-नाना जी दाभार ने 1854 में पहला कारखाना निर्मित किया और तभी से इस उद्योग का इतिहास शुरू हुआ, जिसे कई चरणों में विभाजित करके देखा जा सकता है। 1854 से 1880 के प्रथम चरण में तीस कारखानों का निर्माण हुआ जिनमें 13 कारखाने पारसियों द्वारा बनाए गए। इन्हीं दिनों 1860-64 के अमेरिकी गृहयुद्ध के फलस्वरूप रुई के बाजार में तेजी आने से रुई के अनेक व्यापारियों के हाथ में ढेर सारे पैसे आ गए। चीन का विदेशी व्यापार भारतीयों के लिए खुल गया। रेल मार्ग दक्षिणी भारत तक फैल गया, जिससे कच्चे माल की आपूर्ति सुव्यवस्थित हो गई। दूसरी ओर 1860-64 की अवधि में कच्चे माल के दाम में वृद्धि होने से कारखाना-मालिकों को असुविधा हुई। इसके बाद 1864 की मंदी में अनेक नए व्यापारी दीवालिया हो गए। 1869 में स्वेज नहर के खुल जाने से बंबई के बंदरगाह पर इंग्लैंड से आनेवाले सूती कपड़ों का आयात बढ़ने लगा। इस बीच बंबई के भावी प्रतियोगी उद्योग की स्थापना 1861 में रणछोड़ लाल छोटा लाल ने की।

1880 से 1895 में दूसरा चरण शुरू हुआ, जब सूती कपड़ा उद्योग में पहले की अपेक्षा बहुत तीव्र गति से वृद्धि हुई। 1880 के दशक में निर्मित कारखानों की संख्या 39 थी और अनेक लोगों के अनुसार इस व्यवसाय में उन दिनों इतना लाभ था कि कुल विनियोजित पूँजी चार वर्ष में ही वापिस आ जाती थी। इसका एक बड़ा कारण था : चीन में भारतीय सूती धागे का बाजार बहुत तेजी से बढ़ रहा था। (1880-84 में कुल निर्यातित सूती धागे का मूल्य 3.4 करोड़ पौंड था, जिसमें से चीन को निर्यातित माल का दाम 3 करोड़ पौंड था।) सूती मिलों के लिए नए किस्म की आधुनिक मशीनें विदेशों से लाई जा रही थीं। सूती धागों के अलावा सूती कपड़ों के उत्पादन की ओर भी व्यापारियों का झुकाव दिखाई पड़ा। सूती कपड़ा उद्योग की इस प्रगति ने मैनचेस्टर को चिंता में डाल दिया। फलस्वरूप उन्होंने भारत की अंग्रेज सरकार को परेशान करना शुरू कर दिया, जिसके परिणामस्वरूप भारत सरकार ने 1878-79 में मैनचेस्टर में पैदा माल के आयात पर ब्रिटिश भारत में शुल्क में कमी की और 1882 में आयात शुल्क को एकदम समाप्त कर दिया गया। यहीं से भारतीय मिल-मालिकों के साथ मैनचेस्टर के निहित स्वार्थों की लड़ाई शुरू हुई, जिसका विवरण राष्ट्रनीति से संबंधित अध्याय में संक्षेप में दिया गया है। उस समय मैनचेस्टर को खासी परेशानी थी। कारण यह कि 1873-1895 तक की अवधि में एक बहुत बड़ी मंदी ने उनके यूरोपीय बाजार को बहुत संकुचित कर दिया था और इस मंदी का एक नतीजा यह था कि कपड़ा उद्योग के

यंत्रों का मूल्य बहुत कम हो गया। भारतीय मिल-मालिकों के लिए सस्ते में मशीनें आयात करके मिलों की संख्या और उत्पादन बढ़ाने का यह एक बहुत बड़ा सुयोग था।

तीसरा चरण शुरू होता है 1895-1914 में। यह चरण इसके पहले के चरण की तुलना में सूती मिलों के लिए अनुकूल नहीं था। इसी बीच एक कड़े प्रतियोगी के रूप में जापान उठ खड़ा हुआ था और पूर्वी एशिया के बाजार से बंबई के सूती कपड़ों को खदेड़े दे रहा था। भारतीय सूती धागे का निर्यात चीन को हो रहा था। 1904-08 में यह निर्यात 22 करोड़ पौंड कीमत का था। 1909-13 में यह गिरकर 17 करोड़ पौंड पर आ पहुँचा और 1925 में 2 करोड़ पौंड हो गया। ऊपर से 1896 के बाद से समतुल्य करनीति (Counter vailing excise duty) अर्थात भारतीय सूती मिलों के उत्पादन पर विशेष शुल्क या कर मैनचेस्टर की सुविधा के लिए लगाया जाना शुरू हुआ। भारतीय रुपए का मूल्य 16 पेंस पर स्थिर कर दिया गया। इसके अलावा 1896 में बंबई में प्लेग की महामारी फैलने से कुछ समय के लिए मजदूर भाग खड़े हुए। 1896-99 के वर्षों में महाराष्ट्र तथा दूसरे इलाकों में अकाल पड़ने से कपड़े की माँग में गिरावट आई, पर इस प्रतिकूल अवस्था में भी दो आशाजनक प्रवृत्तियाँ देखी गईं। पहली, 1905 से बंगाल-विभाजन के विरोध में स्वदेशी का आंदोलन और विदेशी कपड़ों का बायकाट शुरू हुआ। इसका प्रभाव यद्यपि दीर्घस्थायी तथा पूरे भारत के पैमाने पर व्याप्त नहीं था, फिर भी बाद में इसी प्रकार का बायकाट गाँधी-नेहरू के नेतृत्व में कितना प्रभावशाली हो उठा, यह बात सभी जानते हैं। दूसरी, क्रमशः जापान की प्रतियोगिता के कारण बंबई के सूती धागों का व्यापार पूर्वी एशिया में नष्ट हो जाने से बंबई के मिल-मालिक सूती कपड़े के निर्माण पर जोर देने को बाध्य हो गए। बंबई में हथकरघों और तकुओं (loom and spindle) के आनुपातिक के आँकड़ों से यह स्पष्ट हो जाता है। 1901 में 49 लाख तकुए और 41 हजार हथकरघे थे। 1909 में 60 लाख तकुए और 76 हजार हथकरघे हो गए अर्थात तकुओं में 22% की वृद्धि हुई और हथकरघे में 85% की। सूती धागे तैयार करने और उनका निर्यात करने की ओर से मुँह मोड़कर धीरे-धीरे बंबई के व्यापारी कपड़ा तैयार करने और स्वदेशी बाजार पर कब्जा करने की कोशिश में लग गए। 1900-14 के बीच सूती मिलों में कपड़े का उत्पादन दोगुने से भी ज्यादा बढ़ गया, जबकि मैनचेस्टर से आयातित कपड़ों का परिमाण बहुत मामूली बढ़ा।

चौथे चरण यानी 1914-22 के वर्षों में उपरोक्त दोनों प्रवृत्तियाँ और मजबूत हुईं। 1909-14 के सालों में आयातित सूती कपड़े का परिमाण 262 करोड़ गज, 1914-1919 में 181 करोड़ गज और 1919-24 में 133 करोड़ गज था। तकुओं और हथकरघों का अनुपात 1916 में 59 : 1 और 1929 में 50 : 1 था। प्रथम

महायुद्ध के समय में विदेशी आयात के कम होने से देशी कपड़े को बाजार पर दखल करने में सुविधा हुई। इसके अलावा 1921 में असहयोग आंदोलन के शुरू होने से विदेशी कपड़ों के बायकाट की एक बड़ी भूमिका सामने आई। यद्यपि महात्मा गाँधी का उद्देश्य था राजनीतिक आंदोलन के साथ-साथ ग्रामीण हस्तशिल्प को फिर से जीवित करना, पर लगता है इसका वास्तविक लाभ बंबई और अहमदाबाद के देशी सूती कारखानों को हुआ।

1922 से 1939 अथवा द्वितीय महायुद्ध तक जो चरण शुरू हुआ, उसमें प्रारंभ में प्रतिकूल परिस्थिति से उत्तरोत्तर देशी कपड़ा व्यवसाय समृद्धि की ओर अग्रसर हुआ। तीसरे दशक में प्रतिकूल अवस्था के विभिन्न कारण थे : एक ओर महायुद्ध-कालीन व्यापार में वृद्धि मंद हुई, दूसरी ओर जापानी प्रतिद्वंद्विता बहुत प्रबल हो उठी, जिसके फलस्वरूप मिल-मालिकों ने श्रमिकों की मजदूरी घटाने की चेष्टा की और साथ ही श्रमिकों की संख्या भी कम करने की कोशिश करने लगे। फलस्वरूप बार-बार बड़ी-बड़ी हड़तालें हुईं। एक गणना के अनुसार 1923 में बंबई की कपड़ा मिलों का नेट लाभ 1922 के लाभ की तुलना में केवल दसवाँ हिस्सा रह गया और इस प्रवृत्ति का नतीजा 1925 में नेट हानि में हुआ। मिल-मालिकों द्वारा प्रस्तुत इस प्रकार के आँकड़ों पर बहुत भरोसा नहीं किया जा सकता, पर इन कारखानों में काम में लाई गई रुई के हिसाब पर भरोसा किया जा सकता है। 1921-22 में 2203 हजार रुई की गाँठों का इस्तेमाल हुआ, जो 1923-24 में घटकर 1918 हजार गाँठ रह गया। इसके बाद के वर्ष में रुई की खपत में थोड़ी वृद्धि हुई, पर फिर 1925/26 में 2113 हजार गाँठ पर आ गई। 1926 से धीरे-धीरे इस खपत में वृद्धि हुई और 1927-29 के वर्षों में, हड़ताल से उत्पन्न समस्या के अलावा प्रायः महायुद्ध तक यही स्थिति रही। यह प्रगति कपड़ा-उद्योगपतियों की व्यावसायिक कुशलता अथवा उद्योग में तकनीक या कारीगरी की उन्नति के कारण नहीं थी। इसका कारण था ब्रिटिश सरकार की नीतियों में परिवर्तन। जापानी उद्योग की तकनीकी श्रेष्ठता और व्यावसायिक कुशलता के कारण जापान ने भारतीय बाजार और एशिया के बाजार में अब अपनी धाक जमा ली। ऐसी स्थिति में मैनचेस्टर के उद्योगपतियों का रुख आयात-शुल्क के संबंध में नरम हो गया। कारण यह कि अगर उस अबाध वाणिज्य के लाभ का गुड़ जापानी चींटे ही खा जाएँ तो मैनचेस्टर को आयात-शुल्क द्वारा जापानी माल को रोकने के लिए अबाध वाणिज्य से दूर हटने में कोई आपत्ति नहीं। इधर देशी उद्योगपतियों ने भी तरह-तरह के आवेदनों और प्रतिवेदनों द्वारा तथा श्रमिक आंदोलन ने हड़तालों के द्वारा भारत सरकार को परेशान कर दिया। कपड़ा उद्योग की दशा में सुधार के लिए सरकारी सहायता प्राप्त करने हेतु इस परिवर्तन का पहला नतीजा यह निकला कि 1925 में समतुल्य करनीति (Countervailing excise) को समाप्त कर दिया गया, यानी देशी

कारखानों के उत्पादन पर विशेष कर रद्द हो गया। 1927 में शुल्क आयोग (टेरिफ बोर्ड) की नियुक्ति की गई और करनीति का प्रस्ताव लाया गया। 1927 से 1939 तक की अवधि में क्रमशः अनेक शुल्क-कानूनों द्वारा भारतीय कपड़ा उद्योग को संरक्षक आयात-शुल्क (Protective tariff) का आश्रय दिया गया। ब्रिटिश आयात तथा गैर-ब्रिटिश आयात के बीच शुल्क का अंतर लाकर जापान को ठंडा करने की कोशिश की गई; यहाँ तक कि 1933 में जापानी आयात के ऊपर 75% की दर से शुल्क लगाया गया। दूसरी ओर अंतर्राष्ट्रीय स्तर पर संधि करके प्रतियोगिता के दबाव को कम करने की कोशिश शुरू हुई, जैसे 1934 में 'भारत-जापान समझौता' और 1936 में 'बंबई- मैनचेस्टर' अथवा 'लिस-मोदी' समझौता। असल मुद्दा यह है कि तरह-तरह के कृत्रिम उपायों से प्रतियोगिता को कम करके भारतीय कपड़ा उद्योगपतियों को आगे बढ़ने का सुअवसर दिया गया। फलस्वरूप 1924-25 से 1939-40 के बीच सूती मिलों की संख्या 258 से बढ़कर 389 हो गई और हथकरघों की संख्या 1.2 लाख से बढ़कर 2 लाख हो गई तथा उत्पादन-वृद्धि का अनुपात सूती धागों के क्षेत्र में 53% और सूती कपड़ों के क्षेत्र में 93% हो गया। फिर भी प्रोफेसर अमिय बागची ने दिखाया है कि आयात शुल्क के कृत्रिम आश्रय का लाभ पाकर भी ऐसा लगता है कि कार्यकुशलता और तकनीक की उन्नति में बाधा पड़ी।

1939 से लेकर द्वितीय महायुद्ध और उसके परवर्ती वर्षों तक और भी तेज प्रगति देखी जाती है। मालिकों का भी लाभ अभूतपूर्व बढ़ गया अर्थात इस अवधि में उनका लाभ 15% से 20% हो गया। डिविडेंड देने वाली कंपनियों की संख्या 1941 में कुल कंपनियों के 44% तक आ पहुँची और 1942 में 69% तक। द्वितीय महायुद्ध में जापान ब्रिटेन का शत्रु हो गया था, अतएव 1941 से बाजार में जापानी प्रतियोगिता प्रायः नहीं थी और इंग्लैंड से भी निर्यात प्रायः बंद था। तिस पर सामरिक आपूर्त्ति के लिए मित्र शक्तियाँ भारतीय कपड़ा मिलों से काफी खरीदी कर रही थीं। इससे भी उन्हें लाभ हो रहा था। बाजार में कपड़े का अभाव शुरू हो गया था और मार्च 1943 तक कपड़ों का औसत दाम महायुद्ध से पहले के औसत दाम से पाँच गुना अधिक हो गया था। अतएव दूसरे उद्योगों की तरह द्वितीय महायुद्ध कपड़ा मिल-मालिकों के लिए भी एक लाभकारी समय था।

सूती कपड़ा मिलों की प्रगति के इतिहास के साथ कपड़े के कुटीर उद्योगों का क्या संबंध था, देश में बुनकरों की क्या स्थिति थी—इन सब बातों पर निरुद्योगीकरण से संबंधित अध्याय में संक्षेप में लिखा गया है।

उनका कुल उत्पादन 20वीं शताब्दी के आरंभिक काल में कपड़ा मिलों के उत्पादन की तुलना में कम न था। 20वीं शताब्दी में उनकी स्थिति क्या थी, उसका विवरण जनगणना, 1932 के शुल्क आयोग (टेरिफ बोर्ड) और 1941 की

फैक्ट फाइंडिंग कमेटी' (तथ्य अनुसंधान समिति) के प्रतिवेदनों से निकाला जा सकता है। 1901-05 की अवधि में हथकरघा उद्योग में औसत वार्षिक उत्पादन 91 करोड़ गज के आसपास था और सूती मिलों का 59 करोड़ गज के आसपास। महायुद्ध के समय यह अंतर कम हुआ और दोनों का उत्पादन प्रायः समान हो गया और 1921-22 में देखा गया कि कपड़ा मिलों का उत्पादन (180 करोड़ गज) हथकरघा उद्योग के उत्पादन (114 करोड़ गज) को पीछे छोड़ गया। 1944-45 में इस प्रवृत्ति के परिणाम दिखाई देते हैं। सूती मिलों का उत्पादन हथकरघे के उत्पादन का प्रायः तीन गुना हो गया। आरंभिक वर्षों में सूती मिलों और कपड़े के कुटीर उद्योग के बीच आपसी तालमेल था अर्थात 20वीं शताब्दी के आरंभिक वर्षों तक सूती मिलें धागा तैयार करने पर जोर दे रही थीं, क्योंकि बुनकरों को धागा जुटाने में दोनों पक्षों का लाभ था, पर जब सूती मिलें कपड़ा बुनने की तरफ बढ़ीं तो हथकरघा उद्योग के साथ उनकी प्रतियोगिता शुरू हुई। मजे की बात यह कि सरकार ने अंग्रेजी सूती मिलों के लाभ के लिए समतुल्य शुल्क नीति (Counter vailing excise) लागू की थी और 1896 से 1925 तक इस नीति को बनाए भी रखा, पर परोक्ष रूप से भारतीय सूती मिलों के उत्पादन पर लागू इस विशेष शुल्क से हथकरघा उद्योग को मदद मिली। कारण यह कि बुनकरों के हथकरघों से बने कपड़ों पर कोई शुल्क नहीं था। 1905 से, विशेषकर 1921 से हथकरघा उद्योग के समर्थन में राष्ट्रीयतावादी नेताओं का उठ खड़ा होना भी एक महत्त्वपूर्ण बात है, किंतु विदेशी कपड़े के बहिष्कार-आंदोलन का असली लाभ कमजोर बुनकरों के हाथ से निकलकर कपड़ा उद्योगपतियों के हाथ में चला गया। महात्मा गाँधी ने हाथ से तैयार सूत से बने खादी के कपड़े को राष्ट्रीय पोशाक तो जरूर घोषित कर दिया था, मगर बंबई-अहमदाबाद के कारखाने स्वदेशी आंदोलन के ज्वार में बहुत दूर आगे बढ़ गए थे, क्योंकि उनकी तकनीकी क्षमता अधिक थी। विशेष प्रकार की साड़ियों, धोतियों आदि के निर्माण में विशेषीकृत (Specialised) बुनकरों का बाजार जरूर बना रहा, मगर साधारणतया हथकरघा बुनकरों के साथ कपड़ा मिलों की असमान प्रतियोगिता में बुनकरों के लिए दूसरे कम मूल्य के कपड़े उत्पन्न करके अथवा मजदूरी करके ही जिंदा रहना संभव हुआ। इस अवसर का फायदा उठाकर हथकरघा उद्योग में महाजनों और खुदरा खरीददारों का प्रभुत्व हो गया। अवश्य ही बुनकरों का आंदोलन इस प्रवृत्ति के विरुद्ध संघर्ष करने की कोशिश कर रहा था।

III

सीमित औद्योगीकरण का स्वरूप

हमने उदाहरण के रूप में कपड़ा उद्योग के बारे में विश्लेषण करके जिस प्रवृत्ति और गति को देखा है वह औद्योगीकरण के बारे में सामान्य धारणा बनाने में सहायक होता है। देखा जाता है कि इस शताब्दी में उद्योगपतियों का लाभ और डिविडेंड आदि दो महायुद्धों के समय में बढ़ा था। 1929 की विश्वव्यापी मंदी फौरी तौर पर आघात पहुँचाने के बाद कपड़ा उद्योग के लिए अनुकूल रही, इसीलिए आंद्रे गुंडेर फ्रैंक का मत है कि पश्चिमी पूँजीपतियों के संकट का काल भारतीय पूँजीपतियों की प्रगति का काल था, क्योंकि जो विश्वव्यापी पूँजीवादी व्यवस्था औपनिवेशिक देशों की पूँजी का गला दबाए हुए थी, वह स्वयं लड़खड़ा उठी थी अर्थात् पश्चिमी पूँजी का सर्वनाश भारतीय पूँजी के लिए सहायक था। गुंडेर फ्रैंक ने अपनी किताब में आमतौर पर और 1968 में एक लेख में खास तौर पर भारत के बारे में यह मत व्यक्त किया था। हमारे देश के कुछ इतिहासकारों ने इस मत को स्वीकार कर लिया है।

परंतु उपरोक्त मत में सच्चाई केवल इतनी है कि दो प्रतियोगियों के बीच एक की हार दूसरे की जीत है। कहना न होगा कि इसे ठीक-ठीक व्याख्या नहीं कहा जा सकता, इसके बदले यह एक पुनरुक्ति (tautology) और आंशिक सत्य है। यह सही है कि साधारणतया भारतीय व्यवसाय और भारतीय व्यवसायियों का मुनाफा महायुद्धों के समय और 1929 की मंदी के समय बढ़ा था, मगर उद्योगीकरण एकदम नहीं हुआ था, वरन मिलों में मशीनों के आयात-संबंधी अमिय बागची के आँकड़ों से तो लगता है कि इस अवधि में उद्योगीकरण के क्षेत्र में पूँजी का विनियोग और कारखानों के निर्माण की गति कम हुई, जैसे 1914-18 के महायुद्ध के समय मशीनों का औसत आयात मूल्य 3.4 करोड़ रुपए था, जबकि उसके पहले के और बाद के चार वर्षों का औसत 4.8 करोड़ था अर्थात महायुद्ध उद्योग के विस्तार के लिए अनुकूल न था। और फिर विश्वव्यापी मंदी के काल में, 1929-33 की अवधि में, मशीनों का औसत आयात-मूल्य 6 करोड़ रुपए था; जबकि उसके पहले और बाद के चार वर्षों में औसत आयात-मूल्य क्रमशः 6.2 करोड़ और 6 करोड़ रुपए था।

स्वभावतः औद्योगीकरण की गति को किसी एक सिद्धांत द्वारा व्याख्यायित करना संभव नहीं है। प्रोफेसर हावर्ड ने दिखाया है कि पश्चिमी देशों के बीच महायुद्ध के कारण पूरे एशिया में तरह-तरह के परिवर्तन आए। यूरोपीय औद्योगिक पदार्थों का आयात युद्धकाल में अचानक बंद होने के कारण भारत और दूसरे उपनिवेशों के बाजारों में जो दरारें पैदा हुईं, वह देशी मिलों के लिए एक स्वर्ण

अवसर सिद्ध हुईं। इसके अलावा कुछ चीजें सरकार खरीदने लगी, जैसे युद्ध में उपयोग के लिए टाटा कंपनी का लोहा और इस्पात। इन्हीं दिनों सीमेंट व्यवसाय ने विस्तार किया। फलस्वरूप देशी कारखानों में उत्पादन-क्षमता का पूरा उपयोग हुआ। दो-तीन पालियों या शिफ्टों में काम शुरू हुआ, लाभांश में वृद्धि हुई और डिविडेंड में आकर्षक बढ़ोतरी के कारण कंपनियों के हाथ में और भी पूँजी आ गई। युद्ध के परवर्ती कुछ वर्षों में, विशेषकर 1921-22 में, युद्धकालीन लाभ के फलस्वरूप उद्योगों के लिए आधुनिक मशीनों का आयात और कारखानों का विस्तार संभव हुआ, मगर जिन दिनों युद्ध चल रहा था उन दिनों यह असंभव था।

महायुद्ध के बाद के वर्ष भारतीय उद्योग के लिए हितकर थे, विशेषकर कपड़ा उद्योग के लिए। असहयोग और विदेशी कपड़ा बायकाट के आंदोलनों के कारण देशी कपड़े को एक सामाजिक समर्थन प्राप्त हुआ था। संभवतः खुदरा खरीद-फरोख्त करनेवाले बिचौलिए व्यवसायियों ने विदेशी वस्तुओं की ओर से ध्यान हटाकर देशी वस्तुओं की ओर ध्यान दिया। इसके अलावा अहमदाबाद ने अपने उत्पादनों को बाजार में पहुँचाने की एक विशेष पद्धति प्रदर्शित की, जैसे कंपनी की अपनी खुदरा दुकानें। 1929-33 के वर्षों में विश्वव्यापी मंदी के शुरुआती आघात के बाद औद्योगीकरण की गति मंद नहीं हुई, वरन चीनी और रासायनिक उद्योगों में इन्हीं दिनों नई स्फूर्ति दिखाई दी। ऐसा क्यों हुआ? (1) पश्चिमी देशों में मंदी के कारण निर्यात उद्योग बहुत कम हो गया, (1929-30 के वर्षों में 311 करोड़ रुपए था, जबकि 1932-33 में 132 करोड़ रुपया हो गया)। किंतु इसका असर मूल रूप से जूट और चाय उद्योग पर पड़ा। ये दोनों ही उद्योग विदेशी पूँजी के हाथों में थे। देशी बाजार के लिए जो उद्योग थे—जैसे चीनी, सीमेंट, माचिस, रासायनिक पदार्थ, इस्पात—उन पर मंदी का प्रभाव कम पड़ा, और उनमें यथेष्ट परिमाण में देशी पूँजी लगी हुई थी। (2) निर्यात कम होने से लगता है ढेर सारी देशी पूँजी, जो इस व्यवसाय में लगी हुई थी, अब अपने लिए विनियोग का रास्ता ढूँढने उद्योग की तरफ आई। (3) तीस के दशक में दोबारा आयात शुल्क नीति में परिवर्तन के फलस्वरूप थोड़ा-बहुत उद्योग-संरक्षण शुरू हुआ। (जैसे चीनी, कपड़ा, और इस्पात)। (4) निर्यात कम होने से कृषि पदार्थों के मूल्य कम हुए (सूचकांक 1929 = 100, 1933 = 61.7)। इसके फलस्वरूप किसानों को नुकसान हुआ और कृषि पदार्थों की माँग कम हो गई, जो कि कपड़ा उद्योग के लिए एक बड़ी बात थी, किंतु दूसरी ओर चावल, दाल आदि जिन्सों के दाम कम होने से शहरी लोगों के खर्चे कम हो गए, जिसके फलस्वरूप कपड़े आदि औद्योगिक पदार्थों के लिए उनकी माँग बढ़ गई। इसका नतीजा यह हुआ कि मंदी के बावजूद औद्योगिक वस्तुओं की माँग इतनी प्रभावित नहीं हुई कि उद्योगों पर इसका कोई बुरा असर पड़ता। (5) इसके अलावा कृषि पदार्थों के दाम में कमी का

अर्थ था उद्योगों के लिए कच्चे माल के दाम में कमी। अतएव यह परिस्थिति उद्योगों के लिए लाभदायक सिद्ध हुई। (6) किन्हीं उद्योगों के लिए, ऐसा लगता है, 1929 की मंदी ने एक सुअवसर ला दिया। पश्चिम में मंदी के कारण कारखानों में इस्तेमाल होनेवाली मशीनों (Capital goods) आदि के दाम गिर गए, जिसके फलस्वरूप विश्व के बाजार में कम दाम पर मशीनें खरीदकर कारखानों का विस्तार संभव हुआ। मंदी के समय में मशीनों के आयात का औसत उसके पूर्व के और बाद के कई वर्षों के औसत आयात के बराबर रहा।

1933-34 से मंदी का प्रभाव कम होने लगा, और इसके बाद से दूसरे विश्वयुद्ध तक उद्योगों में तेजी से विकास देखा जाता है। इसके पहले के टेबुल में हम दिखा चुके हैं कि 1934-35 में 129 करोड़ रुपए के कुल उत्पादन से 1940-41 में 178 करोड़ रुपए का उत्पादन हुआ, अर्थात उत्पादन में करीब 38% की वृद्धि हुई। द्वितीय विश्वयुद्ध का प्रभाव, प्रथम विश्वयुद्ध के समान ही अधिकांशतः उद्योगों के अनुकूल रहा, यद्यपि युद्धकाल में मशीनों का आयात कठिन हो गया था। विश्वयुद्ध के ठीक बाद मशीनों का आयात बढ़ा और पुराने उद्योगों के अलावा साइकिल, सिलाई मशीन, डीजल पंप आदि का उत्पादन करनेवाले कारखाने निर्मित हुए। युद्ध के समय माल के वितरण के कंट्रैक्ट और उन्हीं दिनों होनेवाले अभाव से चीजों के मूल्य में वृद्धि के कारण कालाबाजारी ने व्यवसायियों को प्रभूत धन एकत्र करने में मदद पहुँचाई। उपरोक्त धन का उद्योगों में विनियोजन न करके फाटका, खरीद-बिक्री के कारोबार और किसी खास माँगवाली वस्तु की जमाखोरी में इस्तेमाल किया गया और मुनाफे बढ़ाए गए (जैसे 1943 के बंगाल के अकाल के समय); साथ ही, सरकारी कंट्रोल और परमिट-व्यवस्था की आड़ में भ्रष्ट तरीके भी अपनाए गए। इस प्रकार विश्व में काले धन की शुरुआत द्वितीय महायुद्ध के समय ही हो गई थी।

अब हम अपने मूल कथ्य की ओर मुड़ते हैं। औद्योगीकरण के इतिहास में यह ध्यान रखना होगा कि उसका स्थान कितना नगण्य है। 1900-04 के वर्षों में कुल राष्ट्रीय आय का 13% ही उद्योगों से आया था और 1940-44 के वर्षों में 27 प्रतिशत से भी नीचे। उद्योगों की इतनी धीमी प्रगति क्यों? इसका उत्तर इस पुस्तक में अनेक स्थानों पर बार-बार दिया गया है। इस उत्तर के जिन कुछ मुद्दों पर राष्ट्रवादी इतिहासकारों ने जोर दिया है, वे हैं : आयात शुल्क-नीति में मुक्त व्यापार (Free trade) के प्रभावस्वरूप 1930 के दशक में शिल्प-संरक्षण में सरकार की निश्चेष्टता, देशी धन विदेश जाने के फलस्वरूप देश में विनियोजन-योग्य पूँजी का अभाव और सामान्य रूप से कृषि-आधारित भारतीय अर्थव्यवस्था को उद्योग प्रधान इंग्लैंड का पूरक बनाने की अंग्रेजों की चेष्टा; दूसरी ओर अंग्रेजों का एक दल लगातार यह कह रहा था कि अर्थव्यवस्था के अटल नियम के

अनुसार श्रम-विभाजन (division of labour) के द्वारा कृषि क्षेत्र में विशेषीकरण (specialisation) अनिवार्य है और वांछित भी; जैसे लार्ड जॉन मेनार्ड कींस का कथन (1911)–"यह विश्वास करना कठिन है कि भारत अपनी पूँजी और किसान वर्ग को दूसरे रास्ते पर ले जाकर औद्योगिक पदार्थों के उत्पादन से समृद्ध हो सकेगा । इसके बदले उसे ज्यादा समृद्धि प्राप्त होगी अपने कच्चे माल का पश्चिम के औद्योगिक पदार्थों के साथ विनिमय करके ।" इसी विचारधारा से प्रभावित एक तीसरी विचारधारा है–औद्योगीकरण के लिए आवश्यक प्राथमिक उपकरणों की सूची तैयार करके यह दिखाना कि भारत में उनका अभाव है । अर्थात पूँजीपतियों में उद्यमशीलता (enterprise) और उसके फलस्वरूप पैदा होनेवाले नए उद्यमों को शुरू करने की जोखिम उठाने की प्रवृत्ति (innovative enterpreneurship) का अभाव, उपयुक्त शिक्षित तथा शिल्प में दक्ष श्रमिकों का अभाव, साधारणतः आधुनिकीकरण के लिए उपयोगी मानसिकता का अभाव, जिसका कारण पुरातनपंथी मूल्य-बोध (Value System) है; इत्यादि इसके कारण दिखाए जाते हैं। यह धारणा 1950 के दशक से आर्थिक विकास के सिद्धांत (Growth Theory) में निहित है । सिद्धांत के रूप में आज यह बहुत ठोस नहीं लगता; विशेषकर अमिय बागची ने दिखाया है कि औद्योगीकरण की प्रक्रिया के लिए उपयोगी चीजों को एकत्र करने की दिशा में उपरोक्त प्रकार के अभावों की कोई प्रामाणिकता सिद्ध नहीं होती । असली समस्या है माँग अर्थात गरीब देश में राष्ट्रीय आय की दर नीची होने के कारण औद्योगिक पदार्थों की माँग बहुत सीमित होती है, जिस कारण औद्योगीकरण का कम और अपूर्ण होना अनिवार्य है। हमने पहले के अध्यायों में औसत राष्ट्रीय आय और किसानों की स्थिति और क्रय-क्षमता का जो हाल देखा है, उसके परिप्रेक्ष्य में औद्योगीकरण की मंद गति और असंपूर्णता की इस व्याख्या के तर्क में थोड़ा दम दिखाई देता है ।

IV

औपनिवेशिक शहरीकरण

औद्योगीकरण के साथ-साथ शहरीकरण और कारखानों के निर्माण के साथ-साथ शहरों के विस्तार के बीच एक कार्य-कारण संबंध है, यह बात पश्चिमी देशों की ओर एक नजर डालने से ही स्पष्ट हो जाती है । औपनिवेशिक भारत के शहर ठीक-ठीक औद्योगिक नगर नहीं हैं; फिर भी उद्योग और तथाकथित आधुनिकता के केंद्रों के रूप में शहरों की बात उठती है । सामाजिक इतिहास के इस पक्ष को हम सबसे बाद में देखेंगे ।

आर्थिक और सामाजिक जीवन में शहरीकरण (urbanisation) एक

बड़ी चीज है । पहली नजर में ऐसा लगता है कि शहर अंग्रेजी शासनकाल में बढ़े हैं । वास्तविक जनगणना हमें यह दिखाती है कि कुल जनसंख्या की तुलना में 1921 तक शहरवासियों का अनुपात जरा भी नहीं बढ़ा और उसके बाद भी बहुत धीमी गति से बढ़ा है । इसके अलावा अर्थनीतिक और सांस्कृतिक दृष्टि से शहरीकरण इतना महत्त्वपूर्ण है कि इस मामले में काफी खोजबीन हुई है । अनेक खोजकर्त्ताओं ने 19वीं और 20वीं शताब्दी में विभिन्न भारतीय नगरों का इतिहास लिखा है । आस्ट्रेलिया में जिन विद्वानों ने इस विषय पर काम किया है, विशेषकर कैनबरा में, उन्होंने शहरी समाज के निहित स्वार्थों (interest groups), सामाजिक दलों और राजनीतिक दलों आदि को लेकर काम किया है । (बंबई के बारे में जिम मैसेलॉस, गॉर्डन और क्रिस्टिन डॉबिन और अहमदाबाद के बारे में केनेथ गिलियन) । इस तरह का शोधकार्य हमारे देश में भी काफी हुआ है । (प्रदीपसिंह और सौम्येन मुखर्जी) । बीसवीं शताब्दी के शहरों के ढाँचों (structure) और बंदरगाहों और प्रशासन के बारे में भी कुछ शोध प्राप्त होते हैं । (दिल्ली के बारे में नारायणी गुप्त और लखनऊ के बारे में वीना ओल्डेनवर्ग) । ये सब शोध विशेष प्रकार के तथ्यों से भरे हुए हैं, किंतु शहरों के ऊपरी तौर पर दिखनेवाले वैशिष्ट्य और विभिन्नता के अलावा आधुनिक शहरीकरण की प्रक्रिया की एक अखिल भारतीय तस्वीर बनाई जा सके, ऐसा कोई सैद्धांतिक आधार इनसे तैयार नहीं होता । औपनिवेशिक शासन काल के शहरों में संस्कृति के साथ उपनिवेशपूर्व के शहरों के सांस्कृतिक अंतर को तुलनात्मक आधार पर मूल्यांकित करने की एकमात्र कोशिश मिल्टन सिंगर और शिकागो के उनके छात्रों ने मद्रास के संदर्भ में की है, मगर वह शहर के सांस्कृतिक पक्ष तक ही सीमित है । तो भी संभवतः इससे औपनिवेशिक शहरीकरण के कुछ सामान्य लक्षणों को रेखांकित किया जा सकता है ।

सर्वप्रथम, जनगणना से प्रमाणित होता है कि 1881 से 1941 के बीच औपनिवेशिक महानगरों के निर्माण के साथ-साथ छोटे शहरों का प्रसार उसी अनुपात में नहीं हुआ और कुल जनसंख्या के अनुपात के हिसाब से शहरी बाशिंदों की संख्या नहीं बढ़ी, हालाँकि साधारणतया हम देखते हैं कि अंग्रेज शासन-काल में बड़े-बड़े शहर निर्मित हुए । हम इसे ही शहरीकरण कहते हैं, पर जनगणनाविदों के लिए शहरीकरण का अर्थ है ग्रामीण जनसंख्या की तुलना में शहरी बाशिंदों की आनुपातिक वृद्धि । इस दृष्टि से देखने पर पता चलता है कि नगरों का बिस्तार कुछ खास नहीं हुआ ।

टेबुल 9.4
भारत में नगरीकरण, 1881-1941

वर्ष	नगरवासियों की संख्या (करोड़ों में)	कुल जनसंख्या के प्रतिशत में नगरवासी
1891	2.67	9.4
1901	2.82	10.0
1911	2.86	9.4
1921	3.11	10.2
1931	3.75	11.1
1941	4.97	12.8

(स्रोत : किंग्सले डेविस, 'पापुलेशन ऑफ इंडिया ऐंड पाकिस्तान', यहाँ पर भारत के आकलन में वर्तमान पाकिस्तान और बांग्लादेश अंतर्भूत हैं।)

जनगणना शुरू होने के साथ-साथ रुझान किधर था, यह कहना कठिन है। 18वीं शताब्दी के अंतिम दशकों से पुराने नगर नहीं बढ़े। अनेक नगरों में जनसंख्या काफी कम हो गई। इस बात के प्रमाण मौजूद हैं; जैसे ढाका, लखनऊ, मुर्शिदाबाद आदि शहरों में जनसंख्या बुरी तरह कम हुई। इरफ़ान हबीब के अनुसार इसे विनगरीकरण (de-urbunisation) कहा जाएगा, किंतु इस बात के प्रमाण नहीं हैं कि जनसंख्या के अनुपात के हिसाब से यह नगरीकरण हुआ था; वरन देखा जाता है कि पुराने शासन-केंद्रों अथवा वाणिज्य-केंद्रों के स्थान पर नए केंद्र निर्मित होने लगे। उन सभी शहरों में जहाँ 19वीं शताब्दी के पूर्वार्द्ध से जनसंख्या बढ़ रही थी, अर्थात केवल ढाका अथवा अहमदाबाद अथवा लखनऊ में जनसंख्या कम होने से विनगरीकरण प्रमाणित नहीं होता। इसके अलावा ऐसा सोचने के भी कारण हैं कि पूर्व-औपनिवेशिक काल से शहरों में रहनेवाली जनसंख्या को उस काल तक थोड़ा बढ़ाकर ही कूता गया था (हबीब के अनुसार कम से कम 15%), जिसके फलस्वरूप 19वीं शताब्दी की गणनाओं को देखने से लगता है कि विनगरीकरण कम हुआ है। इसके अलावा इसके पीछे एक और रुझान काम कर रहा था—नगरीकरण और उद्योगीकरण का समीकरण बनाकर यह मान लिया गया कि 19वीं शताब्दी के पहले भाग में चूँकि निरुद्योगीकरण हुआ है, अतएव निश्चय ही विनगरीकरण भी हुआ है। चूँकि उस समय के उद्योगों में नियोजित कारीगरों में से अधिकांश ग्रामीण थे, इसलिए निरुद्योगीकरण और विनगरीकरण का यह

समीकरण अमान्य हो जाता है । जो भी हो, कमोबेश ऐसा लगता है कि 1880 तक एक ओर पुराने नगरों की अवनति हो रही थी तो दूसरी ओर अंग्रेजों के व्यापार और प्रशासन के नए-नए केंद्रों में नगरीकरण के फलस्वरूप जो स्थिति उत्पन्न हों गई थी, उससे परवर्ती 70 सालों में नगर/ग्राम जनसंख्या के आनुपातिक हिसाब में कोई प्रगति नहीं दिखाई दे रही थी । (हालाँकि इसी समय बंबई, मद्रास, कलकत्ता आदि महानगरों की प्रगति हमें भ्रमित कर देती है) । कुल मिलाकर जो तस्वीर बनती है वह नगरीकरण की प्रगति की नहीं है, बल्कि प्रायः एक ही जगह कदमताल करने की है ।

दूसरे, औपनिवेशिक ढंग के नगरीकरण का और एक पक्ष ह—औद्योगीकरण के बिना नगरीकरण, जो पश्चिमी धारा के ठीक विपरीत है । नए महानगर वाणिज्य और प्रशासन के केंद्रों के रूप में उठ खड़े हुए । कल-कारखाने कहीं-कहीं, पर कभी-कभी महानगरों के बीच अथवा उसके आसपास उठ खड़े हुए । 1854 से रेलपथ के प्रसार का एक मूल उद्देश्य था कुछ समुद्रतटों पर स्थित बंदरगाहों (जैसे कलकत्ता, मद्रास, बंबई, कराँची) और देश के भीतरी हिस्सों के बीच कृषि-उत्पादन की खरीद और वितरण तथा औद्योगिक पदार्थों के विक्रय के क्षेत्रों के बीच पुल का निर्माण करना । इस निर्यात के लिए रेलपथों के अलावा इन महानगरों में विदेशी व्यापारी कंपनियों, बैंकों, बीमा कंपनियों, जहाजरानी कंपनियों के दफ्तरों आदि की भी आवश्यकता थी । इसके अलावा इनमें से किसी-किसी नगर में मुगल शासनकाल से ही अंग्रेजों ने अपनी सुरक्षा के लिए किलों का निर्माण किया था जैसे कलकत्ता और मद्रास में; और 19वीं शताब्दी में अंग्रेजों द्वारा तराजू से राजदंड के रूप में रूपांतरित होने की प्रक्रिया में ये किले प्रशासन के भी केंद्र हो गए । कलकत्ता और बंबई में इसी प्रक्रिया से जुड़कर कल-कारखाने भी खड़े हुए । इन कारखानों का निर्माण इस प्रक्रिया का एक आनुषंगिक रूप था । मतलब यह कि विदेशी निर्यात के लिए परिवहन व्यवस्था तथा व्यापारिक सुविधाएँ उपलब्ध होने से इन सब नगरों में जूट, रुई आदि का निर्यात होते रहने से अगर उन्हीं स्थानों पर कारखाने लगाए जाएँ तो उनके लिए कच्चा माल आसानी से और सस्ती दरों पर पाया जा सकता था । साथ ही दूसरी स्थानीय सुविधाएँ भी उपलब्ध थीं ही । अर्थात ये सब महानगर औद्योगिक नगरों के रूप में विकसित नहीं हुए, बल्कि इनका थोड़ा-थोड़ा औद्योगीकरण विभिन्न स्थानीय कारणों से हुआ—इन तथ्यों की ओर हमने बंबई के प्रसंग में इशारा किया है । कलकत्ता, मद्रास और बंबई—ये तीन प्रेसिडेंसी के केंद्र थे । इनके अलावा अपेक्षाकृत छोटे राष्ट्रीय नगर थे, जैसे कानपुर और अहमदाबाद, जो निश्चय ही औद्योगिक नगरों के रूप में विकसित हुए थे । यह 19वीं शताब्दी की बात है । कृषिजीवी, मत्स्यजीवी और वन-उपजीवी दलों के विकास को अर्थशास्त्री अर्थनीतिक विकास का प्रथम प्रकरण (primary sector)

मानते हैं तथा औद्योगिक उत्पादन, खनिज पदार्थों का उत्पादन और भवन निर्माण आदि को द्वितीय प्रकरण (secondary sector) का नाम देते हैं; बाकी सब जैसे परिवहन, व्यापारिक, प्रशासनिक तथा अन्य कार्य, जो किसी वस्तु का उत्पादन नहीं करते, उन्हें तृतीय प्रकरण (tertiary sector) का काम मानते हैं। उपरोक्त धारणा के अनुसार औपनिवेशिक महानगर मूलतः तृतीय प्रकरणवाले कार्यों के केंद्र थे।

तीसरे, औपनिवेशिक शासन काल के बड़े और छोटे प्रायः सभी शहरों के रूप- विधान (morphology) में कुछ विशेषताएँ देखी जाती हैं। कलकत्ता में शुरू से ही स्पष्ट था कि यह काले आदमियों का क्षेत्र है और यह गोरे लोगों का क्षेत्र है। अंग्रेजी शासनकाल में उत्पन्न हुए अन्य शहरों में भी इसी तरह का जातिगत भेद थोड़ा सुसंस्कृत रूप में दिखाई देता है। धन से पैदा हुई कुलीनता के कारण अवश्य ही कुछ भारतीय, जैसे बंगाल के जमींदार अथवा बंबई के व्यापारी वर्ग अपने गोरी चमड़ीवाले महाप्रभुओं के मोहल्लों के आसपास स्थान पाते थे, परंतु स्थानीय लोगों (नेटिव) और साहबों की सामाजिक दूरी अत्यंत स्पष्ट थी। हम यहाँ एक बात भूले जा रहे हैं कि केवल पाँच-छह दशक पहले भी सामाजिक दूरी के साथ स्थानिक (spatial) पृथक्करण को कितना स्पष्ट रूप से प्रजा की आँखों में उँगली डालकर दिखाया जाता था, जिसके पीछे 1857 के विद्रोह से उत्पन्न वह संत्रास था, जो अंग्रेजों के दिलों में बैठा हुआ था और निश्चय ही विदेशी शासकवर्ग अपनी श्रेष्ठता का एक सहज बोधगम्य अनुवाद नगर की परिकल्पना में कर रहा था। नयी दिल्ली की परिकल्पना में लूटेन्स ने इस उद्देश्य पर खूब जोर दिया था; जैसे बड़े लाट की कोठी, किंग्सवे, क्वींसवे (आज के राजपथ और जनपथ), रायसीना की पहाड़ियों पर अंग्रेज प्रशासकों की कोठियाँ। इस पूरी परिकल्पना में केवल यह घोषणा ही नहीं है कि मुगलों का उत्तराधिकार किनके कंधों पर आया, बल्कि स्थापत्य ने जैसे साम्राज्यवाद को मूर्त कर दिया है। पैट्रिक रस ने हाल ही में प्रमाणित किया है कि स्थानिक परिकल्पना में अंग्रेज शासन-काल में देशी लोगों के बीच का अंतर और स्पष्ट हुआ था—जैसे मद्रास शहर में तथाकथित ऊँची और नीची जाति के हिंदू नागरिकों के बीच भेद करने की व्यवस्था की गई थी, अर्थात मद्रास में अंग्रेज नागरिक प्रशासन में पुरातन मूल्यबोध के विपरीत आधुनिकीकरण नहीं किया गया। एक ही मामले में गरीब-अमीर, मजदूर-मालिक आदि के क्षेत्र में विभेद वर्तमान था; किंतु उसे औपनिवेशिक विशेषता मानना ठीक नहीं होगा; क्योंकि यह सभी समताविहीन समाजों में देखा जाता है।

और अंत में, लगता है कि नगरीकरण औपनिवेशिक शासन-काल की एक अत्यंत सीमित प्रक्रिया थी। एक तो गरीब बहुसंख्यक लोग शहरों के सामयिक निवासी थे, मौरिस डेविड मौरिस ने प्रमाणित किया है कि बंबई की कपड़ा मिलों में

1890 में दस वर्षों से अधिक अवधि से काम करनेवाले मजदूरों की संख्या कुल मजदूरों की संख्या का केवल 26.7% थी और 1927-28 में 39.1%। यहाँ तक कि 1955 में भी 15 वर्ष से अधिक समय से कारखानों में काम करनेवाले मजदूरों की संख्या कुल मजदूरों की 30.7% ही थी। मजदूरों के बीच 10-15 साल कारखानों में काम करके ही अपने गाँव वापस लौट जाने का रिवाज था। इसके अलावा वे लोग प्रायः हर साल अपने गाँव जाते थे। कलकत्ते की जूट मिलों के श्रमिकों का इस प्रकार का विश्लेषण इतिहासकारों ने अभी नहीं किया है, पर प्रबल संभावना इस बात की है कि यहाँ भी इसी प्रकार की प्रवृत्ति सामने आएगी, विशेषकर 'पश्चिमी' श्रमिकों के क्षेत्र में। धीरे-धीरे शहरों में पक्की बस्ती बनाने और अपनी संतानों को शहरों में ही पाल-पोसकर मजदूरी के काम में लगाने की प्रवृत्ति बाद के पाँच-सात दशकों में सभी शहरों में बढ़ गई अर्थात ढेर-सारे गरीब मजदूरों के मामले में शहरीपन एक सामयिक चीज थी। अगर इसी समय में इसकी तुलना इंग्लैंड के नगरीकरण से की जाए तो वहाँ की प्रवृत्ति इसके विपरीत मिलेगी। औपनिवेशिक महानगरों के जो लोग स्थाई बाशिंदे हो रहे थे, वे मूलतः शिक्षक और शिक्षाजीवी पेशों में स्थापित मध्यवित्त के अथवा व्यापारी जगत के लोग थे अथवा वे लोग थे जो अंग्रेजों की प्रशासनिक मशीनरी में विभिन्न स्तरों पर कार्यरत थे। क्रिस्टिन डॉबिन ने दिखाया है कि बंबई नगर में आगंतुक और स्थाई बाशिंदों के वर्गों का विश्लेषण करने से पता चलता है कि जो जोग मसिजीवी पेशों से जुड़े थे, वे उसी काम में लगातार लगे हुए थे। पुराने ढंग की व्यवसायी जातियाँ नए व्यवसाय में प्रधानता पा रही थीं। मिल्टन सिंगर ने मद्रास के व्यापारी वर्ग के मामले में भी ऐसी ही स्थिति पाई है। वहाँ पर भी परिवेश के नएपन के बावजूद उनका जातिगत पेशा पहले की तरह कायम है। कलकत्ता में भी इसी प्रकार की एक धारावाहिकता देखी जाती है। निश्चय ही उसका एक अपवाद बंबई के पारसी जाति के लोग हैं और नरेंद्र कृष्णसिंह ने प्रमाणित किया है कि 19वीं शताब्दी के आरंभ से ही कलकत्ते में इत्र-फरोश और सुनार आदि के अलावा अनेक ब्राह्मण और कायस्थ भी व्यापार में लगे हुए थे। फिर भी ऐसा लगता है कि जातिगत पेशे के पुराने ढाँचे में नगरीकरण ने बहुत बड़ा परिवर्तन नहीं किया था, यह सच है। एक समाजशास्त्री सतीश सब्बरवाल ने बताया है कि 19वीं शताब्दी के पहले जैसे जाति के कठोर बंधन शहर में थोड़े नर्म पड़ रहे थे और नई हवा उनमें प्रवेश पा रही थी, पर नगरीकरण ने पुरानी जाति-व्यवस्था में कोई गुणगत बदलाव नहीं उपस्थित किया। संक्षेप में, कहा जाए तो नगरीकरण एक अत्यंत सीमित प्रक्रिया है और समाज के आधुनिकीकरण के साथ इसका समीकरण करना ठीक नहीं है। यहाँ यह बात याद रखना जरूरी है कि जिस रेलपथ, मुद्रण-यंत्र और डाक-व्यवस्था को हम आधुनिकीकरण का उपकरण मानते हैं, वे कभी-कभी आधुनिकीकरण के

विपरीत कामों में भी इस्तेमाल किए जाते हैं। मैसूर नरसिंहाचार श्रीनिवास ने बहुत पक्की बात कही है कि रेल-डाक-छापाखाना से सांप्रदायिक समिति और राजनीति को मदद पहुँचती है। ये सब यंत्र परिवहन, संचार-व्यवस्था की तरह एकता की धारणा को बहुत-से लोगों तक पहुँचा देने में सक्षम हैं। साथ ही सांप्रदायिक तथा जाति-पाँति तथा धार्मिक मनोवृत्तियों को भी लोगों के मन में संचारित कर सकती हैं; उसे एक राजनीतिक स्वरूप प्रदान कर सकती हैं। मैककारमैक ने प्रमाणित किया है कि किस तरह वैष्णव धर्म के अनुयायियों की सामाजिक ऐक्यबद्धता पारंपरिक तीर्थ-यात्रा, कथा-पाठ, मेला आदि के अलावा भी आधुनिक संचार-व्यवस्था द्वारा तेज की जा सकती है। शहरों के छापाखाने, सांप्रदायिक संस्थाएँ, रेल के द्वारा होनेवाले पारस्परिक मेल-मिलाप से आधुनिक युग से पहले की मानसिकता को और जोरदार कर सकते हैं।

निश्चय ही कोई स्वस्थ मस्तिष्क का आदमी यह बात नहीं कह सकता है कि शहरों ने कोई सामाजिक परिवर्तन नहीं प्रस्तुत किया। जो बात याद रखने की है वह यह है कि यह परिवर्तन कितना सीमित था। प्राचीन नगर, समाज और संस्कृति के साथ औपनिवेशिक नगरीकरण की एक तुलनात्मक समीक्षा मिल्टन सिंगर ने की है। उनके अनुसार यह आम आदमी की स्थानीय परंपराओं (little tradition) को परिष्कृत करके उच्च कोटि की महान परंपराओं (great tradition) की सृष्टि करना, प्राचीन नगरों का अवदान रहा है। इस प्रकार के नगर, जैसे मदुरै अथवा काशी को सिंगर ने मूलसंभूत (ortho-genetic) नाम दिया है। इसके विपरीत औपनिवेशिक महानगरों, जैसे मद्रास और कलकत्ता को उन्होंने अपरसंभूत (hetero-genetic) नाम दिया है। औपनिवेशिक महानगरों में प्राचीन परंपरा तथा एक दूसरी नई संस्कृति के बीच खींचतान चल रही है, जिसके फलस्वरूप, जैसे अनेक स्थानों पर प्राचीनता की पारंपरिकता देखी जाती है वैसे ही नवीनता भी। संभवतः भारतीय पाठक को यह वक्तव्य कोई खास नया नहीं लगेगा, किंतु चूँकि पश्चिम के विद्वानों में पश्चिम के प्रभावस्वरूप नगरीकरण को आधुनिकीकरण का समानार्थक मानने का प्रचलन-सा है, इसीलिए सिंगर का यह सिद्धांत उक्त परिप्रेक्ष्य में मूल्यवान हो जाता है।

ये सब चीजें अर्थनैतिक जगत से बहुत दूर की चीजें नहीं हैं। इसका एक उदाहरण देना उचित होगा। बंबई और अहमदाबाद दोनों ही स्थानों पर सूती कपड़ों के अनेक कारखाने स्थापित हुए, मगर इनमें थोड़ा अंतर भी दिखाई पड़ता है। अहमदाबाद के औद्योगीकरण में पूँजी का एक बहुत बड़ा भाग (62%) कारखाने के मालिकों अथवा मैनेजिंग एजेंटों के पास जमा किया हुआ पैसा है। यहाँ शेयर बाजार की भूमिका बहुत छोटी है, जबकि बंबई में जमा किया हुआ पैसा कुल लागत का केवल 4% है। पूँजी का बाकी हिस्सा शेयर बाजार से उठाया गया है।

यह अंतर क्यों है ? अहमदाबाद में मजदूर और मालिक के संबंध, हितों के विरोध तथा द्वंद्व के बावजूद, हड़ताल और प्रकट वर्गसंघर्ष की दिशा में बहुत कम गए हैं। शायद इसके लिए महात्मा गाँधी का प्रभाव जिम्मेदार है, किंतु वह प्रभाव बंबई में कारगर क्यों नहीं हुआ ? क्यों बंबई में अहमदाबाद की तुलना में हड़ताल और वर्गसंघर्ष अनेक-गुना ज्यादा हुआ। अहमदाबाद के कारखानों में श्रमिक यूनियनों की स्थापना कारीगरों की पंचायत (Craft guild) के बतौर हुई। अलग-अलग काम के अनुसार—जैसे कपास सफाई-मजदूर, करघा-मजदूर आदि की अलग-अलग समितियाँ बनीं; जबकि बंबई में शुरू से ही एक कारखाने के तमाम श्रमिको को लेकर और बाद में पूरे कपड़ा उद्योग के तमाम श्रमिकों को लेकर यूनियनें बनीं। कारीगरों के विशेषीकरण और पेशे पर ध्यान नहीं दिया गया। ऐसा क्यों हुआ ? संभवतः इन सब प्रश्नों के उत्तर औद्योगीकरण-पूर्व के इतिहास की पारंपरिकता में पाए जा सकते हैं। हावर्ड स्पाडिक की खोजों से पता चलता है कि अहमदाबाद में कारखानों के निर्माण के बहुत पहले से सेठों के पास पैसे जमा करके सूद खाने की एक प्रथा चालू थी। कारखानों के निर्माण के बाद ठीक वही प्रथा चालू रही। फर्क केवल यह पड़ा कि सूद खानेवाले और व्यापारी सेठ अब कारखाना मालिक हो गए। गिल्ड अथवा व्यापारी समिति तथा कारीगर समिति आदि गुजरात के पुराने शहरों में कितने शक्तिशाली थे, इसके अनेक प्रमाण मध्य युग से ही पाए जाते हैं। अतएव विशिष्ट कारीगरी पर आधारित श्रमिक-संगठनों का निर्माण स्वाभाविक ही है और संभवतः अहमदाबाद में मजदूर, महाजन और मिल-मालिक के संगठनों के बीच एक विशेष प्रकार के संबंध के मूल में भी यही कारण उपस्थित है। बंबई नया शहर है। उपरोक्त इतिहास और संस्थाओं के अभाव में बंबई में औद्योगीकरण और उससे संबंधित संगठन दूसरी दिशा में अग्रसर हुए। एक और उदाहरण प्रस्तुत है : अगर हम दिनेश चक्रवर्ती के निर्देशानुसार कलकत्ते की ओर देखें तो वहाँ भी जो श्रमिक-संगठन और वर्ग-संबंध दिखाई पड़ता है, वह भी औद्योगीकरण के पूर्व के 'भद्र लोग-छोटे लोग' (कुलीन और अकुलीन) के अंतर की ऐतिहासिक छाया में निर्मित एक विशेष प्रकार का स्वरूप लेकर आगे आया। ऐतिहासिक परंपराओं से आसानी से छुटकारा नहीं मिलता।

V

शहरी मध्यवर्ग

औपनिवेशिक नगरों के बाबुओं का हालचाल बताने की जरूरत नहीं है। यहाँ पर 'बाबू' शब्द का अर्थ सिपाही-विद्रोह के पूर्व के जमींदार और वणिक वृत्तिवाले

कुलीन बाबुओं से नहीं है, बल्कि अंग्रेज साहबों की भाषा में प्रयुक्त 'बाबू' शब्द से है, जिसका मतलब है मूलतः कलम घसीटनेवाले कारकुन अथवा क्लर्क। इसमें विभिन्न स्तरों के मसिजीवी जैसे वकील, डाक्टर, इंजीनियर, शिक्षक, सरकारी तथा निजी कार्यालयों के उच्चपदस्थ कर्मचारी शामिल हैं। बंकिम चंद्र ने अपने निबंध 'लोक रहस्य' में बाबुओं के जो लक्षण गिनाये हैं, वे स्मरण रखने लायक हैं : "कलियुग में बाबू नाम के एक विशेष प्रकार के मनुष्य इस पृथ्वी पर आविर्भूत होंगे...जो लोग बिना किसी उद्देश्य के संचय करेंगे, संचय के लिए उपार्जन करेंगे, उपार्जन के लिए विद्याध्ययन करेंगे, विद्याध्ययन के लिए प्रश्नों की चोरी करेंगे, यही लोग बाबू कहलाएँगे...भगवान विष्णु की तरह इनके भी दस अवतार होंगे–जैसे किरानी, मास्टर, ब्राह्मण, एजेंट, डाक्टर, वकील, हाकिम, जमींदार, समाचार-पत्र संपादक और निष्कर्मा (बेरोजगार)। विष्णु की तरह ही ये सभी अवतार भी अमित बल और पराक्रम से असुरों का संहार करेंगे। किरानी के अवतार में बध्य असुर होगा दफ्तरी; मास्टर के अवतार में बध्य असुर होगा छात्र; स्टेशन मास्टर के अवतार में बध्य असुर होगा बिना टिकट यात्री; ब्राह्मण अवतार में बध्य असुर होगा सीधा-पिसान और दक्षिणा का प्रत्याशी पुरोहित; एजेंट अवतार में बध्य असुर होगा वणिक अंग्रेज; डाक्टर अवतार में बध्य असुर होगा रोगी; वकील अवतार में बध्य असुर होगा मुवक्किल; हाकिम अवतार में बध्य असुर होगा न्याय विचार के लिए आया हुआ प्रार्थी; जमींदार अवतार में बध्य असुर होगी प्रजा, संपादक अवतार में बध्य असुर होंगे भद्रजन; और निष्कर्मा अवतार में बध्य असुर होंगे पुष्करणी के मत्स्य;...बाबुओं की जय हो।" औपनिवेशिक शासनकाल में ये बाबू लोग छोटे-बड़े नगरों में स्थापित हुए।

यह तथाकथित मध्यवित्त निहायत पंचमेल किस्म का वर्ग है। हम यहाँ इस श्रेणी के लोगों के लिए वर्ग शब्द का व्यवहार नहीं कर रहे हैं; क्योंकि ऐसा करना उचित नहीं होगा। कारण यह कि वर्ग शब्द का प्रयोग उत्पादन-व्यवस्था से उत्पन्न संबंधों के आधार पर होता है; वित्त के परिमाण के आधार पर नहीं। वैसे इस वर्ग में वित्त की समता भी नहीं है। नौकरीपेशा लोगों के बीच भी विराट विषमताएँ हैं, विभिन्न पेशों से जुड़े लोगों के बीच भी। बंगाल में 'भद्र लोग' नाम से संप्रति परिचित इस वर्ग का, बंकिम चंद्र की भाषा में सामान्य लक्षण है–"उपार्जन के लिए विद्याध्ययन।" इनकी संख्या एक गरीब देश के लिए अत्यंत अद्भुत रूप से बड़ी है। जोसेफ बेन डेविड के एक प्रसिद्ध निबंध में इस वर्ग के लोगों की अंतर्राष्ट्रीय तुलना मिलती है। 1925-27 में जब भारत में कालेजों और विश्वविद्यालयों में पढ़नेवाले छात्रों की संख्या 94 हजार थी, तब फ्रांस में उनकी संख्या 58 हजार थी। जर्मनी में 89 हजार और इंग्लैंड में केवल 42 हजार। निश्चय ही यहाँ कुल जनसंख्या के अनुपात में तुलना करना कठिन है, फिर भी

1955-58 के तुलना-योग्य आँकड़े पाए जाते हैं : विश्वविद्यालय के स्नातकों की संख्या प्रति 10 हजार पर भारत में 6.42 व्यक्ति थी, जबकि फ्रांस में 4.37 व्यक्ति, पश्चिम जर्मनी में 6.21 और इंग्लैंड में 5.68 व्यक्ति थी। 19वीं शताब्दी से ही जिन देशों में आर्थिक प्रगति हुई है उनमें से अनेक में, और विशेषकर इंग्लैंड में, विश्वविद्यालय की शिक्षा-प्राप्त लोगों की बजाय किसी विशेष शिल्प में प्रशिक्षण प्राप्त लोगों को काम मिलता था। दूसरी ओर तीसरी दुनिया के अनेक देशों में, जहाँ उद्योग का क्षेत्र उतना विकसित नहीं था, उपार्जन के लिए विश्वविद्यालय का छात्र होना जरूरी था। तृतीय प्राकरणिक क्षेत्र (tertiary sector) इस प्रकार बहुत बड़ा हो उठा था। 'उपार्जन के लिए विद्याध्ययन' की एक सीमा आर्थिक विकास के अभाव द्वारा निर्देशित होती है, यह सही है, किंतु कालेज और विश्वविद्यालय की शिक्षा औपनिवेशिक शासन-काल से ही राष्ट्रीय विकास से कटी रही है और उपार्जन तथा सामाजिक उन्नति के लिए एक सीढ़ी बनकर रह गई है।

यह सीढ़ी मूलतः बीसवीं शताब्दी में बड़ा आकार प्राप्त करती है। इस संबंध में सही आँकड़े नहीं प्राप्त होते, पर कुछ मोटा-मोटा हिसाब मिलता है। 1864-72 के वर्षों में कलकत्ता, मद्रास और बंबई विश्वविद्यालयों के मैट्रिक अर्थात माध्यमिक परीक्षा पास लोगों की कुल संख्या क्रमशः 8 हजार, 4 हजार, और 2 हजार थी और स्नातकों की संख्या क्रमशः 860, 296 और 168 थी। इसके अलावा कानून, चिकित्सा और इंजीनियरी पास व्यक्तियों की संख्या क्रमशः 1200, 100 और 200 के आसपास थी। तीनों विश्वविद्यालयों के उपरोक्त विभिन्न स्तरों पर शिक्षा-प्राप्त व्यक्तियों की कुल संख्या 20 हजार थी। इसके बाद से प्रतिवर्ष उपरोक्त परीक्षाएँ पास करनेवाले व्यक्तियों की संख्या उपलब्ध है। 19वीं शताब्दी के अंतिम दशक में ब्रिटिश भारत में प्रति वर्ष मैट्रिक पास करनेवाले लोगों की औसत संख्या 7670, स्नातकों की औसत संख्या 943 थी। (पाँचसाला औसत 1889-90 से 1893-94 तक का है)। 20वीं शताब्दी के प्रथम तीन दशकों में इन संख्याओं में तेजी से वृद्धि हुई। 1931 में मैट्रिक पास करनेवालों की संख्या 1 लाख के आसपास थी और स्नातकों की संख्या 35 हजार थी। सबसे बड़ी समस्या यह देखी गई कि कालेजों की संख्या बढ़ती रही, किंतु उस अनुपात में स्कूलों की संख्या नहीं बढ़ी, अर्थात भारी सिरवाला एक ऐसा ढाँचा तैयार हुआ जिसका आधार अत्यंत संकीर्ण था।

आश्चर्य की बात यह है कि स्वाधीनता-पूर्व काल में इस शिक्षित मध्यवर्ग के लोगों के रोजगार और आय आदि के बारे में प्रायः कोई खोज नहीं हुई। इधर-उधर कुछ तथ्य सामने आते हैं; जैसे लार्ड कर्जन द्वारा 1903 में एक खोज कराई गई जिसके अनुसार उन दिनों मासिक 75 रुपए अथवा इससे अधिक वेतन पानेवाले भारतीय कर्मचारियों की संख्या तमाम सरकारी विभागों में कुल 16 हजार थी। गैर

सरकारी नौकरियों में जो लगे हुए थे, उनके एक भाग के बारे में 1911 की औद्योगिक जनगणना से पता चलता है कि किरानी, सुपरवाइजर आदि कामों में नियुक्त भारतीयों की संख्या 61 हजार थी। (इस सरकारी आँकड़े में यूरोपियनों के साथ एंग्लो-इंडियनों को भी निकाल दिया गया है)। 1921 की जनगणना के अनुसार 75 रुपए से ज्यादा वेतन पानेवाले भारतीयों की संख्या रेल कंपनी में प्रायः 20 हजार थी। सिचाई विभाग में 12 हजार, पुलिस विभाग में 13 हजार आदि-आदि। इसके अलावा गैर-सरकारी औद्योगिक प्रतिष्ठानों में 1 लाख, 9 हजार लोग सुपरवाइजर अथवा किरानी के पदों पर काम कर रहे थे। इनका वेतन अज्ञात है। 1921 की जनगणना के अनुसार सरकारी प्रशासन सहित चिकित्सा, कानून, शिक्षा, समाचार पत्र आदि मसिजीवी पेशों में लगे हुए लोगों की कुल संख्या कुल जनसंख्या की 1.4% थी। ये सब आँकड़े चूँकि बहुत मोटे हिसाब सामने रखते हैं और तुलना के लिए पर्याप्त आँकड़े हमारे सामने नहीं हैं, इसलिए ये हमारे ज्यादा काम के नहीं हैं। फलस्वरूप हम अभी भी इस विषय में शोध करनेवाले विद्वानों का मुँह जोहने को बाध्य हैं।

जो भी हो, क्रमशः बढ़ते हुए शिक्षित बेरोजगारों की समस्या से संबंधित आलोचना को फिर से न दोहराकर मैं केवल एक विषय को रेखांकित करना चाहूँगा। हमने पहले ही राष्ट्रीय आय की आलोचना के प्रसंग में देखा है कि औपनिवेशिक शासन काल में अर्थनीतिक प्रवृत्ति यह थी कि गाँव के आदमी की टेंट खाली करके शहरी आदमी के पाकेट भरे जा रहे थे। इस अनुमान का एक आधार यह है कि तृतीय प्राकरणिक क्षेत्र की आय सबसे तेजी से बढ़ रही थी (1903-1904 में कुल राष्ट्रीय आय के 23.7% से 1940-44 में 35.7%), जबकि पहले प्राकरणिक क्षेत्र में होनेवाली आय कम हो रही थी (उपरोक्त समय के अंतर पर 63.6 से 47.6%) और द्वितीय क्षेत्र में मामूली वृद्धि हो रही थी (12.7 से 16.7%)। प्रति व्यक्ति वास्तविक आय का एक हिसाब ओंकार गोस्वामी ने हमें दिखाया है (रुपयों में नहीं, बल्कि खरीद योग्य भोज्य-पदार्थों में)। 1900-01 में शहरी आदमी की जो आय थी वह गाँव के आदमी की तुलना में साढ़े-तीन गुना थी। 1946-47 में शहरी आदमी की आय बढ़कर गाँव के आदमी की आय की 6 गुना हो गई। किसी भी क्षेत्र की आय का वास्तविक मूल्य दूसरे क्षेत्र में उत्पन्न पदार्थों के मूल्य में परिवर्तित करके इस प्रकार की गणना करना संभव है। इस गणना को, लगता है और भी सूक्ष्म स्तर पर ले जाना संभव है, पर इतना स्पष्ट है कि गाँव और शहर की आर्थिक विषमता बढ़ती जा रही है और कृषि-पदार्थों के मूल्य में कमी के साथ-साथ 20 के दशक के अंतिम वर्षों से शहर की क्रय-क्षमता बढ़ रही है। अर्थ यह कि ग्रामीण क्षेत्र में उत्पन्न पदार्थ सस्ती दर में बिक रहे हैं। संक्षेप में, राष्ट्रीय आय का एक ऐसा पुनरावंटन घटित हो रहा है, कम-से-कम 20वीं शताब्दी के

आरंभ से, जिससे शहरी आदमी को लाभ हो रहा है। इससे किसी-किसी उद्योग के विकास को समझने में सहायता मिलती है। (साधारण रूप से राष्ट्रीय आय की नीची दर और किसानों के निरंतर अभाव के बावजूद) शहरी आदमियों की माँग की आपूर्ति के लिए महीन कपड़े, चाय, चीनी, सिगरेट, बिस्कुट, मिट्टी का तेल, कागज, साबुन, उनके मकान बनाने के लिए सीमेंट और लोहा, चढ़ने के लिए बाइसिकिल, मोटर और बस आदि आदि का उत्पादन हो रहा है।

ग्रामीण आय की यह जो आपेक्षिक अवनति है, इस पर राष्ट्रीयतावादी महानुभावों की भी दृष्टि पड़ी थी। दादाभाई नौरोजी से लेकर महात्मा गाँधी तक अनेक राष्ट्रीय नेताओं ने इस विषय में चिंता प्रकट की थी। यहाँ तक कि नौरोजी ने इसे राष्ट्रीय धन के विदेश जाने (drain of wealth) के साथ तुलना करके इसे आंतरिक धन निर्गम (internal drain) के रूप में देखा था; पर यह प्रवृत्ति शहर की समृद्धि का आधार है। इस समृद्धि के बड़े भागीदार स्वभावतः उद्योगपति, व्यापारी वर्ग, परिवहन कंपनियों के मालिक और महाजन आदि हैं, पर इनके छोटे-छोटे भागीदारों में शहरी मध्यवर्ग के लोग हैं। शहर की मध्यवित्त मानसिकता में, लगता है, यह बोध क्रमशः स्पष्ट हुआ है :

> और कितनी लाल साड़ियाँ…
> और टेरिकाट के मसृण मनुष्य…
> कालरा और काल की बाँसुरी और गोनोरिया और चेचक,
> बाढ़ और भुखमरी,…
> …कालयात्रा की ध्वनि सुन रहे हो क्या ?
> हे शहर, हे धूसर शहर !

—समरसेन

यहाँ अपनी परवर्ती रचनाओं में और 'गोदान' (उपन्यास) के गोबर-जैसे चरित्रों के माध्यम से, जिन्हें मजबूर होकर गाँव छोड़कर मिलों में काम करने जाना पड़ा था, पूँजीवादी औद्योगिक समाज की प्रेमचंद द्वारा की गई कटु आलोचना की भी याद आती है।

अध्याय : दस

औपनिवेशिक राज और अर्थव्यवस्था

हमने अब तक विभिन्न दिशाओं से देखने का प्रयास किया है कि भारत का आर्थिक उपनिवेशीकरण कैसे हुआ और इसी प्रसंग में कई बार ब्रिटिश सरकार की विभिन्न नीतियों के अच्छे या बुरे परिणामों को सामने रखा है। अब हम इन नीतियों को संपूर्ण रूप से और साम्राज्यवादी राष्ट्र के चरित्र को साधारण रूप से समझने की चेष्टा करेंगे। इस विषय में इतिहासकारों के बीच मतभेद है। औपनिवेशीकरण की प्रक्रिया में राष्ट्र की भूमिका को अनेक इतिहासकार महत्त्व नहीं देते, जैसे वेरा एन्सटिंग, सर पर्सीवाल ग्रिफिथ्स, सर थियोडोर मॉरिसन आदि। ये मानते हैं कि सरकारी करनीति आदि चाहे जैसी भी हो भारत में कुटीर उद्योग का विनाश अवश्यंभावी था। इसका कारण यह था कि आधुनिक मशीनें, अधिक उत्पादन-क्षमता और तकनीक का ज्ञान ब्रिटेन के हाथ में था और यह कि भारत के लिए कृषिप्रधान देश होना एक तरह से अनिवार्य था, क्योंकि उत्पादन-क्षमता की दृष्टि से उसमें ही भारत को सुविधा थी और अंतर्वाणिज्य से भारत को आमदनी होती थी। यह भी कि रेलमार्ग, आधुनिक सड़कें और बंदरगाह-निर्माण तथा कला-कौशल का आयात ब्रिटेन की उदारता के कारण हुआ था। अगर ऐसा न होता तो भारत में जो भी आधुनिकीकरण हुआ वह भी न होता। वे आगे कहते हैं कि 19वीं शताब्दी में भारतीयों का वाणिज्य-कौशल ऐसा नहीं था कि भारत आधुनिक युग में प्रवेश कर पाता, अगर अंग्रेज व्यापारी वर्ग की पूँजी और प्रबंधन भारत में मौजूद न होते। दूसरी ओर इन धारणाओं के विरोधी सिद्धांत राष्ट्रवादी अर्थशास्त्रियों—जैसे दादाभाई नौरोजी, महादेव गोविंद राणाडे, रमेशचंद्र दत्त आदि द्वारा ब्रिटिश सरकार की नीतियों की आलोचना में तथा वर्तमान काल में मार्क्सवादी धारा के अनुसार पूँजीवादी साम्राज्यवाद के विश्लेषण में मानवेंद्र नाथ राय, रजनीपाम दत्त आदि के लेखन में पाये जाते हैं। राष्ट्रवादी और मार्क्सवादी विश्लेषण-पद्धति में उपनिवेशीकरण की प्रक्रिया में पराधीन देश की अर्थव्यवस्था पर साम्राज्यवादी राष्ट्रों के आघात को बहुत महत्त्व दिया जाता है।

उपनिवेशवाद का जब बोलबाला था तब मुक्त व्यापार (Free trade) और अर्थव्यवस्था में सरकारी हस्तक्षेप का विरोध (Laissez faire) अंग्रेज राजनीतिक हलकों में एक सुनिश्चित नीति के रूप में स्थापित था। ऐडम स्मिथ (1776 में प्रकाशित पुस्तक 'वेल्थ ऑफ नेशंस') से लेकर 19वीं शताब्दी के मध्य में उभरे मैनचेस्टर संप्रदाय (काब्डेन, ब्राइट इत्यादि अर्थशास्त्रियों तथा राजनीतिक प्रवक्ताओं) तक इस नीति पर प्रायः सभी एकमत थे। इस मत के अनुसार राष्ट्रीय अर्थव्यवस्था में हस्तक्षेप का अर्थ था कि पूँजीपतियों को ज्यादा कर देना होगा तथा पूँजी-संचय (Capital accumulation) और विनियोग बाधित होगा। पूँजीवादी विकास का जो यंत्र माँग की आपूर्ति के दबाव में लाभप्रद उत्पादन कर रहा है, वह गलत हो जाएगा। आयात-निर्यात के ऊपर शुल्क लगाने से प्रत्येक देश के अंतर्राष्ट्रीय वाणिज्य का स्वाभाविक विकास बाधित होगा। इंग्लैंड में औद्योगिक क्रांति के बाद तेजी से विकास करते हुए पूँजीवाद ने इस नीति को मौखिक और व्यावहारिक रूप से मानना शुरू किया था। भारत में अंग्रेज मौखिक रूप से यह बात जरूर कह रहा था, किंतु कार्यरूप में इसे मान नहीं रहा था। भारत जैसे उपनिवेश में यह नीति कैसे चलती कि औपनिवेशिकता के हितों की पूर्ति के लिए यह आवश्यक था कि राष्ट्र द्वारा किसी-किसी मामले में ऐसी कानूनी व्यवस्था की शुरुआत की जाए, जिससे अंतर्राष्ट्रीय वाणिज्य चलता रहे; यूरोप के औद्योगिक पदार्थ बिना किसी बाधा के बाजार में फैले रहें; कच्चे माल का उत्पादन बढ़े; पूँजी के विनियोग के लिए कंपनी कानून आदि तैयार हो। इन सब मामलों में अंग्रेज शासकों ने राष्ट्र के हस्तक्षेप की जरूरत महसूस की, क्योंकि अनेक क्षेत्रों में उपनिवेश-पूर्व का ढाँचा पूँजीवादी विकास के अनुकूल न था और उस ढाँचे को काट-छाँटकर उपनिवेशीकरण की प्रक्रिया में ढाल लेना जरूरी था। इसलिए राष्ट्र के हस्तक्षेप की जरूरत थी, मगर समझ-बूझकर, जहाँ आवश्यक हो, वहीं। संक्षेप में, उस समय के अंग्रेज सिद्धांतकारों के अनुसार राष्ट्र के द्वारा आर्थिक मामलों में हस्तक्षेप बुरी बात थी, पर वह यूरोप में ज्यादा बुरी थी। भारत जैसे उपनिवेश में उतनी बुरी न थी। यहाँ वह चल सकती थी, अगर सरकार सोच-समझकर किसी विशेष मामले में पक्षधरता (discriminatory interventionism) करे।

आइए, इस परिप्रेक्ष्य में देखें कि किन-किन स्थानों पर सरकार की आर्थिक भूमिका थी। अगर हम मूल क्षेत्रों को ध्यान में रखें तो हमें इस बारे में बातचीत करने में सुविधा होगी : (1) रेलमार्ग, सड़कें तथा बंदरगाह वगैरह यानी बुनियादी ढाँचे (infra-structure) को तैयार करना, (2) उत्पादक के रूप में, (3) और बाजार में खरीदार के रूप में निश्चय ही सरकार उपस्थित थी। इसके अलावा वह (4) कानून द्वारा व्यवसाय के नियंत्रण में, (5) आयात-निर्यात के ऊपर शुल्क के माध्यम से अंतर्राष्ट्रीय वाणिज्य के नियंत्रण में, (6) कर-नीति द्वारा आर्थिक

विकास तथा राष्ट्रीय आय के वितरण पर नियंत्रण में और (7) इंग्लैंड को धन भेजने के यंत्र के रूप में भारत में ब्रिटिश सरकार की भूमिका अत्यंत प्रबल थी। निश्चय ही और भी अनेक क्षेत्रों में अर्थनीतिक व्यवस्था पर राष्ट्रीय नीति का आघात पड़ा था—सीधे-सीधे नहीं, घुमाकर।

II

रेलवे आदि

सड़क, रेल, बंदरगाह वगैरह तैयार करने अर्थात अर्थनीतिक व्यवस्था और विकास के ढाँचे को तैयार करने के मामले में ब्रिटिश सरकार अत्यंत सक्रिय थी। सबसे पहले रेलमार्ग। 1853 में गवर्नर लार्ड डलहौजी ने इस मत का प्रतिपादन किया कि राजनीतिक और सामरिक कारणों से रेलमार्ग का निर्माण सरकार के लिए सुविधाजनक होगा। इसके पीछे अंग्रेज पूँजीपतियों का दबाव भी था। डैनियल थार्नर, मैक्फर्सन आदि ने दिखाया था कि मूलतः उनका उद्देश्य था (क) भारत मे रेल कंपनियों में ब्रिटिश पूँजी का विनियोग, (ख) रेलमार्ग को निकास-प्रणाली के रूप में इस्तेमाल करके भारत से कच्चा माल, खासकर रुई का इंग्लैंड के कारखानों को निर्यात, (ग) इंग्लैंड के रेल इंजिनों, इस्पात की रेलों और मशीनरी को भारत में बेचना, और (घ) रेलमार्ग द्वारा भारत के अंदरूनी बाजारों में ब्रिटिश कारखानों के मालों, विशेषकर सूती कपड़ों की बिक्री करना। इन सब लाभों का लोभ ही असली बात थी। इस देश की अर्थनीति का आधुनिकीकरण इसमें जरा भी न था। इसके अलावा निश्चय ही सामरिक स्वार्थ के कारण सीमांत के निकटवर्ती स्थानों पर, जहाँ लाभ की संभावना न थी, वहाँ ब्रिटिश रेल कंपनियाँ भी नहीं थीं। वहाँ सरकार ने अपने खर्च पर रेलमार्ग बनाना शुरू किया और 19वीं शताब्दी के अंतिम दशकों में करदाताओं के पैसे से कुछ सरकारी रेलमार्ग बनने शुरू हुए। यह काम ब्रिटिश पूँजीवाली रेल कंपनी के काम के साथ-साथ शुरू हुआ।

रेलमार्ग निर्माण के इस उद्योग के संबंध में तरह-तरह के सवाल किए जाते हैं; जैसे रेलमार्ग के निर्माण से क्या देश को आधुनिक बनाने में मदद नहीं मिलती? अर्थनीतिक विकास और एकता लाने के लिए अंदरूनी बाजारों को रेलमार्गों द्वारा एक सूत्र में बाँध देने से क्या कोई सुविधा नहीं हुई? रेल कंपनियाँ इस्पात और कल-कारखाने ले आईं और देशी मिस्त्रियों को उनकी तकनीक सिखाई। क्या इससे कारीगरी में और कौशल में बढ़ोतरी नहीं हुई? कार्ल मार्क्स ने जो 1853 में कहा था कि आधुनिक औद्योगीकरण रेलमार्ग से आएगा, वह क्या गलत था?

अब हम अपने इस सीधे-सादे चित्र में अंतर्निहित जटिलता में प्रवेश कर सकते हैं। सबसे पहले हमें याद रखना होगा कि किन-किन हितों की रक्षा के लिए इस

तस्वीर को बनाने पर बल दिया गया था ? किस उद्देश्य से रेलमार्गों का निर्माण हुआ था ?--देश की समृद्धि के लिए अथवा किसी और उद्देश्य से ? यहाँ इस तर्क-वितर्क के लिए कोई जगह नहीं है कि उपरोक्त उद्देश्य सच है या नहीं, क्योंकि इसके पक्ष में काफी प्रमाण हैं; और यह बात भी तर्कातीत है कि पूँजी जिसकी होती है उसका उद्देश्य मुनाफा होगा ही, पर सभी उद्देश्यों में आदमी सफल नहीं होता । उपरोक्त उद्देश्यों में इनके बनानेवाले भी सफल नहीं हुए । औपनिवेशिक बाजार में ब्रिटेन के औद्योगिक पदार्थों की बिक्री का सवाल लेते हैं तो हम पाते हैं कि इस मामले में अंग्रेज व्यावसायियों ने जो आशा की थी, वह पूरी नहीं हुई । कारण यह कि औसत राष्ट्रीय आय बहुत ही कम थी । ऊपर से जुलाहे मरकर भी पूरी तरह से मरे नहीं थे और बंबई तथा अहमदाबाद के व्यापारियों ने सूती मिलें शुरू करके ब्रिटिश सूती मिलों के साथ प्रतियोगिता शुरू कर दी थी । पूँजीवादी उद्देश्य एक तरह का होता है, और इतिहास की धारा दूसरे तरह की, पर इसका यह मतलब नहीं है कि उद्देश्य थे ही नहीं । दूसरे, हालाँकि रेलमार्ग विदेशी हितों की पूर्ति के लिए बनाए गए थे, उससे पैदा हुए अनेक अच्छे-बुरे परिणाम भारत के अर्थनीतिक विकास के प्रतिकूल नहीं थे; मसलन कारीगरी और कौशल का आयात, भीतरी बाजारों का एकीकरण आदि; फिर भी यूरोप में जैसे रेलमार्ग ने औद्योगीकरण का पथ प्रशस्त किया था, औपनिवेशिक भारत में वैसा होने की संभावना, लगता है, नहीं थी । आखिर क्यों ?

इसका एक बड़ा कारण यह है कि रेलमार्गों का भौगोलिक विन्यास और माल ढोने का किराया, जिस दर पर लिया जाता था—ये दोनों ही देश के भीतर के सुदूर अंचलों से कच्चा माल ढोकर लाने और वहाँ औद्योगिक पदार्थों को ढोकर पहुँचाने के अनुकूल थे । उपरोक्त भौगोलिक विन्यास इस प्रकार से किया गया था, जिससे कि भीतरी क्षेत्रों से कच्चा माल बंबई, कलकत्ता आदि बड़े बंदरगाह-शहरों तक पहुँचने का निकटतम रास्ता मिल सके । दूसरी ओर यही रेलमार्ग मैनचेस्टर से सूती कपड़े और बरमिंघम से लोहा-इस्पात आदि औद्योगिक पदार्थ सुदूर भीतरी अंचलों के बाजारों तक पहुँचा सकें । आंतरिक वाणिज्य अथवा औद्योगिक संभावनाओं की ओर देखकर रेलमार्गों का निर्माण नहीं किया गया था, और माल के ऊपर किराए का निर्धारण भी इसी नीति से प्रेरित था । कच्चा माल तथा दूसरे कृषि-पदार्थ, जैसे पूर्वी बंगाल का चावल, मध्य प्रदेश और पंजाब का गेहूँ, दक्षिणी भारत की रुई—कम किराए पर बंदरगाह-शहरों तक लाए जाते थे । इन सब औद्योगिक पदार्थों पर वापसी में रेल किराया ज्यादा था । दूसरी ओर जो तैयार औद्योगिक माल बंदरगाह-शहरों से देश के भीतरी हिस्सों में जाता था उसके ऊपर, भीतर से बंदरगाह की ओर जानेवाले औद्योगिक पदार्थों की तुलना में किराया कम था । पानंदीकर, जॉन हार्ड, और दूसरे अनेक अर्थशास्त्रियों ने इस तरह के आँकड़े रखे

हैं। संक्षेप में, रेलमार्गों का विन्यास अर्थात रेलमार्ग किस दिशा में जाएँगे और किस माल पर क्या किराया होगा, ये दोनों नीतियाँ कच्चे माल के निर्यात और औद्योगिक पदार्थों के आयात के पक्ष में थीं। इसी कारण भारत के औद्योगिक विकास में इन नीतियों से बाधा पड़ी थी।

दूसरे, रेलमार्ग देश की विकास-धारा के बाहर की चीज थी। उद्योग और वाणिज्य के विकास के साथ-साथ उसका उद्भव देश की मिट्टी से नहीं हुआ था। 19वीं शताब्दी के इंग्लैंड की ओर नजर डालें तो देश की मिट्टी से उपजने का आशय क्या है, यह बात हमारी समझ में आ जाएगी। हुआ यह कि हमारे देश में जैसे कुछ मशीनें आसमान से आ गिरीं। यूरोप और उत्तरी अमेरिका के देशों में रेलमार्गों के प्रसार का अर्थ था बाजार में परिवहन की माँग, देशी पूँजीपतियों का आग्रह, लोहा-इस्पात मशीनरी, उद्योगों का प्रसार और लोहा, कोयला आदि खनिज पदार्थों के उद्योगों में वृद्धि आदि; अर्थात रेलमार्ग के पीछे इंजीनियरी उद्योग, उसके पीछे लोहा-इस्पात-उद्योग, उसके पीछे खनिज पदार्थों की खुदाई—इस प्रकार एक दूसरे को जोड़नेवाली एक जंजीर इसके पीछे बन गई। (इसे कहते हैं backward linkage)। दूसरी ओर भारत में 1855 से 1910 तक रेलमार्ग, 1940 तक रेल इंजन तथा मशीनरी, 1865 तक कोयला भी इंग्लैंड से मँगाए जाते थे, अर्थात इस पारस्परिक श्रृंखला का लाभ इंग्लैंड के लोहा, इस्पात, इंजीनियरी, खनिज उद्योगों को मिल रहा था। इसीलिए रेलमार्ग के उद्भव के फलस्वरूप दूसरे भारी उद्योगों का जो स्वाभाविक विकास होता है भारत में वह नहीं हुआ।

ऊपर से रेलमार्ग, दादाभाई नौरोजी जिसे धन का बहिर्गमन (drain of wealth) कहते थे, उसी का एक रास्ता बन गया। इंग्लैंड की पूँजी सुदूर भारत में विनियोग करने की दिशा में जो आगे बढ़ेगा, उसके प्रतिदान के रूप में, इसलिए कि भारत में रेलमार्ग के निर्माण में पैसे लगाने के इच्छुक पूँजीपतियों को पाना मुश्किल था, और कुछ इसलिए भी कि अंग्रेज व्यवसायियों के दबाव और इंग्लैंड-स्थित भारतीय साम्राज्य के अधिकारियों के पक्षपात के कारण भारत में रेल कंपनियों ने एक विशेष व्यवस्था शुरू की। और वह थी—जो लोग इस काम में पूँजी लगा रहे थे, उनके लिए रेल कंपनी के शेयर में निम्नतम पाँच प्रतिशत सूद की गारंटी (guaranteed interest)। अगर रेल कंपनियों को व्यापार में मुनाफा न हो, बल्कि नुकसान हो तो भी यह सूद देय होगा। इसका एक परिणाम बड़ी आसानी से समझ में आता है और वह यह है कि रेलमार्गों के निर्माण पर कमखर्ची की लगाम नहीं थी, क्योंकि खर्च ज्यादा होने के फलस्वरूप भले ही कोई मुनाफा न हो, कंपनी के मालिकों के हाथ में पाँच प्रतिशत लाभ अपने आप आ जाएगा। यह सूद सरकार अर्थात भारतीय करदाता की जेब से निकलेगा। एक गणना के अनुसार भारत में

प्रति मील रेलमार्ग के निर्माण पर उत्तरी अमेरिका में प्रति मील रेलमार्ग के निर्माण पर होनेवाले खर्च का प्रायः डेढ़ गुना था। जो भी हो, मूल बात यह है कि इस शर्त के अनुसार जो सूद देना होता था वह भारतीय रुपए में नहीं, बल्कि इंग्लैंड के पौंड स्टर्लिंग में देना होता था। समयानुसार इंगलैंड को भारत सरकार द्वारा जो खर्च (Home Charges) देना होता था, उसका एक बड़ा अंश यह सूद हो जाता था—और यह धन के बहिर्गमन के प्रवाह को और तीव्र करता था। 1890 से यह खर्च रुपए के हिसाब में बहुत अधिक बढ़ गया, क्योंकि विश्व-बाजार में चाँदी का दाम गिर जाने से भारतीय रुपए के साथ पौंड स्टर्लिंग की विनिमय-दर बहुत गिर गई थी।

चारों ओर से विचार करने पर समझ में आता है कि अर्थनीतिक राष्ट्रीयतावाद के प्रवक्तागण—जैसे राणाडे और रमेशचंद्र दत्त—रेलमार्ग के विस्तार को देश की समृद्धि बढ़ानेवाला नहीं मानते थे, पर उसका कारण क्या है। इसी प्रसंग में यह बात याद रखने की जरूरत है कि तब तक आधुनिक मार्गों की तैयारी का काम बहुत ही उपेक्षित था। दो-एक आम रास्तों को छोड़कर—जैसे कलकत्ता से पेशावर तक जानेवाली ग्रैंड ट्रंक रोड—सड़कों का निर्माण रेलमार्गों के पूरक (feeder roads) के रूप में अथवा सामरिक प्रयोजनों से (strategic roads) होता था और वह भी सिपाही विद्रोह के दो-एक साल पहले लार्ड डलहौजी द्वारा स्थापित पब्लिक वर्क्स डिपार्टमेंट द्वारा शुरू हुआ था। फिर भी जॉन स्ट्रेची की बात याद रखने लायक है। ब्रिटिश राज्य की सबसे बड़ी यादगार है 19वीं शताब्दी में बनी ग्रैंड ट्रंक रोड; इलाहाबाद (1855), दिल्ली (1867) और वाराणसी (1887) में पुलों का निर्माण और बंबई जैसे बंदरगाह का निर्माण।

III

उत्पादक तथा क्रेता के रूप में राज्य

1951 अर्थात प्रथम पंचवर्षीय योजना काल से मिश्रित अर्थव्यवस्था को बल देने के लिए उत्पादक के रूप में सरकार की सक्रियता हमारे लिए सुपरिचित है। उसके पहले उत्पादक के रूप में सरकार की भूमिका बहुत नगण्य थी। इसका कारण यह था कि सरकार अर्थनीति में सरकारी हस्तक्षेप की विरोधी नीति (laissez faire) का पालन करनेवाली थी; फिर भी कई क्षेत्रों में, व्यक्तिगत स्वामित्व द्वारा परिचालित व्यवसाय को बिना हानि पहुँचाए, सरकारी प्रचेष्टा शुरू हुई थी, जिसका उद्देश्य था उस प्रकार के व्यवसाय को मदद पहुँचाना। इस प्रकार के सरकारी उद्योगों का उद्देश्य कभी खर्च को कम करने की कोशिश, कभी सामरिक

आपूर्ति को अव्याहत रखना, तो कभी सरकारी उद्योगों द्वारा अंग्रेज पूँजीपतियों के लिए एक नए व्यवसाय का सूत्रपात करना था।

ऊपर कहे गए पहले और तीसरे उद्देश्य का परिचय चाय-बागानों के निर्माण के मामलों में मिलता है। उस समय हमारे देश में जो चाय मिलती थी, वह चीन से आती थी और कुछ जंगली पौधों का मिश्रण उपयोग में आता था, जिससे चाय बनाई जाती थी। 19वीं शताब्दी के शुरू के दो-तीन दशकों तक इंग्लैंड भी चीन से चाय का आयात करता था, जिस पर बहुत पैसा खर्च होता था। उस चाय को खरीदने के लिए ईस्ट इंडिया कंपनी को भारत में होनेवाली अपनी आय से पैसे देने पड़ते थे। कंपनी के कुछ अंग्रेज कर्मचारियों ने चीनी चाय की खेती इस देश में करने अथवा कुछ देशी जंगली पौधों के साथ उनका मिश्रण करने की कोशिश शुरू की। 1833 में नियमानुसार सरकारी स्वामित्व और निर्देशन में असम में चाय के बागीचे शुरू किए गए और बाद में यही 'असम टी कंपनी' नाम से देश की सबसे बड़ी और सबसे पुरानी चाय कंपनी बनी। यह कंपनी ब्रिटिश सरकार ने अंग्रेज व्यापारियों के हाथ बेच दी। जब यह कंपनी बेची जा रही थी, उस समय द्वारकानाथ ठाकुर इसे खरीदना चाहते थे, मगर सरकार किसी 'नेटिव' व्यापारी के हाथ चाय कंपनी को बेचने को राजी न हुई। निष्कर्ष यह निकलता है कि चाय के व्यवसाय में पहलकदमी और इसके शुरुआती खर्चे भारत सरकार, यानी भारतीय करदाता के सिर पड़े और जब मुनाफा शुरू हुआ तो यह व्यवसाय अंग्रेज व्यापारियों के हाथ में चला गया। इंग्लैंड में पंजीकृत ब्रिटिश पूँजी से तैयार बहुत-सी कंपनियाँ सरकार की खास जमीन पर, राजस्वमुक्त जमीन पाकर, असम के चाय-व्यापार में आ जुटीं। स्पष्टतः सरकार ने न केवल चाय-व्यवसाय को जन्म देने में पहलकदमी की और उत्पादक की भूमिका में आ खड़ी हुई, बल्कि चाय बागान-मालिकों की खातिर मजदूर बाजार (labour market) में हस्तक्षेप करके अपने पक्षपातपूर्ण रवैये का एक और उदाहरण प्रस्तुत किया। जिन स्थानों पर चाय के बागीचे लगाए गए वहाँ प्रायः खेती नहीं होती थी और जनसंख्या बहुत कम थी, इसलिए सरकार ने सुदूर प्रदेशों से (सरकारी आदेश द्वारा) दक्षिण बिहार से ओराँव और मुंडा जाति के आदिवासियों तथा मध्य प्रदेश के आदिवासियों को 'कुली' के रूप में वहाँ विस्थापित किया। ये लोग मौका पाते ही वापिस अपने जन्म स्थानों को भाग जाते थे, इसीलिए 1860 में सरकार ने एक कानून बनाया कि अगर 'कुली' शर्त तोड़कर चला जाता है तो उनका यह अपराध फौजदारी कानून के तहत सजा पाने योग्य माना जाएगा। (यद्यपि आमतौर पर शर्त तोड़ना केवल दीवानी अदालत में दंडनीय अपराध होता है)। द्वारकानाथ गांगुली से लेकर प्रफुल्लचंद्र राय तक ('चाय पीना या कि कुली का खून पीना') अनेक लोगों ने चाय बागान के कुलियों की गुलामी के बारे में लिखा है, पर जब तक ब्रिटिश पूँजी इस व्यापार में प्रबल थी, तब तक

मजदूरों की स्थिति 1825 के पहले के वेस्ट इंडीज़ के चीनी व्यवसाय अथवा 1860 के पहले के अमेरिका के रुई के खेतों में काम करनेवाले अश्वेत गुलामों के समान थी। उनकी इस स्थिति के लिए सरकार का समर्थन काफी हद तक उत्तरदायी है।

सरकारी उद्योग-धंधों का दूसरे प्रकार का उद्देश्य था—सामरिक उपादानों की आपूर्ति करना; जैसे गोला-बारूद और बंदूक निर्माण आदि। कंपनी के शासन काल में 1830 से 1890 के बीच सरकारी प्रयास अथवा सहयोग से लोहे के कुछ कारखाने चालू करने की चेष्टा हुई थी। यह प्रयास कुमायूँ के पहाड़ों पर, बंगाल के वीरभूमि इलाके में और मद्रास के पोर्टोनोवो अंचल में किए गए थे। किंतु ये चल नहीं पाए, क्योंकि जल्दी ही लोहे के बाजार में इंग्लैंड से आया हुआ सस्ता माल छा गया। इस लोहे से अस्त्र-शस्त्र बनाना सस्ता हो गया और सामरिक जरूरतें सरकार की बहुत अधिक थीं। 1846 में सरकारी उद्यम से दमदम में 'गन एंड शैल फैक्टरी' शुरू हुई। प्रसंगवश यहाँ यह बता देना जरूरी है कि इसी कारखाने में वह दमदम-बुलेट बनी जो मनुष्य के शरीर में घुसकर फटती है और बहुत बड़ा घाव बनाती है। आजकल यह बुलेट अंतर्राष्ट्रीय जिनेवा संधि के अनुसार निषिद्ध अस्त्रों की श्रेणी में आती है। 1860 में कानपुर में सामरिक प्रयोजन से चमड़े की बनी जीन, हौदा और बूट आदि बनाने का कारखाना शुरू हुआ; बाद में कानपुर चमड़ा-उद्योग का केंद्र बन गया। 1905 तक की अवधि में सरकारी उद्यम से चलनेवाले दमदम के कारखाने-जैसे गोला-बारूद के 13 कारखाने, भारत में शुरू किए गए। यहाँ यह याद रखने की जरूरत है कि उन्हीं दिनों 'आर्म्स ऐक्ट' द्वारा सभी जातियों को भारत में निरस्त्र कर दिया गया और अंत में यह बताना भी जरूरी है कि ब्रिटिश भारत में जिस प्रकार के सरकारी उद्योग-धंधे पनप रहे थे वे न केवल सीमित थे बल्कि भारत के अर्थनीतिक विकास और आवश्यकताओं के साथ उनका कोई सरोकार न था। उत्पादक के रूप में अथवा उत्पादन को बढ़ावा देने के लिए अनेक देशों में राज्य ने महत्त्वपूर्ण भूमिका निभाई है। अनेक देशों में वह औद्योगिक क्रांति की दौड़ में शुरू-शुरू में योगदान नहीं कर पाया, बल्कि देर से किया—जैसे रूस, प्रशिया और जापान में, पर ये स्वाधीन देश थे। ब्रिटिश भारत में औपनिवेशिक सरकार के उद्यम गुलामों की ओर नजर रखकर निर्मित नहीं किए जा सकते थे।

हमारे देश में उस समय और संभवतः आज भी, बाजार का सबसे बड़ा अकेला खरीददार सरकार है। इसलिए सरकारी क्रय-मूल्य के बारे में कुछ बातें जानना जरूरी है। स्टोर्स क्रय नियमावली (Stores Purchase Regulations) के अनुसार सरकार के विभिन्न कार्यालय बाजार से चीजें खरीदते हैं—जैसे सैनिकों के लिए कपड़े, रेल के लिए लोहा, क्लर्कों के लिए कागज इत्यादि। 1875 तक जो नियम था उसके अनुसार इंडिया आफिस के मार्फत अधिकांश चीजें इंग्लैंड के

बाजार से खरीदी जाती थीं। इसका फल यह होता था कि एक ओर भारत के पैसे से इंग्लैंड के व्यापारी मोटे होते जाते थे, तो दूसरी तरफ भारत सरकार का विदेशी मुद्रा का खर्च बढ़ता जाता था। 1876 में यह खर्च इतना ज्यादा हो गया कि भारत सचिव लार्ड सैलिसबरी ने बहुत-सी चीजों को भारत में खरीदने की शुरुआत करने का आदेश दिया, पर इसका अर्थ यह नहीं है कि वे चीजें भारतीय व्यवसायियों से खरीदी जानी थीं, बल्कि उन्हें भारत-स्थित ब्रिटिश व्यावसायिक प्रतिष्ठानों से खरीदा जाना था। 1883 में गवर्नर जनरल लार्ड रिपन के आग्रह पर और अधिक परिमाण में भारत में सरकारी खरीद शुरू हुई और 1914 से लेकर द्वितीय विश्व-युद्ध की अवधि में आपूर्ति की कठिनाई के कारण भारत सरकार ने इसी देश में प्रायः सबकुछ खरीदना शुरू किया; यहाँ तक कि टाटा का इस्पात भी। इस प्रकार परिस्थितियों के दबाव में और खर्च कम करने के लिए अंग्रेजी सरकार ने देशी चीजों को धीरे-धीरे खरीदना आरंभ किया।

IV

बाहरी व्यापार पर नियंत्रण

राज्य आयात-निर्यात पर शुल्क लगाकर और बहुत ही सीमित मामलों में निषेधाज्ञा द्वारा, अंतर्राष्ट्रीय वाणिज्य पर नियंत्रण रखता था। इस देश में ब्रिटिश औद्योगिक पदार्थों के लिए बाजार का निर्माण करने के मामले में इंग्लैंड की औद्योगिक क्रांति के अलावा भी ब्रिटिश भारत की शुल्क-नीति की एक भूमिका थी। एक समय इन सब मालों की एकदम माँग नहीं थी। 18वीं शताब्दी के बंगाल में विलायती चीजों का दाम ज्यादा था और उनके खरीददार कम थे। इसीलिए भारतेंदु-कृत ('विद्यासुंदर') काव्य में बाजार का वर्णन इस प्रकार मिलता है : "बहुत सी बिलायती चीजें बड़ी कीमतवाली हैं, खरीदार नहीं, इसलिए पड़ा है उनका ढेर।" देश के उद्योगों के विकास की खातिर बाहरी वाणिज्य पर नियंत्रण रखना स्वाधीन राष्ट्र के अधिकार में होता है। पराधीन भारत में मामला इसके ठीक उल्टा था। इसे रमेशचंद्र दत्त ने विस्तार से दिखाया है। उनका तथा सर्वश्री वकील और हीरालाल डे आदि का अत्यंत प्रसिद्ध सिद्धांत हम यहाँ संक्षेप में दे रहे हैं।

1858 से 1874 तक भारत की ब्रिटिश सरकार ने शुल्क-नीति के मामले में अनेक परीक्षण किए। 1858 में सिपाही विद्रोह का एक परिणाम यह हुआ कि सरकारी खर्च और ऋण में वृद्धि हुई, जिसके फलस्वरूप सरकार को बाध्य होकर अपनी आमदनी बढ़ानी पड़ी और उसने आयातित औद्योगिक पदार्थों पर, विशेषकर सूत और सूती कपड़ों पर, शुल्क बढ़ा दिया। यह एक आपातकालीन व्यवस्था थी, जो इंग्लैंड के औद्योगिक हितों के पक्ष में नहीं थी, यह बात स्पष्ट

है। 1860 में ब्रिटिश भारत के पहले बजट में जेम्स विल्सन ने शुल्क-नीति का निर्धारण किया। उन्होंने कहा कि आयातित औद्योगिक पदार्थों पर जितना जल्दी हो सके और जितना अधिक हो सके, शुल्क कम करना अत्यंत आवश्यक है, क्योंकि इससे इंग्लैंड के उद्योगों को नुकसान हो रहा है। दूसरे, निर्यातित कच्चे माल के ऊपर शुल्क न लगाना ही ठीक है, क्योंकि ऐसा न करने पर इंग्लैंड के कारखानों में कच्चे माल का दाम बढ़ जाएगा और उसी परिमाण में भारत के कृषि-उत्पादों से होनेवाली विदेशी मुद्रा की आय कम हो जाएगी। इन दोनों नीतियों के मूल में है अबाध वाणिज्य (laissez faire) की विचारधारा। पर यहाँ विश्लेषण का एक तीसरा मुद्दा है—सरकार के आय-व्यय को कम-से-कम समान रखने की आवश्यकता। [याद रखने की बात है कि तब तक घाटे का बजट (deficit financing) बनाना बहुत विनाशकारी माना जाता था]। इसीलिए भारत के प्रथम वित्तमंत्री (उन दिनों उन्हें वित्त सदस्य कहा जाता था) ने जो पहला भारतीय बजट बनाया, उसमें हालाँकि उपरोक्त दोनों नीतियों को अकाट्य तर्क के रूप में ग्रहण किया गया था, फिर भी यह मानना पड़ेगा कि बाद की प्रायः आधी शताब्दी में आय-व्यय के संतुलन को बनाए रखने की असमर्थता को कभी-कभी अपवाद के रूप में स्वीकार कर लिया गया था। इसी कारण 1874 तक आयात पर शुल्क कभी थोड़ा बढ़ जाता था तो कभी थोड़ा कम हो जाता था, पर कुल मिलाकर वह कम होने की दिशा में था। यह सही है कि इंग्लैंड के उद्योगपति निःशुल्क आयात के पक्षधर थे, पर ऐसा करने पर सरकार की आमदनी खर्च की तुलना में गिर जाती, इसलिए ऐसा करना संभव न हुआ।

1874 से 1882 तक का समय शुल्क नीति के इतिहास का दूसरा चरण माना जा सकता है। 1874 में मैनचेस्टर के सूती मिल-मालिकों ने खूब चीख-पुकार शुरू की कि उनके कपड़ों पर शुल्क लगाकर भारत सरकार परोक्ष रूप में बंबई के भारतीय उद्योगपतियों का संरक्षण कर रही है। गवर्नर जनरल नार्थ ब्रूक ने देखा कि आयात शुल्क हटाने पर खजाना खाली हो जाएगा, तिस पर लिबरल पार्टी के होने के कारण शायद वे भारतीय हितों के प्रति थोड़े नरम थे। उन्होंने 1875 के बजट में आयातित कपड़ों पर से 5% शुल्क को हटाने में असमर्थता व्यक्त की। यानी कि पहले राउंड की लड़ाई में मैनचेस्टर की हार हुई। दूसरे राउंड में ब्रिटेन में सरकार बदल गई। लिबरल भारत-सचिव आर. गाइल की जगह टोरी मंत्री सैलिसबरी आए। टोरी मैनचेस्टर के उद्योगपतियों के सामने वचनबद्ध थे। सैलिसबरी ने कहा कि नार्थ ब्रूक ने भारत-सचिव के अभिमत पर बिना विचार किए ही अपनी राय देकर गलती की है। नार्थ ब्रूक ने इसका कड़ा प्रतिवाद किया। परिणाम—कोई पक्ष नहीं जीता। तीसरे राउंड में भारत सरकार के ऊपरी हलकों में इंग्लैंड ने परिवर्तन किया। इंग्लैंड के नए मंत्रिमंडल के निर्देश से नार्थ ब्रूक की

जगह टोरी गवर्नर जनरल लिटन की नियुक्ति हुई (1876)। उनके वित्तमंत्री हुए जॉन स्ट्रेची (1877), जो मुक्त व्यापार के कड़े समर्थक थे। इसी स्थिति का फायदा उठाकर इंग्लैंड के उद्योगपतियों के दबाव में 'हाउस आफ कॉमन्स' में भारत में आयात शुल्क खारिज करने के पक्ष में प्रस्ताव पास किया गया। फलस्वरूप 1878 के भारतीय बजट में मध्यम श्रेणी के कपड़ों पर शुल्क खत्म कर दिया गया और जब इस पर भी इंग्लैंड संतुष्ट नहीं हुआ, तो बहुत महीन, उच्च श्रेणी के कीमती कपड़ों के अलावा सभी कपड़े बिना शुल्क के आयातित होने लगे। लड़ाई के अंतिम राउंड में मैनचेस्टर की जीत हुई।

1882-1894 का काल शुल्क नीति के इतिहास का अगला चरण है जब जो मामूली-सा आयात शुल्क लागू था वह भी समाप्त कर दिया गया और ब्रिटिश-भारत मुक्त व्यापार के स्वर्ग के रूप में बदल गया। इसका श्रेय 1882 के बजट के निर्माता लार्ड बेयरिंग को जाता है। (ये विलायत के एक बड़े व्यावसायिक परिवार से संबद्ध थे, बाद में मिस्र और दूसरे कई देशों में गवर्नर होने के बाद ब्रिटिश साम्राज्य के इतिहास में लार्ड क्रोमर के नाम से जाने गए।) सिर्फ नमक और उच्च कोटि की शराब के ऊपर शुल्क था। इसके अलावा बाकी चीजों का व्यापार मुक्त था।

जो तथ्य रमेशचंद्र दत्त की नजर में नहीं पड़ा था, वह यह था कि भारतीय शुल्क को समाप्त करने का कारण अंतिम दो चरणों में इंग्लैंड के व्यावसायिक हितों द्वारा प्राणपण से की गई कोशिश थी। 1874-95 के वर्षों में इंग्लैंड की अर्थव्यवस्था में एक गहरा संकट आया, जैसा कि पूँजीवादी व्यवस्थाओं में बीच-बीच में देखा जाता है। इस संकट के फलस्वरूप इंग्लैंड में उत्पादन कम हुआ, बेकारी बढ़ी, लाभ और विदेशी विनियोग में गिरावट आई। इसीलिए विदेशों में औद्योगिक पदार्थों का निर्यात करके इस संकट से उत्पन्न होनेवाले नुकसान की भरपाई करना उनके लिए जरूरी हो गया। इसी संकट में ब्रिटिश-भारत सरकार ने मुक्त व्यापार को पूरा-पूरा स्वीकार कर लिया।

परंतु इस सरकार के लिए सोचने की बात यह भी थी कि वह अपना खर्च कैसे चलाएगी। औद्योगिक पदार्थों का आयात जहाँ बढ़ रहा था, वहीं आयात शुल्क के अभाव में आय का एक सीधा रास्ता बंद हो रहा था। इसीलिए 1894-95 से दोबारा ढेर सारी चीजों पर बहुत नीची दर पर आयात शुल्क लागू किया गया। इन सब चीजों में सबसे ज्यादा आमदनी कपड़ों से होती थी। इसीलिए मैनचेस्टर ने फिर शोर मचाना शुरू किया और इसका नतीजा यह हुआ कि जल्दी ही भारत में तैयार किए गए कपड़ों पर भी उसी दर से विशेष कर लगाया गया। इसका उद्देश्य था मैनचेस्टर से आयातित कपड़ों और भारत में बने कपड़ों पर समान कर-भार डालना, जिससे इस देश में बने कपड़ों को प्रतिद्वंद्विता में कोई सुविधा न

हो। इस प्रकार सरकार के पास शुल्क से पैसा भी आया और मुक्त व्यापार की मूल नीति भी बनी रही। इस शुल्क द्वारा देशी शिल्प के संरक्षण की संभावना समाप्त हो गई। यही नीति जिसे समतुल्य कर नीति (Countervailing excise duty) कहा जाता है, इस शताब्दी के बीस के दशक तक चलती रही, जिसके विरुद्ध राष्ट्रीय कांग्रेस ने आवाज बुलंद की।

संक्षेप में कहा जाए तो आयात-निर्यात शुल्क-नीति की मूल धारा यह थी कि मुक्त व्यापार-नीति के नाम पर औद्योगीकरण में आगे बढ़े इंग्लैंड के उद्योग-पतियों को भारतीय बाजार पर कब्जा करने में मदद पहुँचाई जाए। रमेशचंद्र दत्त, मदनमोहन मालवीय इत्यादि ने इसी कारण शुल्क नीति पर खूब जोर दिया था, क्योंकि इसके कारण देश का औद्योगीकरण पिछड़ रहा था। ब्रिटिश सरकार ने शुल्क नीति को इतना महत्त्व क्यों दिया था? सर्वप्रथम इंग्लैंड के औद्योगिक हितों द्वारा डाले गए राजनैतिक दबाव के कारण; जो पार्लियामेंट से भारत-सचिव के माध्यम से भारत के गवर्नर जनरल और भारत सरकार पर पड़ता था। किसी-किसी समय यह दबाव बहुत प्रबल हो जाता था, जैसे 1874-1895 की ब्रिटिश मंदी तथा आर्थिक संकट के समय। दूसरे, भारत एक ऐसा उपनिवेश था जहाँ अंग्रेज प्रायः निरंकुश थे। कनाडा अथवा आस्ट्रेलिया जैसे श्वेत लोगों के उपनिवेशों ने चटपट स्वाधीनता पाकर अपने देश के औद्योगिक संरक्षण के लिए विदेशी आयातित वस्तुओं पर ऊँचा शुल्क लगा दिया था। बलि का बकरा एक भारत ही बचा हुआ था। तीसरे, भारत का बाहरी वाणिज्य इंग्लैंड के लिए बहुत महत्त्वपूर्ण था, क्योंकि 20वीं शताब्दी के शुरुआती दशकों तक भारत 60% आयात इंग्लैंड से करता था। सिर्फ यही नहीं, भारत द्वारा अन्य देशों को निर्यात से जो विदेशी मुद्रा प्राप्त होती थी, उससे उन सब देशों के साथ इंग्लैंड के वाणिज्य का मुद्रा-विनिमय किया जाता था।

औपनिवेशिक शासन काल की शुल्क नीति का यह जो स्वरूप है, उसमें थोड़ा परिवर्तन ब्रिटिश शासन के अंतिम दो दशकों में दिखाई पड़ता है। जापान और जर्मनी के साथ वाणिज्य-प्रतियोगिता में इंग्लैंड पीछे हट रहा था, और साम्राज्य के प्रति पक्षपातपूर्ण नीति (Imperial preference) के द्वारा इंग्लैंड ने अपने और कामनवेल्थ देशों के औद्योगिक हितों की रक्षा करने की कोशिश में भारत के कुछ उद्योगों को शुल्क-संरक्षण-नीति (tariff protection) के अंतर्गत ले लिया था। इस विषय पर हम पहले ही चर्चा कर चुके हैं। इसके फलस्वरूप देशी उद्योगपतियों को 1930 के दशक से जो मदद मिली थी उसमें संदेह की कोई गुंजाइश नहीं।

V

धन का बहिर्गमन

औपनिवेशिक शासनकाल में, विशेषकर 19वीं शताब्दी के अंतिम दशकों में, राज्य की एक और बड़ी भूमिका थी—इस देश से इंग्लैंड को धन का बहिर्गमन (drain of wealth) कराने के मामले में। उसकी जो परोक्ष भूमिका थी अर्थात इस देश की स्वाधीनता का हरण करके विदेशी पूँजीपतियों को यहाँ से मुनाफा कमाने की सुविधा देना, उसके बारे में यहाँ चर्चा नहीं की जा रही है। प्रत्यक्ष रूप से ब्रिटिश-भारत सरकार ने विदेशों को धन भेजने की जो मशीनरी तैयार की थी, यहाँ उसी की तरफ संकेत है। देश के करदाताओं से प्राप्त धन को सरकारी भंडार से इंग्लैंड की तरफ रवाना करने के कई स्रोत तैयार किए गए थे।

पहले, भारत सरकार के विदेशी ऋण की मद में देय-सूद। कैसा ऋण? ईस्ट इंडिया कंपनी युद्धों पर ढेर सारा पैसा खर्च करती थी। ये युद्ध अधिकांशतः भारत के विभिन्न भागों को अपने कब्जे में करने के लिए किए जाते थे। 1858 में ये ऋण ब्रिटिश-भारत सरकार के सिर पर लाद दिए गए, जिसका मतलब यह हुआ कि इसका सूद भारतीय करदाता को देना होगा। 1857 के सिपाही विद्रोह को कुचलने में प्रभूत पैसे व्यय हुए, जिसके लिए इंग्लैंड के बाजार से ऋण लिया गया। उस ऋण का भार भी भारतीय करदाताओं पर आ पड़ा। इसी को कहते हैं, मछली के तेल में मछली को भूनना।

दूसरे, मछली भूनने की इस अद्‌भुत नीति को हम देखते हैं सामरिक खर्चों की मद में। जो अंग्रेज सैनिक भारतीय सेनाओं में भर्ती हुए थे, उनके लिए पहले ही दिन से इंग्लैंड में उनकी शिक्षा, खाना-पहनना और जहाज-भाड़ा से लेकर अवकाश-प्राप्ति तक का मासिक खर्च भारतीय करदाता को पौंड स्टर्लिंग में देना होता था। ब्रिटिश सेना का जब कोई रेजिमेंट इस देश में कदम रखता, तभी से उस पर होनेवाले खर्चों का भाग भारतीय करदाता को ब्रिटेन के युद्ध कार्यालय (war office) को देना होता था। यहाँ यह याद रखना जरूरी है कि एक देशी सिपाही पर होनेवाले खर्च का प्रायः दोगुना खर्च एक अंग्रेज सिपाही पर होता था। अंग्रेज सिपाही के लिए विशेष प्रकार का खाना, कपड़ा, बैरकों का निर्माण तथा राह-खर्च आदि देना पड़ता था। ऊपर से सिपाही विद्रोह के बाद सरकार ने यह नीति बनाई कि भारतीय तथा अंग्रेज सिपाहियों का अनुपात भारत में कम से कम 2 : 1 का होगा। इसके अलावा यह भी ध्यान में रखना जरूरी है कि 1858 और 1914 के बीच ब्रिटिश साम्राज्य के हितों को बनाए रखने के लिए अनेक युद्ध हुए; जैसे बर्मा, अफगानिस्तान, चीन और इथोपिया में, और इन सब युद्धों में होनेवाले खर्च का एक बड़ा भाग भारत सरकार ने दिया। संक्षेप में, भारत के खर्चे पर भारत और अन्य

उपनिवेशों को जीतने और उन पर अधिकार करने का अद्भुत उद्यम ब्रिटिश-भारत सरकार ने दिखाया था। इसके फलस्वरूप हमारे कर-भंडार से सरकार के हाथों पैसा विदेश भेजा जाता था।

तीसरे, भारत सरकार के विदेश में होनेवाले खर्च का एक और कारण था—रेल में विदेशी पूँजी का विनियोग तथा सड़क, नहर, बंदरगाह आदि के निर्माण और सरकारी तथा सामरिक कामों में आनेवाली अनेक वस्तुओं की विदेश में खरीद। पहले ही कहा जा चुका है कि गारंटीशुदा सूद रेल कंपनियों के शेयर-होल्डरों को देना पड़ता था, जो प्रायः सभी इंग्लैंड के निवासी थे। हम यह भी बता चुके हैं कि सरकारी क्रय-नीति का जो स्वरूप था, उससे विदेशी मुद्रा का बहुत अपव्यय होता था। यह बात अवश्य ही स्वीकार-योग्य नहीं है कि 19वीं शताब्दी के मध्य में रेल-मार्गों के निर्माण में विनियोग करने के लिए पूँजी अथवा सरकार द्वारा खरीदी गई मशीनरी आदि इस देश में पाना आसान नहीं था; इसीलिए इस मद में होनेवाले खर्च को असहनीय अन्याय नहीं कहा जा सकता।

चौथे, भारत पर शासन करने में होनेवाले खर्च का एक भाग विभिन्न मदों में इंग्लैंड में होता था। भारत-सचिव (Secretary of State for India) ब्रिटिश मंत्रिमंडल का सदस्य होता था, पर उसका वेतन भारतीय करदाता को देना होता था। उसी प्रकार उनके सचिवालय तथा परामर्शदाताओं (Secretary of States Council) का खर्च, लंदन में भारत कार्यालय (India office) का खर्च, बैंक ऑफ इंग्लैंड को कमीशन के बाबत देय धन, यहाँ तक कि किसी-किसी स्थान पर (जैसे अरब अथवा चीन में) ब्रिटेन के विदेशी दूतावास अथवा वाणिज्य प्रतिनिधियों का खर्च भी भारतीय करदाता को देना होता था। मजे की बात यह है कि कुल मिलाकर इंग्लैंड में ब्रिटिश-भारत सरकार जो ढेर सारा पैसा खर्च करती थी, उसे 'देशी खर्च' (Home Charges) कहा जाता था। विदेश में होनेवाले खर्च का यह नाम क्यों है, इसका कारण बहुत साफ है : ब्रिटिश-भारत के शासकों के लिए भारत ही विदेश है और विलायत ही अपना देश।

VI

करनीति

आज कोई सरकार अपनी करनीति के द्वारा बहुत कुछ कर सकती है, किंतु 19वीं शताब्दी में और 20वीं शताब्दी के शुरुआती दशकों में करनीति के उद्देश्य अत्यंत सीमित थे। इसका कारण यह था कि अबाध नीति (laissez faire) के प्रवक्ता और सरकारी हस्तक्षेप के विरोधी उन दिनों बहुत प्रबल थे और हम पहले ही बता चुके हैं कि उन्हीं के दबाव से अबाध वाणिज्य अंग्रेजों के लिए मनचाहा

रामराज्य बन चुका था। इस विचारधारा में कर-व्यवस्था ऐसी होनी चाहिए जिससे माँग और आपूर्ति की मशीनरी बिगड़ने न पाए, कर के दबाव में पूँजी-संचय और विनियोग में कोई बाधा न पहुँचे। सरकार केवल अपने खर्च चलाने के लिए कर लेगी, किसी और उद्देश्य से नहीं। उदाहरण के लिए आयकर को लीजिए। इस विचारधारा के अनुसार आयकर लेना बहुत संकट पैदा करनेवाली चीज है, क्योंकि इससे पूँजी-संचय में बाधा पड़ती है। नैपोलियन के साथ युद्ध के समय इंग्लैंड के शासक वर्ग ने बहुत रो-धोकर और एक आपातकालीन व्यवस्था के रूप में ही आयकर को स्वीकार किया था। और उससे भी बुरी बात तब होती है जब प्रगतिशील आयकर द्वारा सरकार अधिक आयवाले लोगों से ऊँची दर पर कर लेना चाहे। पूँजीपति अधिक मुनाफा कमाकर अगर वह पैसा हाथ में न रख पाए तो पूँजीवादी विकास होगा कैसे? कर का कम होना ही अच्छा है। अर्थात सरकार का खर्च कम हो, इसके लिए उसके कार्यक्षेत्र का दायरा छोटा होना ही अच्छा है। अर्थात् सामाजिक कल्याण, शिक्षा, सांस्कृतिक कार्य इत्यादि की मद में खर्च को यथासंभव कम रखना ही वांछनीय है। कार्लाइल ने व्यंग्य करते हुए लिखा था कि इस नीति के अनुसार राज्य केवल एक पहरेदार (a night watchman state) है। और अंत में इस अबाध नीति का एक मूल सूत्र यह है कि आय-व्यय का संतुलन (balanced budget) बना रहना चाहिए; जैसे व्यक्ति के लिए घाटा बुरी चीज है उसी तरह सरकार के लिए भी घाटे का बजट खराब है। इंग्लैंड में 19वीं शताब्दी के मध्य से इन सब नीतियों को प्रायः अकाट्य समर्थन मिला हुआ था और प्रधानमंत्री ग्लैडस्टोन को इस नीति का उदाहरण माना जाता था।

इस विचारधारा का प्रभाव भारतीय क्षेत्र में भी देखा जाता है, मगर उसमें थोड़ा अंतर है, क्योंकि उपनिवेश में सरकार की स्थिति एक विशेष प्रकार की होती है। इंग्लैंड में उन दिनों, विशेषकर नैपोलियन को हराने के बाद, खर्च कम करने की नीति पर अमल हो रहा था, मगर भारत में सामरिक व्यय, विशेषकर सिपाही विद्रोह के बाद, कम करने का अर्थ था सरकार की चिंताजनक दुर्बलता। सामरिक मद में खर्च पूरे बजट का प्रायः तीसरा हिस्सा था। यह केवल भारत को पैरों-तले बनाए रखने के लिए ही नहीं, बल्कि एशिया और अफ्रीका में ब्रिटिश साम्राज्य को बनाए रखने की खातिर भी था। दूसरे, कर-व्यवस्था को उपनिवेश के लिए उपयुक्त बनाने का अर्थ था कृषिक्षेत्र में कर द्वारा धन का बहिर्गमन, मगर अबाध वाणिज्य बनाए रखकर आयात-निर्यात को जहाँ तक हो सके, शुल्क से मुक्त रखना। तीसरे, हालाँकि इंग्लैंड में राज्य द्वारा रेलमार्गों के निर्माण की ज़रूरत नहीं थी, क्योंकि व्यक्तिगत स्वामित्व में पूँजीपतियों ने कंपनियाँ गठित करके यह सब किया था, पर भारत में यह उद्योग और इसकी तकनीकी जानकारी राज्य द्वारा विशेष व्यवस्था करके लागू करने की जरूरत थी। यहाँ तक कि महान अर्थशास्त्री

जॉन स्टुअर्ट मिल ने सिफारिश की थी कि पिछड़े हुए उपनिवेशों में सरकारी हस्तक्षेप की विरोधी नीति के होते हुए भी इन सब मामलों में राज्य की भूमिका इंग्लैंड की अपेक्षा कहीं ज्यादा बड़ी होनी चाहिए। इसका अर्थ यह था कि उपनिवेशीकरण के लिए राज्य के कार्यक्षेत्र का दायरा बढ़ाने की जरूरत थी।

इन सब मामलों में उपनिवेश में करनीति और 'मुक्त व्यापार-नीति' में अंतर है। दूसरे, ढेर सारे मामलों में इस नीति का प्रभाव स्पष्ट है। 19वीं शताब्दी में बार-बार अकाल पड़ा था, मगर सरकार ने खाद्य-पदार्थों के बाजार में हस्तक्षेप नहीं किया। हम देखते हैं कि बाहरी वाणिज्य में 'मुक्त व्यापार-नीति' को यथासंभव मान लिया गया था। औद्योगीकरण में राज्य ने कोई हस्तक्षेप नहीं किया। 20वीं शताब्दी के पहले दो दशकों में छुटपुट ढंग से कुटीर उद्योग को फिर से जीवित करने की चेष्टा अल्फ्रेड चैटरटन जैसे कुछ अंग्रेज साहबों ने की थी। यहाँ तक कि सिंचाई व्यवस्था भी, जो कृषि प्रधान देश के लिए बहुत महत्त्व रखती है, ठीक से नहीं बन पाई थी। इसमें लगनेवाले सरकारी पैसे पर प्राप्य सूद सिंचाई-कर के रूप में वापस न मिले तो सरकार इस काम में हाथ लगाने को तैयार नहीं थी, अर्थात विचारणीय विषय था व्यावसायिक लाभ-हानि, कृषि का विकास नहीं। 'मुक्त' नीति द्वारा सरकार के बाधित होने के ये सब परिणाम थे।

सबसे अंत में यह कहना उचित होगा कि ऊपर हमने जो विवरण दिए हैं, उनसे किसी को ऐसा लग सकता है कि ब्रिटिश राज्य ने भारत में जो ढेर सारे अच्छे काम किए, उनका हमने उल्लेख नहीं किया। यह सच है कि अंग्रेजी शासन काल में रेल मार्ग, सड़क, पुल, ट्राम-रास्तों से लेकर अनेक अमूर्त कौशल तथा धारणाएँ आज भी ब्रिटिश राज्य की स्मृति को बनाए हुए हैं, जो उनके लिए शर्म की बात न होकर गौरव की ही बात है। यह भी सच है कि व्यक्तिगत रूप से अनेक अंग्रेज शासक—यहाँ तक कि कुछ व्यापारी भी—इस देश को प्यार करते थे और उन्होंने इस देश के लिए बहुत कुछ किया भी था, पर हम यहाँ व्यक्तियों की विशेषता या गुणों को न देखकर एक व्यवस्था को उसकी समग्रता में और उक्त युग की गति और प्रकृति को समझने की चेष्टा कर रहे हैं। 'ब्रिटिश शासन के सुफल और कुफल' जैसे अध्यापकीय निबंधों के दृष्टिकोण से चीजों को नहीं देख रहे हैं।

इस परिप्रेक्ष्य में विचार करने पर औपनिवेशिक देश की सरकार के चरित्र और उपनिवेशीकरण में उसकी भूमिका को समझा जा सकता है। यह भी स्वीकार नहीं किया जा सकता कि एकाधिक राजप्रतिनिधियों अथवा राज्याधिकारियों ने मैनचेस्टर के कपड़ों पर आयात-शुल्क लगाने की जरूरत महसूस की थी और एक समय रेलमार्ग के निर्माण में होनेवाले खर्च को व्यर्थ का अपव्यय कहकर इसका विरोध किया था। अथवा कभी-कभी विदेशी मद में खर्च (Home Charges) की अधिकता के विरुद्ध अपने से ऊपर के अधिकारियों से अपील की थी, पर इस

सबका अर्थ केवल यह नहीं है कि उनमें कुछ अच्छे लोग थे, शायद थे भी; मगर शासनतंत्र में इन घटनाओं का अर्थ यह है कि शासन-व्यवस्था के भीतर अंतर्द्वंद्व है ; प्रत्येक स्तर पर शासक लोग अपने विभाग अथवा प्रदेश अथवा कार्यालय के लिए मिलनेवाले वित्तीय अनुदान को बनाए रखने अथवा बढ़ाने की चेष्टा कर रहे हैं, अथवा अपनी विभागीय समस्याओं का समाधान करना चाहते हैं। इस प्रकार भिन्न-भिन्न हितों के समर्थन में (भारत की प्रजा के समर्थन में भी कभी-कभी) शासक वर्गों में वकालत करने की प्रवृत्ति देखी जाती है। व्यवस्था के इस खेल में केवल राज्य के प्रतिनिधि और कर्मचारी वर्ग ही नहीं थे, बल्कि विभिन्न निहित स्वार्थों के दल (interest groups) तथा दबाव समुदाय (pressure groups) भी इसमें अपना खेल खेल रहे थे, और आज भी खेल रहे हैं। उदाहरण के लिए हम मैनचेस्टर व्यापारी समिति (चेंबर ऑफ कामर्स), कलकत्ते के चटकल, कोयला खान और जहाज कंपनियों के अंग्रेज मालिकों की संस्था 'बंगाल चेंबर्स ऑफ कामर्स', चाय बागानों के मालिकों की समिति, भारतीय सूती मिल मालिकों की समिति 'बाम्बे मिल ऑनर्स एसोसिएशन' आदि को ले सकते हैं। ये अपने स्वार्थ के लिए सरकारी नीतियों को प्रभावित करने की कोशिश करते थे, गवर्नर के पास अर्जियाँ भेजते थे, अखबारों में निबंध लिखवाकर, विधान परिषद् में शोरगुल मचवाकर (1919 से ही इन सभी निहित स्वार्थों के सदस्य परिषद् में विद्यमान थे), और कुछ नहीं तो धनिकों के क्लबों में मनोरंजन के बीच-बीच जी-हुजूरी और तेल-मालिश से बड़े प्रशासकों को प्रभावित करके ये अपनी स्वार्थसिद्धि करते थे। यह जो खेल था, उसमें अंग्रेज निहित स्वार्थों, विशेषकर इंग्लैंड के निहित स्वार्थों, को पर्याप्त सुविधा थी; क्योंकि वे ज्यादा सहजता के साथ प्रशासकों के क्लबों में, विधान परिषद् में, गवर्नर के दरबार में और खासकर लंदन स्थित इंडिया आफिस के उच्चतम हलकों तक पहुँच सकते थे। 'नेटिव' व्यापारी उतनी आसानी से इन जगहों पर नहीं पहुँच पाते थे। इसीलिए इस खेल का परिणाम ज्यादातर अंग्रेज निहित स्वार्थों के पक्ष में जाता था। यानी वे जो चाहते थे, अधिकांशतः वही बात सरकारी नीति के रूप में स्वीकार की जाती थी। जैसा कि हम पहले देख चुके हैं कि जिस तरह अर्थशास्त्र की कुछ धारणाएँ और सिद्धांत-वाक्य सरकारी नीति को प्रभावित करते थे, उसी तरह विभिन्न निहित स्वार्थों का यह खेल भी सरकारी नीति के निर्धारण में अपना प्रभाव दिखाता था।

VII

स्वाधीनता की ओर

बीसवीं शताब्दी के मध्य में अंग्रेजी साम्राज्य का जो सूर्यास्त हुआ, उसे आज के

सिंहावलोकनीय दृष्टिकोण से ऐतिहासिक अनिवार्यता के खाने में फेंक देने का प्रलोभन रोक पाना बड़ा मुश्किल है। पर उस प्रलोभन से बचकर यह कहना जरूरी लगता है कि 1947 में भारत में व्यवस्था का जो हस्तांतरण जब जिस रूप में हुआ, वह अवश्यंभावी नहीं था। पर किसी विशेष समय में किसी विशेष घटना के नियति द्वारा निर्दिष्ट न होने पर भी वह जिस प्रक्रिया का अंग था, उसकी संभावित यात्रा किस दिशा में होगी, इसका अंदाजा लगाया जा सकता है। औपनिवेशिक शासन काल के अंतिम दिनों में जो प्रक्रिया अथवा घटनावली देखने को मिलती है उसका यात्रापथ किसी और दिशा में होना संभव नहीं लगता। यहाँ राजनीतिक इतिहास की चर्चा हमारी विषय-सीमा के बाहर है, फिर भी थोड़े-से शब्दों में राजनीतिक मंच पर हिलते हुए पर्दे के पीछे अर्थनीतिक परिदृश्य पर नजर दौड़ाई जा सकती है।

अभी तक हमने जिन बातों की चर्चा की है, उनसे औपनिवेशिक राज्य के चरित्र का रूप स्पष्ट हो जाना चाहिए। सर्वप्रथम औपनिवेशिक राज्य इस देश के समाज के बाहर का था, यह राज्य अंदरूनी आवश्यकताओं के दबाव में नहीं बना था और औपनिवेशिक समाज की जैव प्रजाति नहीं था, बल्कि भारतीय नाम से जिस जाति को पहचाना जाता है, उस देशी समाज के बाहर का था। इस राज्य के वर्ग-चरित्र का उत्स औपनिवेशित देश के बाहर का था, हालाँकि औपनिवेशिक राज्य इस देश के वर्ग-विशेष के साथ मिलकर वर्ग-स्वार्थों के संरक्षण के बदले में उनकी स्वामिभक्ति प्राप्त करने का अभ्यस्त था। दूसरे, विदेशी राज्याधिकारियों तथा अमला वर्ग की नीति-निर्धारण की प्रक्रिया प्रच्छन्न होती थी, जो कि उनके अपने देश में अधिकांशतः प्रगट होती थी, क्योंकि वहाँ पर उन्हें सरकार का चुनाव करनेवाले मतदाताओं को जवाब देना होता था। उपनिवेश में सरकारी नौकरशाह देशी प्रजा के मत को जानने के लिए प्रस्तुत होते थे मगर मानने के लिए बाध्य नहीं होते थे। यह सच है कि ब्रिटिश राज्य का अर्थ था 'कानूनी शासन', पर अंतिम बात यह है कि कानून शासकों का था। तीसरे, औपनिवेशिक देश तथा साम्राज्य के मालिकों के देश में दोनों प्रकार की व्यवस्थाओं में नीति-निर्धारण की प्रक्रिया को तरह-तरह के निहित स्वार्थ प्रभावित करते थे; जबकि औपनिवेशित देश में शासक जाति के निहित स्वार्थों का विशेषाधिकार शायद ही अमान्य होता था। तमाम औपनिवेशिक व्यवस्थाओं में उनका आधिपत्य निहित था।

इस औपनिवेशिक व्यवस्था के पूँजीवादी केंद्र में 1929 की विश्वव्यापी मंदी तथा परवर्ती द्वितीय विश्वयुद्ध ने बहुत बड़ा परिवर्तन उपस्थित किया। फलस्वरूप औपनिवेशित देशों की अर्थनीति में हवा का रुख बदल गया।

इस शताब्दी के सबसे प्रसिद्ध अर्थशास्त्री जॉन मेनार्ड केइन्स ने 1911 में लिखा था : भारत में औद्योगीकरण वांछनीय नहीं है और संभव भी नहीं है :

"शिक्षित लोग, लगता है, अपने राष्ट्रीयतावादी उत्साह में अपने देश में यथासंभव कारखानों का उत्पादन बढ़ाकर औद्योगीकरण को बढ़ाना चाहते हैं... विश्वास करना मुश्किल है कि भारत अपनी पूँजी–कृषक वर्ग को इस दूसरे रास्ते पर ठेलकर जो औद्योगिक पदार्थ उत्पन्न करेगा, जो समृद्धि अर्जित करेगा, उससे कहीं अधिक समृद्धि पश्चिम के औद्योगिक पदार्थों के साथ अपने कच्चे माल के विनिमय के द्वारा नहीं कर पाएगा... मेरा मानना है कि यह परिवर्तन न वांछनीय है और न ही संभव।"

पर हमने देखा कि इतिहास की धारा इसके विपरीत है।

शिवसुब्रह्मण्यम के आँकड़ों के अनुसार केवल 25 वर्षों में अर्थात 1920-45 में कारखाना उद्योग से पैदा हुई राष्ट्रीय आय सिर्फ 73 करोड़ रुपए से बढ़कर 275 करोड़ रुपए तक पहुँच गई थी; (इस गणना में 1938-39 के मूल्य सूचकांक को आधार माना गया है, जिसे 'कान्सटेंट प्राइस' गणना कहते हैं)। मतलब यह कि यह बढ़त साढ़े तीन गुना से भी ज्यादा है। 1925-30 के पाँच सालों के औसत उत्पादन के साथ तुलना करके देखा जाए तो पाँच वर्ष बाद 1935-36 में कारखाना उद्योग का उत्पादन 33.2% बढ़ा हुआ दिखाई देता है और खनिज उत्पादन 6%; और 5 वर्ष बाद 1925-30 के वर्षों की औसत की तुलना में 1939-40 में कारखाना-उद्योग में उत्पादन 81.1% बढ़ा, जबकि खनिज उत्पादन 23.5%। विश्वव्यापी मंदी के फलस्वरूप फौरी तौर पर हल्का धक्का खाकर 1930 के बाद से, चटकल उद्योग को छोड़कर, सूती कपड़ा, चीनी, कागज, सीमेंट, लोहा-इस्पात, माचिस आदि सभी उद्योगों का विस्तार हुआ। हमने पहले के एक अध्याय में देखा है कि दूसरे विश्वयुद्ध के समय यह बढ़त किस प्रकार लगातार होती रही और इस बढ़त का एक बड़ा भाग देशी पूँजी के हाथों में था। इसका मतलब निश्चय ही यह नहीं है कि भारत अचानक औद्योगिक राष्ट्र बन गया था, बल्कि इसका अर्थ यह है कि यह बढ़त ब्रिटिश उद्योग के भारतीय आधिपत्य के ऊपर उसके भावी सूर्यास्त की छाया थी।

भारत के बाहरी वाणिज्य की धारा में भी एक बड़ा अंतर दिखाई पड़ता है। इंग्लैंड की औद्योगिक क्रांति का अगला दस्ता था सूती मिलों का। 1850 में इंग्लैंड से निर्यातित पूरे सूती कपड़े का 23% भारत में आता था। यह संख्या 1880 में बढ़कर 40%, 1913 में 42% हो गई। इसके बाद से भारत में सूती मिलों के विस्तार के फलस्वरूप हमने देखा कि इग्लैंड के सूती कपड़े धीरे-धीरे इस देश के बाजार में किनारे पड़ते गए। 20वीं शताब्दी के शुरू के वर्षों में (1900/01-1904/5 के वर्षों का औसत) जहाँ भारत में (बर्मा सहित) इंग्लैंड से आयातित सूती कपड़ा 209 करोड़ गज था, वहीं द्वितीय विश्वयुद्ध के ऐन पहले वह 28 करोड़ गज के नीचे उतर आया। (1935/36-1939/40 के वर्षों का औसत)।

सामान्यतया भारत के बाहरी वाणिज्य पर 19वीं शताब्दी के अंतिम भाग में इंग्लैंड का वर्चस्व कितना बड़ा था, यह सोच पाना मुश्किल है। 1874-75 में भारत के औसत आयात का 82% इंग्लैंड से आता था और भारत से निर्यात का 41% इंग्लैंड जाता था। इसके 30 साल बाद 1904-09 में देखा गया कि इंग्लैंड का भाग कम होकर आयात के 66% और निर्यात के 26% पर पहुँच गया। इसके 30 वर्ष बाद 1934-37 में ये संख्याएँ क्रमशः 39 और 32% पर पहुँच गईं। 20 के दशक से इंग्लैंड से भारत में आयात तेजी से कम होना शुरू हुआ, किंतु अन्य देशों के साथ भारत के वाणिज्य में वृद्धि भी इंग्लैंड के हित में थी; जैसे कि संयुक्त राज्य अमेरिका को भारत से निर्यातित माल वहाँ से आयातित माल की तुलना में ज्यादा था, जिसके फलस्वरूप भारत को उससे आमदनी होती थी। इंग्लैंड में संयुक्त राज्य अमेरिका को निर्यातित माल वहाँ से आयातित माल की तुलना में कम था। इंग्लैंड के वाणिज्य के इस असंतुलन को संतुलित करने के लिए भारत में विदेशी व्यापार से अर्जित की गई मुद्रा काम में आती थी। 30 के दशक में विश्वव्यापी मंदी के धक्के से सँभलने के लिए और राजस्व-वृद्धि की खातिर भारत में आयात शुल्क बढ़ा दिया गया। फलस्वरूप भारतीय उद्योगपतियों को संरक्षण की सुविधा प्राप्त हुई। निश्चय ही एक ही साथ शुल्क-नीति में साम्राज्य के विशेषाधिकार ने इंग्लैंड और उसके साम्राज्य में शामिल देशों के वाणिज्य-हितों को काफी हद तक संरक्षित रखा। 30 के दशक में भारत के बाहरी वाणिज्य में इंग्लैंड का हिस्सा आयात में कम हुआ और निर्यात में थोड़ा बढ़ा, फलस्वरूप इन दो देशों का वाणिज्य एक प्रकार के संतुलन की स्थिति के आसपास पहुँच गया। इसी अवधि में इंग्लैंड में भारत सरकार के ऋण का एक बड़ा हिस्सा चुकाना संभव हुआ। पहले के एक अध्याय में हमने देखा है कि द्वितीय विश्वयुद्ध के समय इंग्लैंड के साथ वित्तीय आदान-प्रदान के खाते में भारत का अतिरिक्त धन जमा हो गया था। इंग्लैंड के युद्धकालीन व्यय और ऋण तथा युद्ध के बाजार में भारतीय निर्यात के बढ़े हुए दाम आदि कारणों से भारत का काफी पैसा जमा हो गया और युद्ध के बाद सब ऋण चुकाकर पौंड स्टर्लिंग में भारत के हाथ में एक मोटी रकम रह गई। यानी भारत अब कर्जदार नहीं रह गया।

द्वितीय विश्वयुद्ध के समय इंग्लैंड की विविध दुर्गतियों में से एक थी भारत के प्रति उसका कर्जदार होना। इंग्लैंड के लिए युद्ध का खर्च एक असहनीय भार हो उठा था और कहा जा सकता है कि अमेरिका की मदद के बिना युद्ध जारी रखना और उसके बाद अर्थनीतिक पुनर्गठन करना, दोनों ही काम इंग्लैंड के लिए असंभव हो गए थे। 1930 के दशक में शुल्क के मामले में साम्राज्य में शामिल देशों में विशेषाधिकार की नीति, यानी उन सब देशों में पक्षपातपूर्ण ढंग से शुल्क को कम करने की नीति, से इंग्लैंड के उद्योगपतियों को जो सुविधा मिली थी वह भी विश्वयुद्ध की गर्मी में पिघल गई। साथ-ही-साथ औपनिवेशिक देशों में,

विशेषकर भारत में, देशी पूँजी का, उद्योग का प्रसार सामने आया, जो अंग्रेजी औद्योगिक हितों के अनुकूल नहीं था। असल में विश्वयुद्ध केवल धुरी राष्ट्रों और मित्र राष्ट्रों के बीच की ही लड़ाई न थी; बल्कि सामयिक मित्रता में बँधे हुए बड़े राष्ट्रों के बीच आपसी आधिपत्य की भी लड़ाई थी। विश्वयुद्ध के बाद विश्वव्यापी पूँजी-व्यवस्था में डालर का आधिपत्य कायम हुआ और ब्रिटिश स्टर्लिंग उसका एक छोटा भागीदार बना। इंग्लैंड के लिए यह भी बुराई की शक्ल में एक अच्छाई ही थी; क्योंकि विश्वयुद्ध के समय स्टर्लिंग के इलाकों की स्थिति जितनी संगीन हो चली थी, ब्रिटिश साम्राज्य की विशेषाधिकार-नीति पर संयुक्त राज्य अमेरिका ने जिस तरह का दबाव डाला था और मित्र राष्ट्रों का मौखिक साम्राज्यवाद-विरोध जैसा उग्र हो उठा था, उसकी तुलना में विश्वयुद्ध के बाद लगता है इंग्लैंड की जान आसानी से छूट गई। ऐसा संभव हुआ द्वितीय विश्वयुद्ध के बाद रूस और अमेरिका के बीच होनेवाली प्रतिद्वंद्विता और शीतयुद्ध के नए परिवेश में, जहाँ अमेरिका को मित्र के रूप में इंग्लैंड की जरूरत महसूस हुई।

अब हम लौटते हैं भारतीय प्रजा की राजनीति की ओर। इस अध्याय में हमने देखा कि खास औपनिवेशिक काल में प्रथम विश्वयुद्ध के पहले आर्थिक नीति-निर्धारण की राजनीति मूलतः निहित स्वार्थों का खेल था। यह खेल एकपक्षीय था। अधिकांश क्षेत्रों में भारतीय प्रजा की हार होती थी। 1920 के दशक से खास औपनिवेशिक शासनकाल की यह तस्वीर बदलने लगी। इस बदलाव का एक कारण यह था कि इंग्लैंड में आर्थिक विकास के साथ अंग्रेजों के स्वार्थगुटों का समीकरण भिन्न रूप लेने लगा। पुराने स्वार्थगुटों की जगह नए गुट अपने हितों का आधिपत्य कायम करने के लिए सचेष्ट हुए। इसका एक और कारण यह था कि पुराने खेल का नियम अब बदलने लगा था—महात्मा गाँधी के हाथों कांग्रेस के बहुत शक्तिशाली हो जाने और राष्ट्रीय आंदोलन के बढ़ते जाने, विशेषकर 1919-21 और 1930-31 के वर्षों में आम आदमी के अंदर आंदोलन में शामिल होने की नई प्रवृत्ति के सामने आने के कारण एक नए अध्याय का आरंभ हुआ। व्यापारी समुदाय और जमींदार सभी के राष्ट्रीय हितों की अर्जियाँ, मेमोरेंडम और बड़े लाट के दरबार में पहले के—अर्थात राजनीतिक उभार के पूर्व के—तौर-तरीके प्रायः रद्द होने की दिशा में थे। 1919 और 1936 के भारत प्रशासन अधिनियम; क्रमशः निर्वाचित जन-प्रतिनिधित्व नीति की स्वीकृति (हालाँकि निर्वाचकों की संख्या कम और विधान परिषद् की कार्यक्षमता सीमित थी); भारत सचिव की वीटो करने की क्षमता के अधीन राजस्व के संबंध में भारत सरकार की स्वतंत्रता (Fiscal Autonomy Convention, 1919); 1930 के दशक से मैनचेस्टर के शोर-गुल के बावजूद मुक्त व्यापार-नीति से पीछे हटना (निश्चय ही इस कड़वी गोली के साथ विशेषाधिकार का मधु लिपटा

हुआ था); आदि एक नए चरण के द्योतक थे।

भारतीय पूँजीपतियों के हितों की जरूरत यह थी कि इस नई राजनीति की आबो-हवा के साथ अपनी गोटी बिठाकर अपना काम बनाया जाए। निहित स्वार्थों की सीमित अराजनैतिक चालाकियों से पूँजीपतियों को जो नहीं मिला था, वह सब-कुछ उस समय राष्ट्रवादी राजनीतिक दलों के दबाव में उन्हें देने को ब्रिटिश सरकार तैयार हो सकती थी, यह बात सच है; पर दूसरी ओर वे यह भी सोचते थे कि क्या कांग्रेस के साथ ज्यादा गले मिलना अच्छा होगा? सरकार को नाराज करके आखिर में पछताना तो नहीं पड़ेगा? दूसरे, जनता के समर्थन द्वारा शक्तिशाली हुए राजनीतिक नेताओं की तुलना में व्यापारी समिति के नेता अथवा मिल-मालिक राजनीतिक क्षमता के हिसाब से नगण्य होते जा रहे थे और प्रश्न उठ रहा था कि आंदोलन के नेताओं के साथ पूँजीपतियों का तालमेल किस तरह कायम किया जाए? तीसरे, जब जनता विशाल आंदोलन में शामिल होती है तब साधारण लोगों में, विशेषकर मजदूर वर्ग की मानसिकता में, जो राजनीतिक बीज पड़ते हैं, वे उससे अनियंत्रित होकर वर्गसंघर्ष के क्रांतिकारी रास्ते पर न जाने पाए, यह कैसे सुनिश्चित किया जाए? इन सब समस्याओं के कारण 1947 में होनेवाले राजमीतिक पट-परिवर्तन से पहले के दो दशक पूँजीवादी हितों के लिए संकट का समय थे, और फिर नए सुयोग का भी। इसका मतलब निश्चय ही यह नहीं है कि देशी व्यापारियों में सहज राष्ट्रीय बोध नहीं था। इस बात के अनगिनत उदाहरण दिए जा सकते हैं कि उनमें से अनेक की चेतना आगे बढ़ी हुई थी। पर यहाँ पर हमारी विवेचना का विषय है, संपूर्ण रूप से इस वर्ग के हितों से उत्पन्न कौशल। इस कौशल का एक अंश था देशी व्यापारी वर्ग की तमाम आंचलिक समितियों को एक सूत्र में बाँधकर एक राष्ट्रीय समिति का गठन। 1923 से ही व्यक्तिगत पत्रों के आदान-प्रदान के माध्यम से कलकत्ते के घनश्याम दास बिड़ला और बंबई के सर पुरुषोत्तम दास-ठाकुर दास ने एक राष्ट्रीय समिति गठित करने की बात पर दूसरे व्यापारी नेताओं के साथ बातचीत शुरू की, क्योंकि बिड़ला के शब्दों में, अंग्रेज व्यापारियों की एकता के विरुद्ध "भारतीय व्यापारियों की वैसी ही संस्था बनाए बिना भारतीय हितों की हानि हो रही है।" इस कोशिश के फलस्वरूप भारतीय व्यापारिक हितों के प्रतिभू के रूप में 'फेडरेशन ऑफ इंडियन चेंबर्स ऑफ कामर्स एंड इंडस्ट्रीज' की स्थापना हुई (1927)। एक ओर यह समिति ब्रिटिश सरकार के साथ तालमेल बिठाए हुए थी, दूसरी ओर इस समिति के सदस्य बिड़ला, लाला श्रीराम आदि कांग्रेसी नेताओं के साथ भी संबंध स्थापित कर रहे थे।

19वीं शताब्दी से ही राष्ट्रवादी नेतागण पूँजीवादी हितों के विरोधी न थे, बल्कि देशी पूँजी का विकास शुरू से ही आर्थिक राष्ट्रवाद की कार्यसूची में शामिल था, पर

यह सोचना गलत होगा कि वे शुद्ध रूप से देशी पूँजीवादी हितों के औजार थे और पूँजीपति उस औजार का इस्तेमाल करनेवाले। अगर ऐसा प्रतीत होता तो बाद में नेताओं के लिए जनसमर्थन बनाए रखना मुश्किल हो जाता और वे ब्रिटिश शासकों के सामने जनप्रतिनिधियों के रूप में खड़ा न हो सकते थे। राष्ट्रवादी नेताओं का उद्देश्य था देश में वर्गवैषम्य और वर्गस्वार्थ से पैदा होनेवाले द्वंद्व को प्रधान होने से रोके रखना और वर्गनिरपेक्ष दृष्टि से समग्र औपनिवेशिक लोगों के हितों बनाम शासक जाति के हितों के संघर्ष को प्रधानता देना। यही उनका रणकौशल था और यही थी उनकी कार्यपद्धति। हालाँकि सभी जानते हैं कि इन राष्ट्रवादी नेताओं के बीच कई नेता ऐसे थे जिनमें वर्गवैषम्य की चेतना विद्यमान थी।

फलस्वरूप औपनिवेशिक शासनकाल में व्यवस्था के हस्तांतरण की तैयारी की एक महत्त्वपूर्ण धारा थी—औपनिवेशिक वर्ग-विभाजन के साथ राजनीतिक समन्वय। 1954 में कालेस्की ने जो 'सिनरियो' प्रस्तुत किया था उसका वर्गीय समन्वय की इस तस्वीर से बहुत मेल है। हमने देखा है कि कैसे औपनिवेशिकता के दबाव में कृषि का बाजार विस्तृत होने के साथ-साथ वर्गवैषम्य बढ़ रहा था—महाजनी कारोबार, कृषि-पदार्थों को बाजारों में पहुँचाने का कारोबार और जमीन के स्वामित्व वाले लोगों में एक तरफ बढ़ती हुई ग्रामीण लोगों की समृद्धि और दूसरी ओर किसानों की विशाल संख्या की आर्थिक अवनति (भूमिवान किसान से बँटाईदार और भूमिहीन किसान तथा बँटाईदार से मजदूर बन जाने की प्रक्रिया)। यह जो नया विकासशील ग्रामीण वर्ग था—जिसका ग्राम समाज पर सामूहिक आधिपत्य प्राक्-औपनिवेशिक जाति-भेद और आर्थिक वैषम्य के कारण भी था—उसके साथ समझौता करना राजनीतिक नेताओं के लिए जरूरी हो उठा। उतना ही जरूरी था देशी पूँजीपतियों की अग्रगामी भूमिका को स्वीकार कर लेना। देशी पूँजी और विकासशील ग्रामीण वर्ग की भागीदारी से जो आधिपत्य कायम हुआ था, उसमें शहरी बौद्धिक वर्ग और मध्य वर्ग एक छोटा भागीदार बना। यह राजनीतिक समन्वय स्वाधीनता के बाद किस तरह के राजनीतिक खेल, किन नियमों के अधीन खेलने लगा, यह हमारी विवेचना के बाहर की चीज है।

इन सबको मिलाकर ही पट-परिवर्तन हुआ। भारत का स्वाधीनता की ओर प्रयाण हुआ, किंतु औपनिवेशिक शासन-काल की देशी चेतना में, चाहे जितना भी अस्पष्ट और सीमित हो, एक और बोध तथा एक और उद्देश्य निहित था। ''तुमसे हासिम शेख और रामा केवट का क्या उपकार हुआ ?··· जरा बताना तो, चश्मा नाक पर चढ़ाए बाबू जी, तुमसे इनका क्या कल्याण हुआ ?'' प्रायः सौ साल पहले की बंकिम चंद्र की यह उक्ति हमें उसी दूसरे उद्देश्य, उसी दूसरी अपूर्ण प्रत्याशा की याद दिलाती है। उस दृष्टि से विचार करने पर 1947 एक असमाप्त

वाक्य, एक अर्द्धविरामचिह्न मात्र है । अभी भी हमारे सामने एक असमाप्त संग्राम है ।

टेबुल-सूची

[नोटः सारणी संख्या में दशमलव के बिंदु के पहले की संख्या अध्याय संख्या और दशमलव के बाद की संख्या उक्त अध्याय में सारणी के अनुक्रम का निर्देश करती है ।]

9.3 प्रधान कारखाना उद्योगों का नेट उत्पादन 1900/01, 1925/26, 1945-46।

9.4 भारत में शहरीकरण, 1891-1941।

• • •

संदर्भग्रंथ सूची

ढेर सारे लेखकों के नाम इकट्ठा करके एक विराट ग्रंथसूची तैयार कर देना बहुत आसान है। अतः इस ग्रंथसूची में या तो वे पुस्तकें और शोधलेख शामिल हैं जिन्हें इस पुस्तक में उद्धृत अथवा प्रयुक्त किया गया है या फिर वे पुस्तकें हैं जो इस पुस्तक के पाठकों के काम की हो सकती हैं। प्राथमिक स्तर के पुराने राष्ट्रीय ग्रंथों का उल्लेख यहाँ निरर्थक है; उस प्रकार की सूची उनके लिए अनावश्यक है, जो आर्थिक इतिहास को लेकर शोध नहीं करनेवाले हैं, और जो करनेवाले हैं उनके लिए वह अनिवार्यतया अपूर्ण रहेगी। इस विषय के विस्तृत अध्ययन के लिए निम्नलिखित पुस्तकें देखी जा सकती हैं :

Maureen Patterson, *South Asian Civilizations : a bibliographic synthesis* (Chicago, 1981) pp. 287-672; Gokhale Institute of Politics and Economics, *Annotated bibliography on the economic history of India, 1500-1947 A. D.* (Poona, 1977), vols. I-IV.

चूँकि हमने इस पुस्तक में पादटिप्पणी का व्यवहार नहीं किया है, इसलिए यहाँ ग्रंथनिर्देश प्रत्येक अध्याय के आलोच्य विषय के अनुक्रम और उद्धरणों का अनुसरण करता है और प्रत्येक अध्याय के विभिन्न भागों के अनुसार ग्रंथसूची को विभाजित किया गया है। पुनरुक्ति से बचने के लिए निम्मलिखित संकेत प्रयोग में लाए गए हैं :

op. cit. = उल्लिखित अथवा पूर्वोक्त पुस्तक
vide = द्रष्टव्य
IESHR = *Indian Economic and Scial History Review*
IHR = *Indian Histoical Review*
Ec. H. R. = *Economic History Review*
J. Ec. H. = *Journal of Economic History*

अध्याय I भाग I

रवींद्रनाथ ठाकुर : 'कालांतर' (रचनावली, खंड 24, पृ. 337); बंकिमचंद्र चट्टोपाध्याय : 'बांग्लार इतिहास संबंधे कयेकटि कथा' ('बंगदर्शन; बंगाब्द 1287, 'रचनावली', साहित्य संसद संस्करण, खंड 2, पृ. 336), तथा 'बांग्लार इतिहास' (पूर्वोल्लिखित, बंगाब्द 1281, 'रचनावली', खंड 2, पृ. 330-32); रवींद्रनाथ : 'भारतवर्षेर इतिहास' ('रचनावली, खंड 4, पृ. 379-80); 'देशेर कथा' (पूर्वोल्लिखित, खंड 10, पृ. 619); कालीप्रसन्न सिंह : 'हुतोम प्यांचार नक्सा' (1862); बंकिम चंद्र : 'बंगदेशेर कृषक' (पूर्वोल्लिखित, 'रचनावली', खंड 2, पृ. 288); रवींद्रनाथ, 'कालांतर' (रचनावली, खंड 24, पृ. 271); 'जनसंख्यार ओ इंग्लैंडेर जातीय आय' (1900 के मूल्य सूचकांक पर आधारित) इत्यादि के हिसाबों के स्रोत।

P. and L. Visaria in Dharma Kumar (Ed.) Cambridge Economic History of India (Cambridge, 1983) chapter V (hereafter cited as **CEHI**); B. R. Mitchell and P. Deane *Abstract of British Historical Statistics* (Cambridge, 1962) p. 367; P. Deane and W. A. Cole *British Economic Growth* (Cambridge, 1967) p. 332.

अध्याय I भाग II

J. A., Hobson *Imperialism* (London, 1938); E. J. Hobsbawm *Industry and Empire* (Harmondsworth, 1968); Michael Barratt Brown *Economics of Imperialism* (Harmondsworth, 1976); D. K. Fieldhouse *Theory of Capitalist Imperialism* (London, 1967); P. J. Cain and A. G. Hopkins 'Gentlemanly capitalism and British expansion overseas, 1850-1945' *Ec. H. R.*, Cambridge, vol. 40 no. 1, 1987.

R. C. Dutt *Economic History of India in the Victorian Age* (London, 1903); Dadabhai Naoroji *Poverty and Un-British Rule in India* (1901); M. G. Ranade *Essays on Indian Economics* (Madras, 1916); Bipin Chandra *Rise and Growth of Economic Nationalism in India, 1880-1905* (Delhi, 1966); R. Guha (ed.) *Subaltern Sutudies* (Delhi, 1982), Vol. I.

अध्याय 1 भाग III

Vera Anstey *Economic Development of India* (London, 1929-1957); T. Morrison *The Economic Transition in India* (London, 1911); A. K. Cairncross *Home and Foreign* Investments 1870-1913 (Cambridge, 1953); M. Simon and H. Segal 'British Portfolio foreign investment, 1869-1894' in A. R. Hall (ed.) *The export of capital from Britain 1870-1914* (London, 1968); J. H. Boeke *Economics and Economic Policies in Dual Societies* (Haarlem, 1953); Arthur Lewis *The evolution of the industrial economic order* (Princeton, 1978); Karl Marx and F. Engels *Selected Works* (Moscow, 1955); Vol. I, pp. 345-58; J. Gallagher and R. E. Robinson *Africa and the Victorians* (London, 1961); J. Gallagher 'The Imperialism of Free Trade' *Ec. H. R., N. S.*, VI, I; J. A. Schumpeter *Sociology of Imperialism* (New York, 1955); D. C. M. Platt *Finance, Trade and Politics in British Foreign Policy, 1815-1914* (Oxford, 1968); Pamela Nightingale *Trade and empire in western India 784-1806* (Cambridge, 1970); P. J. Cain and A. G. Hopkins *op. cit. Ec. H. R.*, 1987.

अध्याय 2 भाग I

Kingsley Davis *Population of India and Pakistan* (Princeton, 1951); L. and P. Visaria and D. Kumar *Cambridge Economic History of India*, II, (Cambridge, 1983), p. 502, 497, 505; Ira Klein 'Death in India, 1871-1921' *Journal of Asian Studies*, vol. 22, Aug. 1973; P. Bardhan 'On a life and death question' *Economic & Political Weekly*, Special Number, August 1974; B. D. Miller *The endangered Sex: neglect of female children in rural north India* (Ithaca, 1981); Daniel and Alice Thorner *Land and Labour in India* (Bombay, 1962); J. Krishnamurthy in *CEHI. II, p. 535;* Asok Mitra, *Calcutta, India's City* (Calcutta, 1963), Alice Clerk 'Limitations on female life chances' *IESHR*, 20, 1, 1983.

अध्याय 2 भाग II

M. Mukherjee 'National Income' in V. B. Singh (ed.) *Economic History of India, 1857-1956* (Bombay, 1965); pp. 661-703; and *National Income of India* (Calcutta, 1969); V. K. R. V. Rao *An essay on India's national income* 1924-29 (London, 1939), pp. 10-36; S. Sivasubramanian 'National income of India, 1900-01 to 1946-47' Ph. D thesis, Delhi University, 1965, and 'Income from the secondary sector in India, 1900-47', *IESHR*, vol. 14, no. 4, 1977; also vide 'Gross value of output of agriculture for undivided India, 1900-01 to 1946-47' in V. K. R. V. Rao (ed) *Papers on national income and allied topics*, vol. 1 (Bombay, *1960);* Nirmal Kumar Chandra 'Long-term stagnation in the Indian economy, 1900-75,' *Economic & Political Weekly*, vol. 22, Annual Number, 1982; Omkar Goswami 'National income trends, 1900-1947 (in India)' (Rutgers University, mimeo, 1987; A. Heston in *Cambridge economic history of India*, vol. II (Cambridge 1983), hereafter *CEHI*.

अध्याय 3 भाग I

B. H. Baden-Powell *The land systems of British India* (Oxford, 1892); E. Stokes, B. Chaudhuri, H. Fukazawa, D. Kumar in Chapter II, *CEHI*, vol. II (Cambridge, 1983); N. K. Sinha *Economic History of Bengal*, II; B. B. Chaudhuri 'The land market in eastern india', *IESHR*, No. 1 and 2, 1975, and 'Process of de-peasantization in Bengal and Bihar' *I. H. R.*, no. 1, 1975; Sirajul Islam *The permanent settlement in Bengal; a study of its operation 1790-1819* (Dacca, 1979).

अध्याय 3 भाग II

Ranajit Guha *A rule of property for Bengal* (Paris, 1963); Eric Stokes *The English Utilitarians and India (Oxford, 1959)* W. J. Barber *British economic thought and India 1600-1858)* (Oxford, 1975); S. Ambirajan *Classical political economy and British policy in India* (Cambridge, 1978); Sir Francis Floud, Chairman, *Report of Land Revenue Commission*. Bengal, 1938 (Calcutta, 1940-41); B. B. Chaudhuri, chapter III, *CEHI*, vol. II .

अध्याय 3 भाग III

Nilmoni Mukherjee *The Ryotwary system in Madras, 1792-1827* (Calcutta, 1962); Sarada Raju *The economic condition of Madras Presidency, 1800-1850* (Madras, 1941); R. E. Frykenberg (ed) *Land Control and social structure in Indian history* (Madison, 1969); B. H., Baden-Powell *op. cit.*, vol. I; R. Kumar *Western India in the 19th century* (London, 1968); Ratnalekha Ray *Change in Bengal agrarian society 1760-1850* (Delhi, 1979); W. C. Neale *Economic change in rural India : land tenure and reform in Uttar Pradesh, 1800-1955* (New Haven, 1962); Sumit Guha 'Land market in upland Maharashtra, 1820-1960' *IESHR, 24, no. 2-3.*

अध्याय 3 भाग IV

R. C. Dutt The peasantry of Bengal (Calcutta, 1874); J. N. Gupta *Life and work of Romesh Chunder Dutt CIE* (London, 1911); Sabyasachi Bhattacharya 'Permanent Settlement redivivus' *Bengal Past and Present*, vol. 85, 1966, pp. 159-82; Bipin Chandra *The rise and growth of economic nationalism in India* (Delhi, 1966).

अध्याय 4 भाग I

Irfan Habib *The Agrarian System of Mughal India* (Bombay, 1963) and ch. VIII in *CEHI*. vol. I; Daniel Thorner *Investment in empire. 1925-49* (Philadelphia, 1950); J. Hurd 'Railways and the expansion of markets in India' *Explorations in Economic History*, 12.3.1975 ch. VIII in *CEHI*, vol. II. pp. 757-60; B. B. Chaudhuri *Growth of commercial agriculture in Bengal, 1757-1900* (Calcutta, 1964); D. R. Gadgil *Industrial Evolution of India in recent times* (Bombay, 1942) ch. II; Saugata P. Mukherjee 'Some aspects of commercialisation of agriculture in eastern India, in B. De (ed.) *Perspectives in Social Sciences*, vol. II, and 'Imperialism in action through mercantilist function' Anon, (ed) *Essays in Honour of Prof. S. C. Sarkar* (Delhi, 1975); George Blyn *Agricultural trends in India, 1891-1946* (PHiladelphia, 1966).

अध्याय 3 भाग II

D. R. Gadgil *Op. cit;* Ravinder Kumar *Op. cit.;* Neil Charlesworth *Peasants and imperial rule; agriculture and agrarian society in Bombay Presidency* (Cambridge, 1985); Sumit Guha *The agrarian economy of the Bombay Deccan, 1818-1941* (Delhi, 1985); Amit Bhaduri 'A study of agricultural backwardness under semi-feudalism' *Economic Journal*, March 1973; Krishna Bhardwaj in K. N. Raj. *et. al.* (eds.) *Essays on commercialisation of Indian agriculture* (Delhi, 1985); I. J. Catanach *Rural credit in western India, 1875-1930* (Berkeley, 1970); D. Narain *Impact of price movements on areas under selected crops in India, 1900-39* (London., 1965) S. C. Mishra 'Commercialisation, peasant differentiation and merchant capital in late 19th century Bombay and Punjab' *Journal of Peasant Studies*, 10.1.1982.

अध्याय 3 भाग III

S. J. Patel *Agricultural labour in modern India and Pakistan* (Bombay, 1952); Dharma Kumar *Land and caste in South India* (Cambridge, 1965); Amit Bhaduri 'Evolution of land relations in eastern India under British rule' *IESHR*, March 1976;

Neeladri Bhattacharya 'Agricultural labour and production: central and south-eastern Punjab, 1870-1940' in K. N. Raj (ed) *op. cit.;* Utsa Patnaik 'Empirical identification of peasant classes revisited' *Economic and Political Weekly* March 1. 1980, pp. 483-88; P. Chattopadhyay, 'Mode of production in Indian agriculture' *ibid,* 28 June 1980, pp. 85-88; Satyabrata Sen 'Agricultural labourers in relation to other peasants' *Enquiry,* no, 1; S. C. Gupta *Agrarian relations and early British rule in India* (Bombay, 1963); Andre Gunder Frank *op. cit.;* I. Wallerstein 'The incorporation of the Indian subcontinent into the capitalist world-economy' in S. Chandra (ed.) *The Indian Ocean* (Delhi, 1987); T. C. A. Raghavan, P. Mohapatro, Shri Prakash, N. Bhattacharya, in *Studies in History,* new series I, 2; Sumit Guha *The agrarian economy of Bombay Deccan 1818-1941* (Delhi, 1985); A. Mody, 'Population Growth and commercialisation of agriculture, 1890-1940' *IESHR,* 19, 3—4, 1982; S. C. Mishra *op. cit.;* C. J. Baker *An Indian rural economy, 1880-1955; the Taminad countryside* (Delhi, 1984); Arvind N. Das, Shahid Amin in Ranajit Guha *Subaltern Studies II* (Delhi, 1982); M. H. Siddiqi *Agrarian unrest in north India: the United Provinces, 1918-22* (Delhi, 1978); A. A. Abdullah *Landlord and rich peasant under the Permanent Settlement* (Dhaka, 1980); M. M. Islam 'Some aspects of the problem of sub-*infedutation* in undivided Bengal' *IESHR,* 20. 2. 1983; Asok Sen, Partha Chatterjee & Saugata Mukherjee *Perspectives in Social Sciences, II: three studies on the agrarian structure in Bengal, 1850-1947* (Calcutta, 1982); D. Rothermund *Government, landlord and peasant in India: agrarian relations under British rule, 1865-1935* (Weisbaden 1978).

अध्याय 5 भाग I

Sir J. Woodnead, Chairman, *Report of the Famine Inquiry Commission* (Delhi, 1945); Sir Francis Floud *Report of Land Revenue Commission (Bengal)* (Calcutta, 1940; A. K. Sen *Poverty and Famines* (Oxford, 1981) p. 45, 57, 75,; Paul R. Greenough *Prosperity and misery in Modern Bengal: the famine of 1943-44 (New York. 1982).*

अध्याय 5 भाग II

L. and P. Visaria, CEHI, vol. II; B. M. Bhatia *Famine in India* (Bombay, 1967): Shivasubramanian, *op. cit;* A. H. Eston, *CEHI,* vol. II; N. K. Chandra, *op. cit;* Col. Baird Smith, *Report on the N. W. P. Famine of 1860-61* (Calcutta, 1861); J. C. Geddes *Administrative experience of former famines* (Calcutta, 1874); T. Das *Bengal Famine 1943* (Calcutta, 1949); H. S. Srivastava *The history of famines 1858-1918* (Agra, 1968).

अध्याय 5 भाग III

R. C. Dutt *Open letters to Lord Curzon on assessment in India* (London, 1900); L. Fraser *India under Curzon and after* (London, 1911); Micheile B. McAlpin *Subject to famine. food crises and economic change in western India, 1860-1920* (Princeton, 1983); Sumit guha, review of above in *IESHR, 23. 2. 1986;* Ira *Kelin* 'When the rains failed', *IESHR,* 21.2.1984; David Arnold in R. Guha (ed.) *Subaltern Studies, III* (Delhi, 1984).

अध्याय 6 भाग I

M. M. Malaviya 'Note of dissent' *Report of Indian Industrial Commission,* (1918); R. C. Dutt *Economic History of India, vol. II* (London, 1904); Dr. Gadgil *op. cit.;* N. K. Sinha *Economic History of Bengal,* (Calcutta, 1965); vol. I; T. S. Raju *Economic conditions of the Madras Presidency, 1800-50* (Madras, 1941); A. V. Raman Rao *Economic Development of Andhra Pradesh, 1766-1957* (Bombay, 1958); R. D.

Choksey *Economic life in the Bombay Karnatak, 1819-1939* (Bombay, 1968), and *Economic life in the Bombay Deccan 1818-1938* (Bombay, 1955); H. R. Ghoshal *Economic Transition in the Bengal Presidency 1793-1833* (Patna, 1950); A. K. Bagchi 'De-industrialisation of Gangetic Bihar, 1809-1901' in Anon. (ed.) *Essays in Honour of Prof. S. C. Sarkar* (Delhi, 1976).

अध्याय 6 भाग II

Daniel & Alice Thorner *Land and labour in India* (Bombay, 1962); Raghabendra Chattopadhyay 'De-industrialization in India reconsidered' *Economic & Political Weekly*, 10. 12. 1975; J. Krishnamurty 'Changes in the composition of the working force in manufacture, 1901-51', *IESHR*, 4.1.1967, and 'Occupational structure' in *CEHI*, vol. II (1983).

अध्याय 6 भाग III

M. D. Morris, T. Matsui, T. Ray Chaudhuri, etc. in *IESHR*, 5, 1968, pp. 1-100; A. I. Levkovsky *Capitalism in India : basic trends in its development* (Delhi, 1966) chapter 5; *Indian Industrial Commission Report* (1918), Chairman T. H. Holland.

अध्याय 6 भाग IV

J. M. keynes, Review of T. Morrison's *Economic Transition in India*, in *Economic Journal*, 21.1911, p. 426; Irfan Habib 'Potentialities of capitalistic development in the economy of Mughal India,' *Enquiry*, winter, 1971; A. I. Chicherov *India : economic development in the 16th-18th centuries* (Moscow, 1971); D. H. Buchanan *The development of capitalistic enterprise in India* (London, 1966 reprint) pp. 110, 145 *et seq*.

अध्याय 7 भाग I

M. Simon in A. R. Hall *op. cit.*, L. H. Jenks *The Migration of British capital to 1875* (New York, 1927); George Paish in *Journal of Royal Statistical Society*, 1910-11, pp. 167-87; Arun Bose 'Foreign capital' in V. B. Singh (ed) *Economic History of India. 1857-1956* (Bombay, 1965); V. K. R. V. Rao 'India's balance of trade', *Economic Journal*, March 1933, pp. 167-72; M. Kidron *Foreign investments in India* (London, 1965).

अध्याय 7 भाग II

Amartya K. Sen 'Commodity pattern of British enterprise in early Indiar Industrialisation 1854-1914' in *International conference of economic history*, 2nd Aixen Provence, 1962 (Paris, 1965) vol. II; A. Tripathi, *op. cit.*; A. K. Bagchi *op. cit.* and 'Reflections on patterns of regional growth in India under British rule' *Bengal Past and Present*, Jan-June 1976; A. D. D. Gordon *Op. Cit.*

अध्याय 7 भाग III

J. K. Boeke *op. cit.*; A. Lewis *op. cit.*; A. K. Banerjee *India's balance of payments, 1921-22 to 1938-39* (Bombay, 1963); A Gunder Frank *Capitalism and Underdevelopment in Latin America* (Harmondsworth, 1971), and 'The development of underdevelopment' *Monthly Review*, Sept. 1966; A. I. Levkovsky *op. cit.*; Claude Markovits *Indian business & nationalist politics. 1931-34* (Cambridge, 1985) Basudev Chatterjee 'Business and politics in the 1930's' '*Modern Asian Studies*, 15, 1981, pp. 527-73' B. R. Tomlinson 'India and the British Empire, 1880-1935, *IESHR*, 12, 1976, pp. 337-80, *The political economy of the Raj, 1914-47 : the economics of decolonization in India* (1979), and 'Colonial firms and the decline of colonialism in eastern India, 1914-47' *M. A. S.* 15.3.1981, pp. 455-486; Omkar Goswami 'Collaborators and conflict : European and Indian capitalist and the jute economy of Bengal, 1919-39', *IESHR*, 19.2.1982.

अध्याय 8 भाग I

D. R. Gadgil *Origins of modern Indian business class : an interim report* (New York, 1959); Rajat K. Ray, R. Mahadevan, Ashin Dasgupta *et. al.* in D. Tripathi (ed) *Business communities of India : a historical perspective* (Delhi, 1985); A. K. Bagchi 'Merchants and colonialism' in D. N. Panigrahi (ed) *Economy, society and politics in modern India* (Delhi, 1985); V. I. Pavlov *The Indian capitalist class* (Delhi, 1964).

अध्याय 8 भाग II

N. K. Sinha *Economic History of Bengal,* vol. I, (Calcutta, 1965); H. R. Ghoshal *op. cit.;* Gautam Bhadra 'Some socio-economic aspects of the town of Murshidabad, 1765-1793' M. Phil. thesis, J. N. U., 1973; D. B. Mitra *Cotton weavers of Bengal, 1757-1833* (Calcutta, 1978); C. Bayly *Rulers, townsmen and bazaars: N. Indian society in the age of British expansion, 1770-1870* (Cambridge, 1983); Amales Tripathi *Trade and Finance in Bengal Presidency 1793-1833* (Calcutta, 1956); N. K. Sinha op cit.: (Calcutta, 1970); Christine Dobbin *Urban leadership in western India 1840-85* (London, 1972); V. I. Pavlov, D. R. Gadgil *op. cit.;* Everett Hagen *On the theory of social change* (Homewood, 1962); R. Kennedy, 'The protestant ethic and the Parsis' *American Journal of Sociology. 57,* July 1962; Max Weber *Protestant ethic and the spirit of capitalism* (New York, 1948). *The religion of India* (New York, 1958); H. Spodek 'Machenisation of Ahmedabad' *Economic Weekly,* 17, 13 March 1965, and 'Traditional culture and entrepreneurship' *EPW,* Feb. 1969; Sirajul Islam *op. cit.*

अध्याय 8 भाग III

A. I. Levkovsky *op. cit.;* F. R. Harris *J. N. Tata* (Bombay, 1938); S. D. Mehta *Cotton mills of India 1854-1954* (Bombay, 1954); H. A. Antrobus *History of the Assam Company 1839-1953* (Edinburgh, 1957); Sir P. Griffiths *History of the Indian tea industry* (London, 1967), R. S. Rungta *Rise of business corporations in India. 1851-1900* (Cambridge, 1970); Arun Bose, *op. cit.;* I. G. Patel, Chairman, *Report of Managing Agency Enquiry Committee* (Delhi, 1969).

□ अध्याय 8 भाग IV

A. D. D. Gordon *Businessmen and politics in Bombay* (Delhi, 1978); Stanley Kochanek *Business and politics in India* (Bombay, 1975); A. K. Bagchi *Private Investment in India 1900-39 (Cambridge, 1972);* Tom A. Timberg *The Marwaris: from traders to industrialists* (Delhi, 1977); F. R. Harris *op. cit.;* G. Piramal & M. Herdeck *India's Industrialists* vol. I (Washington, 1986); S. M. Edwardes *Memoirs of Rao Bahadur Ranchhodlal Chhotalal* (Exeter, 1920); Shoji Ito 'Note on the business combine in India' *The Developing Economies, IV, 3, 1966 (Tokyo).*

अध्याय 9 भाग I

S. Sivasubramanian 'Income from the Secondary Sector, 1900-47' IESHR, 14.4.1977; N. K. Chandra 'Long term stagnation in the Indian economy, 1900-75' *Economic & Political Weekly,* vol. 22, Annual Number, 1982, Table 3.

अध्याय 9 भाग II

S. D. Mehta *The cotton mills of India, 1854-1954* (Bombay, 1954); M. D. Morris *The emergence of an industrial labour force in India* (Berkeley, 1954); A. Redford *Manchester merchants and foreign trade* (Manchester, 1956) vol. II; S. B. Saul *Studies in British Overseas trade. 1870-1914* (Liverpool, 1960); D. H. Buchanan *op. cit.;* A. K. Bagchi *op. cit.* (1972).

अध्याय 9 भाग III

A. Gunder Frank *op. cit.* (1967); Bipan Chandra 'Colonialism and modernization' in

Nationalism and Colonialism in modern India (Delhi, 1979); A. K. Bagchi, *op. cit.* (1972), chapter II; G. E. Hubbard *Eastern industrialisation and its effect on the West* (London, 1938); J. M. Keynes, Review of T. Morrison's *Economic Transition in India* in *Economic Journal,* 21, Sept. 1911.

अध्याय 9 भाग IV

J. Masselos *Towards nationalism: group affiliations and the politics of public association in 19th century western India* (Bombay, 1974); C. Dobbin *Urban leadership in Western India 1840-85* (London, 1972); K. Gillion *Ahmedabad, a study in Indian urban history* (Berkeley, 1968); A. D. D. Gordon *op. cit.;* N. Gupta *Delhi between two empires,* 1803-1931 (Delhi, 1981); Veena Talwar Oldenberg *The making of colonial Lucknow* (Princeton, 1984); Milton Singer 'The great tradition in a metropolitan centre, Madras' in Singer (ed) *Traditional India: Structure and change* (Philadelphia, 1959); S. M. Neild 'Colonial urbanism: The development of Madras city' *Modern Asian Studies,* 13.2.1979; Susan J. Lewandowski 'Changing form and function in the ceremonial and colonial port city in India' in K. N. Chaudhuri and C. J. Dewey *Economy and Society in India* (Delhi, 1979); Ashish Bose *Urbanization in India* (Bombay, 1970) and *Studies in India's urbanization, 1901-71* (Bombay, 1973); Irfan Habib, ch. VI, *CEHI,* vol. I; Patrick Roche 'Caste and the British merchant government in Madras, 1634-1749' *IESHR,* 12.4.1975; S. Saberwal 'Indian urbanism' *Contributions to Indian Sociology,* N. S., 11.1.1977; M. N. Srinivas *Caste in India and other essays* (Bombay, 1962); W. C. Mac Cormack in M. B. Singer *op. cit.* (1959) H. Spodek *op. cit.;* Dipesh Chakrabarty in R. Guha (ed). *Subaltern Studies III* (Delhi, 1984).

अध्याय 9 भाग V

Joseph Ben David 'The growth of professions and the class system' in R. Bendix & S. M. Lipset *Class, Status and Power* (London, 1974); Iftikhar-ul-Awwal 'The problem of middle class educated unemployment in Bengal, 1912-42', *IESHR,* 19.1.1982; B. B. Misra *The Indian middle classes: their growth in modern times* (London, 1961); S. Sivasubramanian *op. cit.:* Omkar Goswami 'Evolution of the Indian economy, 1850-1950' (Mimeo, Princeton, 1987); B. N. Ganguly *Dadabhai Naoroji and the drain theory* (Bombay, 1965); Samar Sen 'Nagarik' and 'Swarga hote biday' (c. 1934-37) in *Samar Sener Kavita* (B. S. 1373).

अध्याय 10 भाग I

J. A. Schumpeter *History of economic analysis* (New York, 1954); G. Myrdal *Political element in the development of economic theory* (London, 1955); S. Ambirajan *op. cit.;* Sarvapalli Gopal *British policy in India, 1858-1905* (Cambridge, 1965); S. Bhattacharya 'Laissez faire in India' *IESHR*, 1. 2. 1965.

अध्याय 10 भाग II

D. Thorner *Investment in Empire* (Philadelphia, 1950); W. J. Macpherson 'Investment in Indian railways, 1845-75' *Ec. H. R.*, 2nd series, 8. 1975; J. Hurd, ch. VIII (2), in *CEHI,* Vol. II; N. Sanyal *Development of Indian railways* (Calcutta. 1930); S. Bhattacharya 'Colonialization and Public Works' in K. K. Datta (ed, *Comprehensive History of India* vol. XI, chapter 12; E. Whitcombe *Agrarian condition in northern India* (Bomby, 1972); Ian Stone *Canal irrigation in British India* (Cambridge, 1984); John Strachey *Empire* (London, 1979).

अध्याय 10 भाग III

H. A. Antrobus *op. cit.;* Dwarkanath Ganguly *Slavery in British dominion* (comp. by K. L. Chattopadhyay, Calcutta, 1972); S. K. Sen *Studies in economic policy and development of India* (Calcutta, 1972).

अध्याय 10 भाग IV और भाग V

P. Harnetty, 'The Imperialism of Free Trade' in *Ec. H. R.*. 2nd Series, 18.2.1965; H. L Dey *The Indian tariff problem in relation to industry and taxation* (London, 1933); P. J. Thomas *Growth of Federal Finance in India, 1833-1939* (London, 1939); C. N. Vakil *Financial development in modern India* (Bombay, 1939); P. Harnetty 'The Indian cotton duties controversy, *Ec. H. R., 77,* 1962; P. Ray *India's foreign trade since 1870* (London, 1934).

अध्याय 10 भाग VI

Sabyasachi Bhattacharya *Financial Foundations of the British Raj 1858-71* (Indian Institute of Advanced Study, 1971); A. K. Bagchi, *op. cit.* (1972); W. D. Grampp *The Manchester School of Economics* (Stanford, 1960); E. Clairmonte *Economic Liberalism and Underdevelopment* (Bombay, 1960); Maurice Dobb *Political economy and capitalism* (London, 1960); J. J. Spengler (ed.) *Economic Growth* (Durham, 1955); P. Harnetty *Imperialism and free trade* (Vancouver, 1972).

अध्याय 10 भाग VII

P. J. Cain & A. G. Hopkins *op. cit.*; B. R. Tomlinson 'Colonial firms and the decline of colonialism in eastern India, 1914-47' *Modern Asian Studies*, 15. 3. 1981, and *Political economy of the Raj : the economics of decolonization 1914-47* (London, 1979); Colin Simmons 'The great depression and Indian industry' *Modern Asian Studies*, 21.3.1987; Peter Robb 'British rule and Indian improvement' *Ec. H.R.*, 2nd series, 34.4.1981; J. M. Keynes *op. cit.*; A. K. Bagchi *op. cit.*; H. Venkatasubbiah *Foreign trade of India. 1900-40* (Bombay, 1946); Basudev Chatterjee *Op. cit.*; Aditya Mukherjee 'The Indian capitalist class 1927-1947' in S. Bhattacharya & R. Thapar *Situating Indian History* (Delhi, 1986); Ajit Roy *Indian monopoly capital* (Calcutta, 1953); Sumit Sarkar 'Logic of Gandhian nationalism: civil disobedience and the Gandhi-Irwin pact (1930-31)' *IHR*, III, I, 1976; B.R. Tomlinson 'Foreign private investment in India, 1920-50' *Modern Asian Studies*, 12.4.1978; M. Kalecki 'Social and economic aspects of intermediate regimes' *Selected essays on the economic growth of the socialist and the mixed economy* (Cambridge); K. N. Raj 'The politics and economics of intermediate regimes' *Economic & Political Weekly*, 7 July 1973; Ashok Mitra *Terms of trade and class relations* (Calcutta, 1979), chapter 7; Pranab K. Bardhan *Land, labour and rural poverty* (Delhi, 1984); S. Bhattacharya 'The colonial state and the ' Interests ': a note on the representation of capital and labour' in D. Tripathi (ed.) *State and business in India* (Delhi, 1986), and 'Swaraj and the Kamgar : The Indian National Congress and the Bombay working class' in R. Sisson & S. Wolpert (eds.) *Congress and Indian Nationalism* (Berkeley, 1988).

अनुक्रमणिका

सेठ, ताराचंद्र घनश्यामदास 127
सेन, अमर्त्य 83, 107
सेन, दिनेशचंद्र 14
सेन, सुरेंद्रनाथ 22
सेनेटरी कमीशन 33
सैलिसबरी, लार्ड 161